Christoph Sonntag
Deutschland deine SchwaBadener

Christoph Sonntag

Deutschland deine SchwaBadener

Baden-Württemberg von innen

Der Meisterkabarettist:
»Wir können alles. Außer nix!«

Silberburg·Verlag

Christoph Sonntag

Geboren wurde er 1962 in Waiblingen. Christoph Sonntag ist Journalist, gelernter Schauspieler und hat in München und Berlin Landschaftsplanung studiert. Seit 1989 steht er professionell auf der Kabarettbühne. Auf Grund seiner enormen Bühnenpräsenz, seiner Radioglossen bei SWR3 (unter anderem »AZNZ«), seiner Fernsehauftritte sowie seiner zahlreichen Bücher ist Sonntag einer der bekanntesten und beliebtesten Kabarettisten Deutschlands. Besuchen Sie seine Homepage: www.sonntag.tv

Im Silberburg-Verlag liegen von Christoph Sonntag vor das farbig bebilderte Taschenbuch *»Ein perfekter Sonntag. Ausflugstipps vom Meisterkabarettisten – Darauf hat Baden-Württemberg gewartet«* (ISBN 978-3-87407-816-0) sowie *»Drin was drauf steht«* (ISBN 978-3-87407-980-8), die Doppel-CD seines aktuellen Kabarett-Bühnenprogramms. Erhältlich im Buchhandel.

Das vorliegende Buch wurde inspiriert von dem Charakterbild, das Thaddäus Troll verfasst hat: *»Deutschland deine Schwaben. Im neuen Anzügle. Vordergründig und hinterrücks betrachtet«*. Neben etlichen anderen Werken von Thaddäus Troll sind dieser Klassiker (ISBN 978-3-87407-772-9) und seine Fortsetzung, *»Preisend mit viel schönen Reden. Deutschland deine Schwaben für Fortgeschrittene«* (ISBN 978-3-87407-857-3), als Neuausgaben ebenfalls im Silberburg-Verlag, Tübingen und Lahr/Schwarzwald, erschienen und im Buchhandel zu haben.

1. Auflage 2010

© Copyright 2010 by Silberburg-Verlag GmbH,
Schönbuchstraße 48, D-72074 Tübingen.
Alle Rechte vorbehalten.
Umschlaggestaltung: Christoph Wöhler, Tübingen,
unter Verwendung eines Fotos von Holger Schmidt.
Druck: Freiburger Graphische Betriebe, Freiburg im Breisgau.
Printed in Germany.

ISBN 978-3-87407-997-6

Besuchen Sie uns im Internet
und entdecken Sie die Vielfalt unseres Verlagsprogramms:
www.silberburg.de

Für Thaddäus

Inhalt

Von Lästerzungen und dem tollen Troll

Auf ein Vorwort – mein Wort drauf: 1079 Wörter sind's geworden

Als der Schriftsteller und Satiriker Thaddäus Troll Mitte der Sechzigerjahre aufgefordert wurde, ein Charakterporträt seines Volksstamms zu schreiben, reagierte er zunächst ablehnend: »Ich bin doch kein Heimatdichter!«

Das Wort »Heimat« klang damals muffig nach Nazis, Kaltem Krieg und Heimatvertriebenen. In der Tat beschäftigte sich »Deutschland deine ...«, eine Buchreihe des Hamburger Hoffmann und Campe Verlags, zunächst mit den Sachsen und den Preußen, später unter anderem mit den Ostpreußen, den Schlesiern, den Pommern, und den Höhepunkt bildete der Band »Deutschland deine Österreicher«.

Thaddäus Troll hat »Deutschland deine Schwaben« dann doch mit Lust geschrieben, hat einen Riesenerfolg damit eingefahren und so – in der Nachfolge etwa von August Lämmle, Sebastian Blau oder Jakob Wendehals – das Wesen des Schwaben witzig und liebevoll dargestellt und nach außen getragen. 1972 hat er sogar noch eine Art Fortsetzung verfasst: »Preisend mit viel schönen Reden – Deutschland deine Schwaben für Fortgeschrittene«.

Auch die anderen in Baden-Württemberg heimischen Volksstämme kamen nach und nach zu ihren Büchern. Eugen Skasa-Weiß legte 1971 »Deutschland deine Franken« vor (mit einem großen Kapitel über die »Kocher-, Tauber-, Jagst- und Neckarfranken«), Ernst Johann im gleichen Jahr »Deutschland deine Pfälzer« (in dem die baden-württembergischen Kurpfälzer ein Schattendasein führen), und der Karlsruher Journalist Hubert Doerrschuck ließ 1975 unter seinem Pseudonym Amadeus Siebenpunkt »Deutschland deine Badener« folgen. Dazu muss man wissen, dass es zwar keinen Volksstamm der Badener gibt, sich die Badener aber trotzdem als Badener fühlen, während die schwäbischen Württemberger sich selbst immer als Schwaben bezeichnen.

Man plane so etwas wie eine Aktualisierung von Trolls Klassiker, in Richtung eines »Deutschland deine Baden-Württemberger«, sagte mir eines Tages der Chef des Silberburg-Verlags. Völlig neu gesehen, aktuell, ohne jedes Klischee, die pure Wahrheit und nichts als die Wahrheit. Als Autor habe man dabei an mich gedacht, und zwar nur an mich, an wen denn sonst? Da war ich natürlich sehr geschmeichelt. Selbstredend habe ich abgelehnt. Denn Baden-Württemberger gibt's ja gar nicht. Außerdem: Wer jemals Poker gespielt hat, weiß, dass man zu solchen Angeboten immer zuerst nein sagen muss.

Nun liegt das Buch vor und das zeigt Ihnen: Ich habe mich, ähem, überreden lassen. Da ich selbst Schwabe bin – es zu leugnen wäre sinnlos –, musste ich bei allen Beispielen, die etwas mit dem Dialekt zu tun haben, aufs Schwäbische zurückgreifen. Des Alemannischen, wie man es zwischen dem Bodensee und der Ortenau spricht, bin ich nicht gut genug mächtig. Genauso wenig wie des Fränkischen, das man in verschiedenen Ausprägungen in der Kurpfalz um Mannheim und Heidelberg (Rheinfränkisch), im Kraichgau, Unterland und Odenwald (Südfränkisch) beziehungsweise in Hohenlohe und dem Taubertal (Ostfränkisch) babbelt. Und weil ich in der Region Stuttgart lebe, wie jeder vierte Baden-Württemberger, sind viele Beispiele von hier gewählt. Sie könnten genauso gut aus Gaggenau oder Crailsheim stammen, jedenfalls die meisten. Täten sie auch, wenn ich an der Murg oder der Jagst leben würde, Ehrenwort!

»Deutschland deine SchwaBadener« – ich habe mich daran gewagt und muss sagen: Die Schuhe, die ich mir hier angezogen habe, waren groß und das Material war viel. Thaddäus Troll hat sich zur Buchrecherche unters Volk gemischt; das konnte ich mir sparen, denn da befinde ich mich mit meine Liveauftritten schon. Ehrlich gesagt und als vorgezogenes Fazit: Ich hätte vor dem Schreiben gedacht, es hätte sich seit »Deutschland deine Schwaben« mehr verändert. Verändert hat sich mittlerweile meine

12

Meinung dazu: Thaddäus Troll hat schon sehr wunderbar und sehr genau analysiert, was bei uns los ist. Wo sich das maßgeblich verändert hat, ist eine neue Generation am Werkeln. Und doch: In vielem ist vieles gleich geblieben.

Nach wie vor ruft kaum ein anderes Bundesland unterschiedlichere Reaktionen hervor als Baden-Württemberg.

Auf der einen Seite wird es geliebt für seine landschaftliche Schönheit, seine schmucken Dörfer und Städtchen; gelobt für die exzellenten Weine, die in den letzten Jahren an die Weltspitze aufgerückt sind, für die gute Küche und die hervorragenden Restaurants. Und es wird beneidet für seine kulturellen, wissenschaftlichen und wirtschaftlichen Erfolge.

Andererseits wird es immer noch oft genug belächelt seiner – wie ich finde: nur scheinbaren – Provinzialität und Rückständigkeit, seiner unverständlichen Dialekte und seiner Bewohner wegen. Während jeder dahergelaufene Bayer – weiß der Fuchs warum – überall in der ganzen Republik geschätzt wird und sein Zungenschlag als sexy gilt, ist Schwäbisch auch unter vielen Schwaben dermaßen unpopulär, dass wir unseren Dialekt selbst im eigenen Land zu verbergen versuchen, sobald ein Außerschwäbischer vor uns steht. Dabei scheren die Fischköpfe uns alle brutal über einen Klischeekamm: Ob wir Badener, Schwaben, Kurpfälzer oder Franken sind, alle werden wir von den »Südschweden«, jenen Menschen von nördlich der Mainlinie, als »Schwaben, die aus Schwaben kommen« subsumiert und ob unserer kuriosen Eigenarten beschmunzelt.

Und wir? Tappen bereitwillig in diese Falle. Plötzlich stellen wir selber all die uns zugewiesenen, begrinsten und verlästerten Attribute in den Vordergrund, käuen sie ständig wieder und lachen selbst darüber. Ich ärgere mich oft genug über manche meiner Comedykollegen, wenn sie uns Schwaben auf der Bühne ausschließlich als huttragende Volltrottel darstellen, die sich in der Metzgerei von der Bestellung »Hundert Gramm Lyoner am Stück« überfordert zeigen und ins Stottern geraten. Wen wundert es da noch, wenn wir Baden-Württemberger auch im richtigen Leben nicht wirklich ernst genommen werden?

13

Wer uns jetzt bloß noch zur Hälfte leiden kann, dem geben wir mit einer weiteren Eigenart den Rest. Gleichzeitig hören wir nämlich nicht auf, über die Leistungen und Vorzüge unseres Ländles zu erzählen. Wie abgeschoben ins letzte Glied melden wir uns zu Wort, um zu beteuern, wie viele und welche bekannten Erfinder, Dichter, Errungenschaften und Olympiasieger wir im Vergleich mit anderen hätten. Dass es endlich Zeit wäre, dies anzuerkennen, damit wir fei auch mal in die erste Reihe dürfen. Wo wir ja eigentlich längst hingehören!

Stellen Sie sich mal vor: Im Vergleich zu Bayern hat nämlich Baden-Württemberg ...

Es ist ein ewiges Sich-Herausstellen, ein ununterbrochenes Aufzählen der Bestmarken und Sich-nach-vorne-Loben. Und genau dies möchte dieses Buch ... natürlich auch machen. Was denn sonst? Wer kann schon über seinen Schatten springen? Ich als Schwabe kann es nicht. Oder sagen wir so: Ich könnte es vielleicht, aber ich will nicht.

Und Sie, geschätze Leserin, lieber Leser, wollen es auch nicht. Sie mögen nämlich das musterländlich-schelmische Augenzwinkern, weil Sie wissen: Selbstironie ist die wahre Tugend in Baden-Württemberg. Sie ist vielleicht das Einzige, mit dem im Musterländle wirklich nicht gespart wird.

Sonntäglichst, Ihr

P. S.: Nicht sparen will ich auch mit Dank an meinen Freund Gerhard Drexel für seine fleißige Mitarbeit an diesem Buch.

14

Sauber sparen für die Zweit-Terrasse

Klischees sind nie völlig falsch, stimmen aber auch nie ganz

In Soziologie und Psychologie wird viel über die weltweit verbreitete Eigenart des Menschen geforscht, über andere Mitmenschen und Gruppen Vorurteile, Stereotypen und Klischees zu entwickeln. Das sind drei nahe beieinanderliegende Begriffe, die sich in mancherlei Hinsicht überschneiden. Je nach Wissenschaftsbereich wird der eine Begriff mehr als der andere benutzt.

Umgangssprachlich ist das Klischee am verbreitetsten, doch eigentlich sind die Vorurteile allgegenwärtig. Jeder von uns streitet entrüstet ab, Vorurteile zu haben. Dabei bestimmen Vorurteile und Parteilichkeit, eine gewisse Befangenheit, dunkle Ahnungen, Erwartungen, Vermutungen und Spekulationen unser Leben und Handeln.

Dass wir nicht jedes Mal verunglücken, wenn wir die Straße überqueren, ist eine Erfahrungstatsache. Und das, obwohl es die Autofahrer doch alle darauf anlegen, die Fußgänger zu jagen und zu erschrecken – das ist das Vorurteil. Und wenn wir dann feststellen, dass uns deshalb nichts passiert ist, weil wir uns in der Fußgängerzone einer im Gemeinderat lang diskutierten Ortskernsanierung befinden, dann ist uns sofort klar: Die verkehrsberuhigte Zone haben die Politiker nur aus Eigennutz beschlossen; wahrscheinlich wohnt hier der Fraktionsvorsitzende der Mehrheitspartei.

Oder wir gehen in jedem Restaurant davon aus, dass der Koch Linsen und Spätzle mit Saitenwürstle gut kochen kann. Ein Vorurteil, das man in Baden-Württemberg nur ganz selten revidieren muss. Außerhalb Baden-Württembergs steht dieses paradiesische Gericht im Allgemeinen nicht auf der Speisekarte, weil davon ausgegangen wird, dass Linsen und Spätzle nicht zusammenpassen. Ein typisches Vorurteil, das die

Zweifler außerhalb Baden-Württembergs auch gerne behalten dürfen. Dabei handelt es sich bei diesem Gericht um eine wahre Sensation. Lothar Hasl, Mitglied des erfolgreichen schwäbischen Comedy-Duos »Erotic Explousch'n«, sagt dazu: »Erfind' das erst mal, ein Essen, das man zweimal spürt, erst beim Essen und dann ein paar Stunden später nochmal im Bett!«

Vorurteile überprüfen und in Urteile wandeln, das machen wir ständig. Der erste Eindruck von einem Menschen ist ein Vorurteil, das wir im Laufe der Zeit überprüfen, um zu einem Urteil zu gelangen. Wenn wir uns verlieben, kann dieser Vorgang auch sehr schnell stattfinden. Manchmal auf den ersten Blick, entweder in die Augen oder auf die Automarke.

Das Wort »Klischee« dagegen stammt aus der Sprache der Drucker. Ein Druckstock von einem Bild wurde Klischee genannt. Eigentlich bedeutet es »Abklatsch«, immer wiederkehrende Vervielfältigung desselben Bildes.

Heute nimmt der Begriff Klischee gleich mehrere vorurteilsfähige Vorstellungen oder Redensarten unter seine Fittiche. Wobei das Bild gemeinsamer Eigenarten oder Verhaltensweisen, die einer bestimmten Gruppe von Menschen zugeschrieben werden, am gängigsten ist. Viele Menschen benutzen Klischees, ohne dass es ihnen wirklich bewusst ist. Sie glauben an das, was sie sagen.

Immer steckt in einem Klischee eine Aussage, die wahr sein könnte, also wahr-scheinlich ist. Aber ganz sicher ist man nicht. Denn die Aufgabe des Klischees ist es, eine Sicherheit vorzuspiegeln, die in Wirklichkeit nicht existiert. Wer sich eines Klischees bedient, möchte seine Schwächen gleich einer ganzen Gruppe aufhalsen, um selber besser dazustehen.

Wenn zum Beispiel ein Hamburger sagt, alle Schwaben sind geizig, kann man in Umkehrung des Klischees vermuten, dass Hamburger das Geld zum Fenster rauswerfen, was ja auch stimmt. Andererseits spart der Schwabe tatsächlich gerne, vor allem am Lob für Hamburger, weil diese Klischees über ihn verbreiten (was wiederum ein Vorurteil sein kann).

16

Kaum ein anderer Volksstamm in der Bundesrepublik Deutschland ächzt mehr unter der Last von Klischees als die Menschen in Baden-Württemberg, die im Außer-Baden-Württembergischen pauschal als Schwaben bezeichnet werden. Regionale Unterschiede in Baden-Württemberg werden von Restdeutschland stur übersehen und verleugnet. (Schon das ist ein Klischee.)

Falls sie doch zur Kenntnis genommen werden, dann gelten die Badener als humorlose Ostfranzosen, als Nesthocker, aber auch als genusssüchtig und weltoffen. Die Schwaben hingegen, so wird verbreitet, seien engstirnig, verklemmt, verdruckst, noch humorloser als die Badener und in ihrer geschäftigen Art und Weise überall auf dem Globus anzutreffen.

Wer hat den Schotten das Sparen gelehrt?

Eines der bekanntesten Klischees ist die besagte Sparsamkeit der Schwaben. Jeder Baden-Württemberger rätselt, was daran schlecht sein soll. Hat man doch als Kind beim Weltspartag immer einen Luftballon umsonst bekommen.

Was soll am Sparen schlimm sein? Mancher Schwabe empfindet mehr Freude, wenn es ihm gelingt, billigen Aldi-Wein in hochwertige Bordeauxflaschen umzufüllen und damit dem ganzen Gemeinderat Großzügigkeit und Savoir-vivre vorzutäuschen. Man freut sich über das gesparte Geld, die eigene Schlauheit und über die Dämlichkeit der anderen gleichermaßen.

Ich mache mir manchmal den Spaß, aus dem Urlaub guten, aber günstigen Wein mitzunehmen und in einer Tafelrunde eine flammende Laudatio auf den Tropfen zu halten. Ich erzähle blumig vom Weingut, vom Winzer und seinen ganz speziellen, geheimen Anbaumethoden, von unserer über die Jahre gewachsenen Freundschaft und zum Schluss davon, das er diesen Wein im Prinzip nur an mich und an den französischen Staatspräsidenten verkauft. Die begeisterten »Aahs« und »Ooohs« beim Verkosten danach sind so sicher wie das Amen im Vatikan.

Geld ausgeben tun wir auch, aber am liebsten nur fremdes. Hoch angesehen ist, wer hohe Schulden für ein Mehrfamilienhaus macht. Meinem Schwager Nummer eins, der dies tat, wurde von allen Seiten auf die Schulter geklopft und jeder kniff zufrieden in seine fahlen, abgeschafften Gesichtsbacken. Schwager Nummer zwei nahm ebenfalls einen Baukredit auf, machte aber den Fehler, sich zusätzlich einen schnittigen Sportwagen zu gönnen. Es hat Monate gedauert, bis die Nachbarn, wenn er ihnen entgegenkam, nicht mehr demonstrativ die Straßenseite wechselten.

Schwäbische Sparsamkeit und schottischer Geiz sollen der Welt den Kupferdraht beschert haben, als ein Schotte und ein Schwabe im selben Moment auf dem Gehweg ein Pfennigstück entdeckten. Dass die Sparsamkeit des Schwaben vermeintlich auch darin bestehen kann, die Last der Ausgaben anderen aufzubürden, zeigt der klischeehafte Witz darüber, wie jedes schwäbische Kochbuch beginnt: »Man borge sich ...«

Doch nicht nur in Baden-Württemberg wird gespart, sondern auch in anderen Bundesländern, und nicht nur bei den Bildungs- und Sozialausgaben, sondern auch in den Privathaushalten. Zumindest wurde dies 2006 statistisch ermittelt. Wie es allerdings in der Zukunft aussehen wird, die uns seit 2008 am Schlafittchen packt, wissen die Götter und fürchten die Sparschweine.

In der Erhebung von 2006 wird festgestellt, dass der Anteil der Ersparnis am verfügbaren Einkommen in Baden-Württemberg 11,8 Prozent betrug. Das war bundesweit Spitze!

Aber wie groß war der Topf, von dem gespart wurde? In der Statistik von 2006 nimmt beim verfügbaren Einkommen pro Einwohner Hamburg mit 23 849 Euro den Spitzenplatz ein, doch beim Sparen lagen die Hamburger mit nur 9,8 Prozent im Mittelfeld. Bremen rangierte mit 20 850 Euro an zweiter Stelle und bildete mit einer Sparquote von 7,3 Prozent sogar das Schlusslicht.

Die Einwohner der Stadtstaaten haben die Kohle – man könnte spöttisch sagen: direkt von uns aus Baden-Württemberg über den Länderfinanzausgleich – und hauen sie gleich wieder raus. In Berlin dagegen haben die Leute wenig Einkommen und sparen

18

auch wenig, das ist konsequent. Selbst die vielen Schwaben, die dort leben, heben die Sparquote nicht an (oder wäre die Quote ohne sie noch mehr im Keller?). Entweder verdienen die Schwaben in Berlin ebenfalls wenig oder sie transferieren das Ersparte wie Gastarbeiter ins Heimatland. Am liebsten vertraut man halt dem Sparkassenleiter, den man noch von der Schule her kennt.

Mit 19 845 Euro je Einwohner liegt Baden-Württemberg an der Spitze der Flächenländer. Baden-Württemberg ist das Flächenland, in dem am meisten verfügbares Einkommen auf dem Küchentisch landet und in welchem davon mit 11,8 Prozent auch am meisten gespart wird. Das beweist, dass »der sparsame Schwabe« kein Klischee ist.

Sparen ist eine schwäbische Kardinalstugend! Schon ein Klischee weniger, das uns belastet. Denn Geldausgeben kann auch anstrengend sein! Also 2009 berichtet wurde, der Stadt Stuttgart fehlten die Porsche-Millionen, wir müssten sparen, haben sich viele Schwaben gefreut: Endlich können wir wieder das tun, was wir am besten können.

Geld ausgeben kann jeder: Man kauft etwas, und danach hat man es, das war's schon.

Sparen aber ist mehrdimensional: Man schaut sich genüsslich all die vielen Dinge an, die man mit seinem Geld kaufen könnte – und lässt es dann souverän bleiben. So mischt sich zum schwäbischen Glück, eigentlich alles haben zu können, noch die Schadenfreude, es nicht wie der andere besitzen und pflegen zu müssen, plus die Freude, dass man sogar sein Geld noch hat.

Neu für uns ist, dass wir nun Geld sparen müssen, das wir gar nicht haben. Wir wir damit zurechtkommen, wird sich weisen. Selbst wenn das heftig kritisierte Sparpaket der Bundesregierung von 2010 komplett umgesetzt ist, wird ja immer noch weit mehr ausgegeben als eingenommen. Keine Rede ist von einer Rückzahlung der Schulden, die man hat, weil schon frühere Politikergenerationen mehr Geld verteilt haben als in der Kasse war. Kein Wunder schaut der Finanzminister, immerhin ein Schwabe, manchmal sehr gequält.

Ich empfehle zum Sparen mein Buch »Ein perfekter Sonntag« (Silberburg-Verlag). Warum? Viele Väter denken, sie müssten mit Ihren Kindern die »Blaue Grotte« auf Capri besichtigen. Dann fliegen sie nach Neapel, setzten auf Capri über, springen ins überteuerte Boot, das sie an die Grotte bringt und erfahren vor Ort, dass weitere hundert Euro fällig werden, im ins Innere zu dürfen. 2000 Euro später ist die Besichtigung vorbei, die Kinder quengeln und wollen ein Eis. Ich beschreibe auf Seite 70 meines Buches, wie man quasi dasselbe bei uns im Ländle erleben kann, in der herrlichen Wimpfener Höhle bei Zwiefalten. Für einen Bruchteil des Geldes!

Allein mit diesem Ausflugstipp kann der schwäbische Vater mit meinem Buch 1900 Euro sparen! Kauft er zehn Bücher, sind es 19 000 Euro, mit 40 Büchern hat er seinen Porsche auf der Seite. Kauft er mein Buch vierzigmal und beherzigt zudem alle 140 Tipps, ist er rechnerisch mehrfacher Millionär. Der Stadt Stuttgart empfehle ich, Porsche und Daimler nach Wolfsburg zwangsauszuweisen und in den leeren Produktionshallen mein Buch zu lagern.

Der Kutterschaufel-und-Kehrwisch-Derwisch

Wird das Wort Schwabe erwähnt, lachen alle Außerschwäbischen wissend und raunen hintergründig: »Kehrwoche«. Was sie mit der Bemerkung »Kehrwoche« ausdrücken möchten, bleibt rätselhaft, denn ein Schwabe kann nicht »Kehrwoche« als Eigenschaft haben. Es wird darüber gelächelt, wie pflichtbewusst in Baden-Württemberg die Kehrwoche ausgeführt wird, im Vergleich zu den Lächler-Ländern, in denen man anscheinend über selbst verursachte Reinlichkeit erhaben ist.

Immer noch mit einer Mischung aus Verwunderung und Ungläubigkeit erzählte mir ein Düsseldorfer nach Jahren schwäbischer Erfahrung sein Gespräch mit der schwäbischen Hausbesitzerin, als es an das Unterschreiben des Mietvertrags ging. Er war gerade dabei, die Hausordnung zu überfliegen, während die Hausbesitzerin die notwendigen Tätigkeiten der Kehrwoche erklärte. Er wollte die Situation etwas auflockern und einen Scherz über die Kehrwoche machen. Ironisch fragte er, ob es genügen würde, die Mülltonne einmal am Tag auszuwaschen. »Noi«, antwortete die schwäbische Vermieterin und winkte beruhigend ab. »Des langt oimal in dr Woch.«

Die »Schwäbische Kehrwoche«, die eigentlich aus Württemberg stammt und »Württembergische Kehrwoche« heißen müsste, entwickelte sich aus einer Vielzahl von Erlassen, Verordnungen und Rechtsprechungen. Als ihr Grundstein wird allgemein auf das Stuttgarter Stadtrecht von 1492 verwiesen, im dem zu lesen ist: »Damit die Stadt rein erhalten wird, soll jeder seinen Mist alle Wochen hinausführen, [...] jeder seinen Winkel alle vierzehn Tage, doch nur bei Nacht, sauber ausräumen lassen und an der Straße nie einen anlegen. Wer kein eigenes Sprechhaus [Klo] hat, muss den Unrath jede Nacht an den Bach tragen.«

In diesen vergangenen Zeiten stank eine Stadt, egal welche, zum Himmel. Fast in jedem Hinterhof wurden Tiere gehalten, Kanalisation gab es so gut wie nicht, der Bach oder Fluss, der zwischen den Häusern floss, war eine Kloake. Der Nesenbach, der durch Stuttgart floss, war ein Bach, bei dem man besser die »Nese« zuhielt. Die Straßen und Wege waren ungepflastert, geschweige denn asphaltiert, und verwandelten sich bei Regen in knöcheltiefe Schlammbäder. Für geschwollene Füße vielleicht sogar wohltuend.

Vorschriften zur Säuberung der Städte durch die Einwohner gab es nicht nur in Stuttgart. Auch in anderen Orten, wie zum Beispiel in Berlin, musste auf die Sauberhaltung der Stadt gedrängt werden. Das ist in Berlin übrigens heute noch so und nützen tut es immer noch nichts. Dagegen kann man in Baden-Württemberg vom Boden essen, kommt aber danach in Fürsorge.

Jeder erinnert sich, dass 1492 auch das Jahr war, in dem Kolumbus erstmals amerikanischen Boden betrat. Es war die Zeit der Entdeckungsreisen. Fremde Länder, exotische Gewürze und Gold lockten. Man muss sich das mal vor Augen halten: Solange zu Hause alles im Unrat und Mist versank, suchten die Herren nach neuen, unberührten Ländern. Die Ära der Entdeckungsfahrten erinnert beeindruckend an die Zeit der Raumfahrt, Mondlandung und Marssonde. Spötter behaupten, wenn bei der ersten

Mondlandung ein Schwabe dabei gewesen wäre, hätte er für die nächsten Astronauten Schilder aufgestellt: »Bitte hinterlasse den Mond, wie du ihn vorgefunden hast. Der nächste wird dir dankbar sein!« oder: »Nur Schweine lassen Ihren Staub auf dem Mond!«

Im Übrigen schaffte 1988 der damalige Oberbürgermeister Manfred Rommel in Stuttgart die Kehrwoche für öffentliche Straßen und Gehwege ab. Doch wie's im Haus drinnen aussieht, das geht die Stadt nichts an. Deswegen wird nach wie vor gekehrt, gewienert, gewischt, gefeudelt und abgestaubt.

Es wird an dieser Stelle nicht bestritten, dass die Kehrwoche einen Charakter angenommen hat, der mit der Ausübung kultischer Rituale vergleichbar ist. In schwäbischen Hausordnungen werden detailliert und gründlich die Pflichten, Verfahrensweisen und Durchführungsverordnungen der Kehrwoche beschrieben. Über Gerichtsurteile wird der Stand der Anordnungen laufend den aktuellen Erfordernissen angepasst. In Sachen Kehrwoche ist das Schwabenland auf dem Laufenden und benötigt keinerlei Updates von anderen Bundesländern.

Doch nicht nur in Baden-Württemberg gibt so etwas wie die Kehrwoche. Woanders heißt es Hausordnung. In Baden-Württemberg und anderen Bundesländern gehört zu Mietverträgen immer eine Hausordnung, die das harmonische Zusammenleben der Mieter regeln soll. Wenn es zuletzt nicht mehr so harmonisch war, regelt sie die Schlichtung vor dem Kadi. Je nach Region variieren die Hausordnungen, es gibt halt unterschiedliche Bedürfnisse in Deutschland. Was nicht direkt zur Wohnung gehört, sondern die gemeinsame Nutzung des Hauses anbelangt, kommt in der Hausordnung zur Sprache: Ruhezeiten, Abstellen von Fahrrädern oder Kinderwägen, Benutzung von Wasch- oder Trockenräumen und so weiter. Und eben auch die Reinigung der gemeinschaftlich genutzten Räumlichkeiten.

Wo es üblich ist, dass die Reinigung dieser Räumlichkeiten von den Mietern gemacht wird – und das ist nicht nur im Schwabenland so –, stehen in der Hausordnung Sätze wie die folgenden: »Die Reinigung der Gemeinschafts- und Verkehrsflächen wird durch die Mieter durchgeführt. Die Reinigung der Etagentreppen, der Treppen-podeste und der Treppenhausfenster ist wöchentlich, im Wechsel mit den anderen Hausbewohnern, durchzuführen. Die Reinigung der Haus- und der Kellerflure wird im wöchentlichen Wechsel der Mietparteien durchgeführt.«

Hausordnungen können verschiedene Reinigungsflächen kombinieren, das heißt, der Reinigungsrhythmus wird nach Häufigkeit der Nutzung und somit der Stärke der Verschmutzung unterschiedlich geregelt. Oder anders ausgedrückt, was schneller dreckig wird, wird öfters geputzt, wo weniger oft geschmutzt wird, kann der Dreck ein bisschen liegen bleiben.

Daraus entstanden die Große und die Kleine Hausordnung, oder die Große und die Kleine Kehrwoche.

Bei der großen Variante ist immer auch der Keller dabei, in Baden-Württemberg als Besonderheit fast immer auch der Bürgersteig. Den Gehweg kehrt man in Baden-Württemberg – außer in Stuttgart, siehe oben – unabhängig vom Grad der Verschmutzung. Das hat nicht nur eine Sauberkeits- und Schneeräumungswirkung, sondern stellt gleichzeitig eine gesellschaftlich verbindende, Identität stiftende und die Solidarität fördernde Tätigkeit dar. Dabei stehen Kehren und Gesehenwerden in einem dialektischen, interaktiven Spannungsverhältnis, das den größten Zusammenhalt unter Nachbarn schaffen kann, solange die gebildeten Schmutzhäufchen mit Kehrwisch und Kehrschaufel gründlich zusammengefegt und in den richtigen Mülleimer gekippt werden.

Denn wer dem Nachbar auf den Besen schaut, setzt sich mit ihm und dem öffentlichen, gemeinsamen Raum auseinander, er bezieht Standpunkt, er ist nicht teilnahmslos, sondern nimmt teil.

Der kehrende Schwabe ist ein aktiv an der Gesellschaft teilnehmender Schwabe.

In vielen Städten außer Landes ist die Reinigung der gemeinschaftlichen Räumlichkeiten nicht Sache der Mieter, sondern Aufgabe des Hauswarts oder einer Hausreinigungsfirma; die Kosten werden unter den Hausbewohnern umgelegt.

Berlin mit seinen großen Mietshäusern und Hinterhöfen ist so eine Stadt. Der Keller wird im Allgemeinen nicht geputzt, entsprechend sieht er auch aus. Die Gehwege werden im Winter nur gespurt, Seitensprünge führen in Matsch oder Hundehaufen, umgangssprachlich als »Tretminen« verzärtelt.

Eine redaktionelle Umfrage der Berliner Zeitung »Der Tagesspiegel« förderte zutage, dass die Mehrzahl seiner Berliner Leser für die Einführung der Kehrwoche waren. Wohlgemerkt: der Kehrwoche mit Gehwegreinigung! Könnte natürlich sein, dass sich zu diesem Thema hauptsächlich Leser geäußert haben, die aus Baden-Württemberg stammen und in Berlin wohnen.

Muss noch erwähnt werden, dass die beiden größten Gebäudereinigungsfirmen in Berlin, die Dussmann-Gruppe und Gegenbauer Facility-Management, von Schwaben gegründet wurden? Und dass die Wall AG, Hauptaufsteller sauberer Toiletten- und Haltestellenhäuschen, in Ettlingen gestartet ist?

Kein SchwaBadener kann über seinen Schatten springen und schon gar nicht über einen Dreckhaufen.

Die Ausführung der schwäbischen Kehrwoche mit unterschiedlich großen Reinigungspflichten abwechselnd durch die Mieter unterscheidet sich im Wesentlichen nicht von der Großen beziehungsweise Kleinen Hausordnung in anderen Bundesländern. Was ist es also, das die Kehrwoche den Nordlichtern so reizvoll macht, dass sie sie als schwäbisches, zu belächelndes Klischee rechtschaffenen Mitbürgern ans Revers heften und die Reinigung der Gemeinschaftsflächen verunglimpfen?

Es ist unsere schwäbische Aufmerksamkeit, die wir der Kehrwoche entgegenbringen. Und die Pflicht, das Trottoir zu fegen, nehmen wir so ernst, dass wir selbstverständlich auch gleich noch freiwillig ein bissle den Kandel (die Entwässerungsrinne) sauber machen, damit das Regenwasser abfließen kann. Ja, was soll denn daran schlecht sein? Ist doch nur in unserem eigenen Interesse!

Woanders wird die Straßenreinigung der Gemeinde überlassen, die dafür eine Firma beauftragt, die Kosten auf den Hausbesitzer umwälzt, der sie in die Mietnebenkosten aufnimmt und auf die Mieter umlegt. Dort kehrt kein Mieter den Gehweg, aber jeder meckert über hohe Nebenkosten und verschmutzte Gehwege. Zumindest glaubt der Schwabe, so sei es woanders. Doch in Wirklichkeit werden außerhalb Baden-Württembergs verschmutzte Wege gar nicht wahrgenommen, außer von ausgewanderten Badenern und Schwaben. Wenn sie dann mal auf Besuch zu Hause im Südwesten der Republik sind, gehen sie extra langsam durch die Straßen, um die heimische Sauberkeit zu genießen. Jeder muss mal die Seele baumeln lassen ...

Der öffentliche Raum beginnt für den außerschwäbischen, besonders norddeutschen Mieter, der gewohnt ist, dass ein Hauswart oder eine Reinigungsfirma das Treppenhaus putzt, bereits an der Wohnungstür. Dies ist bei Badenern und Schwaben nicht anders. Auch sie empfinden das Treppenhaus, den Plattenweg durch den Vorgarten, das Gartentürchen und den Gehsteig als zum öffentlichen Raum gehörig. Nur fühlen sie sich dafür verantwortlich! Jeder Einzelne! Und sie machen dich verantwortlich, wenn du dich nicht selbst verantwortlich fühlen solltest, so einfach ist das!

Dass der schwäbische Gehweg von seinen Nutzern von Schmutz befreit wird, zeugt von einem tiefgehenden, historisch und kulturell verwurzelten Verständnis des Gemeinsamen. Es ist ein schwäbisches Plädoyer für das Verursacherprinzip, das im Bereich des Umweltschutzes fundamental in die Rechtsprechung Eingang gefunden hat.

Dass das Bewusstsein, Verantwortung für gemeinsam genutzten Raum zu übernehmen – sowohl im halböffentlichen Bereich des Hauses als auch in der Öffentlichkeit – tief verankert ist, zeigen viele Initiativen, wie Waldputzete, Grillplatzsäuberungen, das charmante »Let's putz« in Stuttgart oder die bürgerliche Initiative zur Rettung von Gewässern, wie dem Max-Eyth-See in Stuttgart-Hofen (www.stiphtung.tv).

Ohne die hohe Schule der schwäbischen Kehrwoche, die nichts anderes darstellt als eine Heranführung an die Aufgabe und Pflicht, sich fürs Gemeinwohl einzubringen und zu engagieren, wären ganz sicher in Baden-Württemberg nicht so viele Bürgerinitiativen und Vereine entstanden, die durch ihre Netzwerke viel zur wirtschaftlichen, sportlichen und musikalischen Blüte des Landes beigetragen haben. Die Fischer-

Chöre wären ohne diesen fantastischen Gemeinsinn nicht entstanden, sie wären ohne die Kehrwoche nicht denkbar. Es wäre nur schlüssig, wenn Gotthilf Fischer nicht Fischer, sondern Kehrer heißen würde und wir von den Kehrer-Chören sprechen könnten.

Welches Klischee kommt nun zum Ausdruck, wenn Badener und Schwaben mit der Kehrwoche in Verbindung gebracht werden? Überhaupt keines. Und warum? Weil es stimmt: Wir putzen und kehren gerne und gründlich.

Es macht uns Spaß. Es ist ein Ritual. Es ist unser Leben. Wir leben gern und wir kehren gern! Und wir weisen andere gern an: »Da ghört fei au noch kehrt!«

Schwäbische Dreifelderwirtschaft: Getreide – Erwartungsland – Bauplätzle

Die tiefgreifende Unterscheidung zwischen dem Eigentümer eines Häusles und einem Haus- und Grundbesitzer ist zwar juristisch nicht ganz korrekt, aber verständlich und in der Umgangssprache üblich. Ein Häuslesbesitzer wohnt selbst in seinem Ein-und-alles-Haus, während ein Haus- und Grundbesitzer mehr so ein Investor ist. Natürlich kann auch dieser im eigenen Heim wohnen, aber dann wohnt er in einem von seinen mehreren Häusern. Alle hat er vermietet – bis auf das eine, in dem er gerne auf der Terrasse sitzen und am Laptop die Fotos vom Sommerfest des Reit- und Fahrvereins anschauen würde, im dem seine Tochter reitet und er zweiter Vorstand ist. Wenn er die Zeit dazu hätte. Er hat sie aber nicht. Ein Schwabe kann nicht auf der Terrasse sitzen, weil er schaffen muss, um das Geld für die Zweit-Terrasse reinzuverdienen.

Der schwäbische Häuslesbauer hat ein Einfamilienhaus in einer Vorortsiedlung gebaut, oft mit Hilfe von Frau, Freunden und Verwandtschaft. Zumindest den Innenausbau und den offenen Car-Port für den Wagen seiner Frau hat er selbst gemacht. Sein eigenes Auto steht in der Garage. Und jetzt wohnt er mit seiner Familie in seinem Häusle und freut sich, wenn es immer noch und immer wieder etwas zu reparieren, ergänzen und zu verbessern gibt.

26

Deswegen hat er extra im Souterrain eine kleine Werkstatt eingerichtet, gleich neben der ständig aufgebauten Modelleisenbahn von Märklin, wo er stundenlang vergeblich versucht, das Viadukt von Waiblingen-Neustadt nachzubauen. Wenn es dann an der Türe klingelt, er misslaunig Schraubenzieher und Bäbb fallen lässt und an der Sprechanlage hört: »Guten Tag, ich bin von den Zeugen Jehovas und wollte fragen, ob Sie mit mir über Gott reden möchten?«, bricht es wütend aus ihm heraus: »Ich bau schon den ganzen Nachmittag an meiner Eisenbahn und der Scheiß klappt net – was meinet Sie wohl, mit wem ich dabei die ganze Zeit schwätz?«

In der Statistik der Eigenheimbesitzer wird der Anteil von Gebäuden beziehungsweise Wohnungen berücksichtigt, die vom Eigentümer selbst bewohnt werden. Es handelt sich um die sogenannte Eigentümerquote. Um eine Aussage darüber treffen zu können, wie es nun im Land der Häuslesbauer mit dem Hausbau tatsächlich aussieht, fallen große Wohnungsbaugesellschaften wegen Statistikverfälschung unter den Tisch.

Nach einer Erhebung von 2006 landete Baden-Württemberg wieder nur auf dem dritten Platz hinter Rheinland-Pfalz und dem Spitzenreiter Saarland. Nicht das Schwabenland ist das Häuslesbauerland in Deutschland! Jedoch werden weder Saarländer noch Rheinland-Pfälzer als Häuslesbauer bespöttelt – sondern nur die Schwaben. Woher kommt dies?

Maßgeblich daran beteiligt, dass Schwabe und Häuslesbauer gleichgesetzt werden, war der Schlagersänger Ralf Bendix, der 1964 die Single »Schaffe, schaffe, Häusle baue« herausbrachte. Ein Angetrauter erzählt darin auf Hochdeutsch Szenen seiner Ehe, in denen die offensichtlich aus Schwaben stammende Gattin Mathilde als Hausdrache gezeichnet wird. Sie ist gegen Männerfreuden wie Den-Mädchen-Nachsehen, Skatspielen, Bier- und Weintrinken, Angelngehen oder Zeitunglesen. In hochverdeutschtem Rumpfschwäbisch gibt sie die Parole aus: »Schaffe, schaffe, Häusle baue, und net nach de Mädle schaue! Und wenn unser Häusle steht, da gibt's noch keine Ruh, denn dann sparen wir, dann sparen wir für 'ne Ziege und 'ne Kuh.«

27

Der Schlagerkomponist, Sänger und Produzent Ralf Bendix, eigentlich Dr. Karl Heinz Schwab (!), kam aus dem Ruhrgebiet und schrieb zusammen mit seinem Schulfreund Wolfgang Niederkirchner, Verwaltungsrichter in Gelsenkirchen und einer der erfolgreichsten deutschen Schlagertexter, diesen Erfolgshit. Der Wirtschaftswunderschlager passte noch gut in die Zeit, denn erst ungefähr 1966 endete der langanhaltende, von aller Welt bestaunte deutsche Aufschwung nach Kriegsende.

Der Schlager »Schaffe, schaffe, Häusle baue« kletterte die Hitparaden der Bundesrepublik hoch. Ungefähr ein Jahr später veröffentlichte das schwäbische Volksschauspieler- und Volksliedersängerehepaar Willy Seiler und Ruth Mönch eine sprachlich besser eingeschwäbelte Version, die im Schwabenland zum Renner wurde. Es gab kein Bierzelt, in dem die Blaskapelle nicht diesen Schlager gespielt hätte.

Bei der Zeile »Schaffe, schaffe, Häusle baue« wurde das zweite »schaffe« durch »spare« ersetzt. Jetzt waren alle lächerlichen Klischees und Vorurteile zusammen auf einem Haufen. Allein das Wort »schaffen« an Stelle von »arbeiten« löst in Norddeutschland schon Heiterkeit über den absurden schwäbischen Dialekt aus.

Meine Bekannte in Hannover, eine dort geborene und aufgewachsene Niedersächsin, las ihrer kleinen Tochter aus einem bebilderten Kinderbuch über eine Familie vor. Alles war verständlich, bis sie an die Zeile kam: »Dann ging der Vater hinaus, um im Garten zu schaffen.« Der Kinderbuchverlag und der Autor stammten beide aus Baden-Württemberg.

In dem Schlager wird dann schwäbische Arbeitsucht gegen Genussunfähigkeit ausgespielt und darauf hingewiesen, dass der Schwabe – vor allem die schwäbische Hausfrau – raffgierig sei und nicht genug bekommen könne. Nach dem Haus möchte die Lied-Mathilde noch Vieh besitzen, womit sie so nebenbei als provinziell und bäuerlich verunglimpft wird. Dieses »Schaffe, spare, Häusle baue« hängt dem Schwaben seither um wie eine alte Kuhglocke.

Nur beim Sparen haben die Klischeeverbreiter recht. Von jedem 100-Euro-Schein wanderten in Baden-Württemberg durchschnittlich 11,80 Euro in den Sparstrumpf.

Schwäbisches Sparen ist kein Klischee, aber Häuslesbauen schon, da sind andere Bundesländer vor uns.

Die sparsamen Schwaben – exakt gesagt: Baden-Württemberger – sind jedoch bei den privaten Konsumausgaben je Einwohner an dritter Stelle nach Hamburg und Bremen. Genau dies ist ein Umstand, wofür Baden-Württemberg beneidet wird und mit seinen Wirtschaftsdaten einen Dauerspitzenplatz in Deutschland einnimmt: Seine Einwohner sparen bei gleichzeitigem Ausgeben. Wir können alles, selbst diesen systemimmanenten Widerspruch aushalten. Sowohl als auch – ein uraltes schwäbisches Prinzip. Gell, do glotsch!

Wenn Sueben schweben, Badener baden und Schwaben graben

Der lange Weg nach Baden-Württemberg

Ich gebe zu – und mein historisch hochinteressierter Vater möge kurz weglesen –, dass mich das Unterrichtsfach Geschichte während meiner Schulzeit stets mächtig gelangweilt hat. Sie können sich vorstellen, mit welchem inneren Antrieb ich mich also in die Recherche gestürzt habe, wo wir SchwaBadener herkommen und wer wir eigentlich sind. Und am Ende der Arbeit muss ich sagen: Ich bin so klug als wie zuvor. Ich weiß jetzt noch genauer, dass ich nichts weiß und dass die rein geschichtliche Betrachtung unserer Herkunft nicht weiterhilft. Trotzdem, da müssen wir durch, ich nehme Sie mit.

Anfänge im Neckarsand und in Albhöhlen

Der erste Deutsche war ein Badener. Oder etwas genauer gesagt: Der älteste Überrest eines Menschen, der je in Deutschland gefunden wurde, ist ein Unterkiefer. 1907 entdeckte man ihn in Sandablagerungen des Neckars in Mauer, einer Gemeinde zwischen Heidelberg und Sinsheim. Der Homo heidelbergensis – so taufte man die Art, für die der Unterkiefer stand – lebte vor 600 000 Jahren.

Machen wir einen großen Sprung. Sagt Ihnen das Zeitalter »Aurignacien« was? Falls nein, nehmen Sie deshalb nicht die teuren, gedächtnisstützenden Gingotabletten ein! Sie können sich nicht mehr daran erinnern, denn das ist eine Handvoll Jahre her: 35 000 bis 29 000 Jahre vor unser Zeitrechnung, im genannten Zeitalter Aurignacien, tauchten in Mitteleuropa erstmals anatomisch moderne Menschen auf, die eine kulturelle Vorstufe des Homo sapiens darstellten. Mit dieser Kultur der Aurignacien-Menschen begann in Europa das Jungpaläolithikum, die jüngere Altsteinzeit. Das Aurignacien dauerte etwa 10 000 bis 15 000 Jahre.

Archäologische Funde belegen, dass Baden-Württemberg in dieser Zeit ein Siedlungsgebiet war. In baden-württembergischen Höhlen wurden die weltweit ältesten figürlichen Kunstwerke entdeckt: im Geißenklösterle und dem Hohlen Fels, zwei Höhlen im Achtal bei Blaubeuren, sowie in der Vogelherdhöhle und in der Höhle Hohlenstein-Stadel, beide im Lonetal im Kreis Heidenheim. Bei den Kunstwerken handelt es sich um Tier- und Menschenfiguren, die aus Mammutelfenbein geschnitzt sind. Die Funde aus dem Geißenklösterle stellen Mammut, Wisent, einen Höhlenbär in Angriffshaltung und einen breit dastehenden Menschen mit hoch erhobenen Armen dar. Manche Wissenschaftler halten ihn für einen Betenden. Für mich ist er eindeutig ein Urzeit-Vorschwabe, der gerade den handzahmen Säbelzahntiger der Nachbarin aus seinem Vorgarten verjagt, damit dieser nicht schon wieder seine Notdurft auf dem Weg vor der Höhle hinterlässt. Alles ist möglich. Niemand war dabei.

In der Vogelherdhöhle barg man neben Tierplastiken eine plumpe Menschenfigur mit knopfartigem Kopf. Ich tippe auf einen frühen Schwaben, Hubuhubuhubu genannt, Nachname: Knopfköpfle.

Das rätselhafteste Kunstwerk aber wurde in der Höhle Hohlenstein-Stadel entdeckt: ein fast 30 Zentimeter hohes Wesen mit dem Kopf einer Höhlenlöwin, dem Körper eines Menschen und tierischen Füßen. Vielleicht verkörperte die Figur eine Gottheit? Vielleicht aber sahen die scharfen Hasen von früher einfach auch so aus? Man ist sich nicht sicher.

Eine wahre Weltsensation stellt die »Venus vom Hohlen Fels« dar, die im September 2008 gefunden wurde. Das sechs Zentimeter hohe Frauenfigürchen ist üppig geformt. Auf Kopf und Füße hat der Künstler, wie damals modern, verzichtet. Die Statuette ist etwa 40 000 Jahre alt und gilt als die älteste Menschenfigur der Welt und eines der ältesten – wenn nicht sogar das älteste – Kunstwerk überhaupt. In ihren dicken

Bauch sind horizontale Linien geritzt, man vermutet eine frühe Darstellung von Kleidung, wie es aussieht, sogar im Tanga-Stil.

Natürlich gibt es wieder Neider, die uns die Flädlessuppe versalzen möchten, wenn sie zu Recht darauf hinweisen, dass im schwäbischen Donautal nicht die Wiege der Menschheit stand. Sie sagen, man könnte woanders vergleichbare Sachen finden, wenn man nur suchen würde. Mag ja sein, aber woanders wird eben nicht so pedantisch geguckt wie bei uns, ob irgendwo was rumliegt! Auf jeden Fall stand im Donautal eine der Wiegen von Kunst und Kultur, das steht schon mal fest!

Sogar Flöten aus Vogelknochen und Mammutelfenbein wurden in der Höhle Geißenklösterle gefunden. Sie gelten als die ältesten Musikinstrumente der Welt. Die Steinzeitler zogen damals in der Gegend herum, immer dem Mammut nach. Die Harmonikastadt Trossingen liegt nur 115 Kilometer Fußweg von der Höhle entfernt. Welcher Mammutjäger war der erste, der nach diesem Marsch seinen Mund voll Flöten nahm, das vielstimmige Getröte harmonisch fand und so eine frühe Form der Mundharmonika erfand? Wer hat als Kind nicht auch aus einem Hühnerknochen eine Flöte geschnitzt? Gibt es im Alb-Schwarzwald-Neckar-Donau-Gebiet jemand, der nicht »Hänschen klein« auf einer Blockflöte gespielt hat? Musik ist tief in schwäBadischer Seele verwurzelt. Und liegt in schwäBadischer Erde begraben, wie der Fund einer Holzleier aus dem 6. Jahrhundert in einem Alamannengrab beweist, das bei Trossingen »en Block« ausgehoben und in Freiburg erforscht wurde.

Diese nahezu vollständig erhaltene Leier gilt als das bestkonservierte Stück unter den insgesamt 15 bisher geborgenen frühmittelalterlichen Exemplaren. Beide Seiten der Leier sind reichhaltig mit Ritzzeichnungen verziert. Wem fiele da nicht sofort der mit Ritzen verzierte dicke Bauch der »Venus vom Hohlen Fels« ein? Die Vorderseite des Resonanzkörpers zeigt zwei Gruppen von je sechs bewaffneten Kriegern, die sich gegenüberstehen. Die beiden ersten Krieger umfassen eine aufrecht stehende Lanze mit zwei Wimpeln. Jeder Krieger hält eine mit der Spitze zu Boden gerichtete Lanze und zwei übereinanderliegende Schilde.

32

Es wird angenommen, dass bei den kriegerischen Alamannen beziehungsweise Sueben zur Leier Heldenlieder gesungen wurden, die kriegerische Kämpfe verherrlichten. Deswegen auch die abgebildeten bewaffneten Krieger. Und die Lanze mit den Wimpeln in der Mitte? Ein Rätsel, außer man kennt Gegend und Leute und weiß, dass es bis heute in kaum einem anderen Bundesland pro Kopf so viele Vereine gibt wie in Baden-Württemberg – vor allem Gesang- und Musikvereine! Ich behaupte: Trossingen ist nicht nur Musikstadt, sondern auch die Stadt mit dem ersten Musik- und Gesangverein! Womöglich hieß er ja »Lyra«? Die Antwort darauf kann zwar kein Archäologe geben, aber jeder, der erlebt hat, wie zum Geburtstag eines verdienten Mitglieds vom Verein mit ernster Inbrunst ein Ständle gesungen wurde, weiß, dass die Wahrscheinlichkeit hierzu verdammt hoch liegt.

Tatsache ist, dass der südwestdeutsche Lebensraum immer schon Kunst und Kultur hervorgebracht hat. Hier sehnt sich der Mensch nach kreativer Befreiung, um aus dem Alltag entfliehen zu können. Es ist das Land der Bastler und Schnitzer, der Künstler und Kunsthandwerker, der Tüftler und Heimwerker, der Überstundenmacher und Feierabendgrubler, der Wochenendhandwerker und Recyclinghofbesucher.

Ich schlage vor, Sie holen sich schnell einen Kaffee, ein Glas Tee oder ein Wasser. Wenn es nach, sagen wir, 15 Uhr ist, meinetwegen auch ein überschaubares Glas Wein.

Machen Sie ein paar Kniebeugen, und dann geht's noch ein bisschen weiter mit unserer Geschichtsstunde.

Sind Sie soweit? Gut.

Ein Wagen im Grab und Löwen vor Ludwigsburg

Jahrtausende nach den Flöten- und Venusschnitzern des Aurignacien brachte die keltische Besiedlung in der unwirtlichen Gegend eine relativ hoch entwickelte Kultur hervor. Das belegt der Fund von Fürstengräbern aus der Zeit um 500 v. Chr., die in Form

33

eines Hügels mit Grabkammer angelegt wurden. Mit dem Fürstengrab von Hochdorf an der Enz gelang es, ein nahezu vollständig erhaltenes Grab mit allen Mitteln und Möglichkeiten der heutigen Zeit zu sichern, die prachtvollen Funde zu bergen und sie wissenschaftlich zu untersuchen.

Der verstorbene Keltenfürst, der unter anderem einen goldenen Halsring trug, lag auf einer kunstvoll gearbeiteten bronzenen Liege. Er wurde zusammen mit einem vierrädrigen Wagen bestattet. Einen metallenen Topf zierten detailgenau dargestellte Löwen. Man ahnt, welch reichhaltige Tierwelt es damals in der Gegend um Ludwigsburg gegeben haben muss. Auch heute findet man bei uns noch viele Kamele, sie grasen aber nicht mehr auf der Weide, sondern nerven uns in Ämtern und öffentlichen Verwaltungen.

Zur Erinnerung: Das Wappen Baden-Württembergs zieren drei schreitende Löwen auf goldenem Grund! Die Wagen-Produktion hat sich seit den Kelten im Land ausgesprochen gut entwickelt. Nicht ohne Grund war mein Uropa Wagner in Waiblingen! Der Wagen aus dem Ländle ist heute immer noch ein Prestigeobjekt, und nicht nur für Fürsten, sondern auch für Menschen mit fürstlichen Gehältern und beamtenrechtlich garantierter Altersversorgung.

Noch heute würde so mancher Schwabe seinen Wagen lieber mit ins Grab nehmen, als dass er in schlechte Hände kommt, die ihn zum Beispiel nach der Waschanlage nicht sauber trockenledern und in der Garage die Türen nicht öffnen, damit er von innen heraus trocknen kann. Aber da macht dem Schwaben leider die Friedhofsordnung einen Strich durch die Rechnung. Auch ist das Land noch nicht so weit, das Abstellen der Urne in einem Car-Port zu erlauben, wo die Trauernden des Verstorbenen in seinem alten Mercedes 123 D gedenken können.

Doch nicht nur die Automobilblüte lässt die fürstliche Keltengruft in Hochdorf vorausahnen. Auch starke Verweise auf die kommende Gold- und Schmuckindustrie von Pforzheim und Schwäbisch Gmünd sind vorhanden und – die Liege im Fürstengrab vor Augen – auf die Möbelindustrie im Lande, wie zum Beispiel in Nagold oder

34

Weil am Rhein. Die Kelten wussten zu schmieden und Wagen und Waffen zu bauen. Lauter Fähigkeiten, die noch heute in der Industrie Baden-Württembergs stark zum Tragen kommen. Zu Lande, zu Wasser, in der Luft – überall bei uns brummt und röhrt es und die Frage drängt sich auf: Erinnert die einstige Konzernzentrale von Daimler in Möhringen nicht ein wenig an eine keltische Fliehburg?

Und auch das lässt an heute denken: Die Römer, die bei ihren Feldzügen in den kühlen Norden auf die Kelten stießen, kupferten einiges von ihrer fortgeschrittenen Wagenbautechnik ab und verbesserten so ihre eigenen Gefährte. Natürlich übertrieben sie etwas im Design – italienischer Schnickschnack halt. In der Gegend des späteren Stuttgart blieb das Wagen-Design so auffällig wie Ministerpräsident Stefan Mappus, von dem die Rede gilt, dass er ganz friedlich sein kann, wenn er satt ist.

Wandernde Schwabenknoten

Vermutlich gaben klimatische Veränderungen und in ihrer Folge Existenzprobleme den Ausschlag, dass vor allem die germanischen Volksstämme in Bewegung gerieten und nach Süden wanderten – ungefähr im Zeitraum vom Einbruch der Hunnen nach Ostmitteleuropa 375/376 n. Chr. bis zum Einfall der Langobarden in Italien im Jahr 568. Nein, sie schulterten nicht den Rucksack und folgten den Wanderzeichen des Schwäbischen Albvereins, sondern sie zogen mit Sack und Pack dem Hunger oder dem feindlich gesinnten Nachbarstamm davon.

Sie verdrängten die Kelten oder vermischten sich mit ihnen. Manche folgten den Kelten hinüber nach Frankreich, wahrscheinlich, weil sie gerne Froschschenkel aßen. Andere blieben diesseits des Rheins, weil sie lieber Rostbraten mit Spätzle futterten. Suebische Stämme taten beides: Manche zogen bis auf die iberische Halbinsel, wo sie sich in Galicien niederließen und im Jahr 411 ein suebisches Königreich gründeten, das immerhin bis anno 585 Bestand hatte. Andere wanderten zum Neckar und Rheinknie, an die obere Donau und den Lech.

Die Sueben waren klein und gedrungen an Wuchs, aber nichtsdestotrotz kräftige, furchterregende Kerle. Untrügliches Kennzeichen war eine seltsame Frisur, die in einem Haarknoten gipfelte. Das nannte man Schwabenknoten. Ich erinnere mich an einige Großtanten, die auch so ein Ding auf dem Kopf hatten, ähnlich säuerlich rochen wie ein Suebenkrieger auf der Jagd und ihren Spaß daran hatten, kleine unschuldige Kinder mit ihrem Damenbart im Gesicht zu pieksen und feuchte schlabbrige Küsse auf ihre Backen abzusetzen. An den Gesichtern – ob Großtante oder Suebe – konnte kein Kind und kein Römer ablesen, was sie vorhatten. Oft wussten sie es selbst nicht. Das ist uns Schwaben bis heute geblieben und macht unseren Stamm geheimnisvoll und rätselhaft.

Ich mache mir heute oft das Vergnügen, in meinem Schwabenbruder das starre Suebengesicht von damals wieder herzurufen. Das geht ganz einfach. Ich lasse mich in einem inhabergeführten Ladengeschäft vom Chef persönlich beraten, zum Beispiel beim Kauf eines Kofferradios (für unsere jüngeren Leser: ein portables, digitales Music-Amp-System für mp3-Player mit integriertem FM-Empfangsmodul). Ich lasse mir alle Modelle zeigen, vom billigsten bis hin zum teuersten. Von Letzterem lasse ich mir alle Vorzüge ausführlich beschreiben, zeigen und vorführen. Ich bestätige den Unternehmer in seinem Schwärmen ob der Vorzüge des teuersten Modells und sage nach vielen Beratungsminuten: »Also gut!«

Er nimmt sehr zufrieden das teure Gerät, überschlägt auf dem Weg zur Kasse kurz den enormen Schnitt, den er mit diesem Verkauf machen wird. Und kurz bevor er den Betrag in die Kasse eintippen möchte, sage ich: »Obwohl, Moment!«, drehe mich um, hole das billigste Exemplar herbei und laufe damit zur Kasse. Dann schaue ich in das Sueben-Gesicht, das der Römer auch zu sehen bekam. Während der Römer wahlweise laut schreiend davonlief oder in einer Art Notwehr mit dem Knüppel modellierend auf den Suebenschädel einwirkte, genieße ich den Anblick ein paar Sekunden lang, bis ich die Geschichte irgendwie auflöse. Wenn Sie ohnehin etwas Teures kaufen möchten, gönnen Sie sich vorher ruhig mal den Suebenblickspaß! Das hilft noch Wochen später über die schwäbische Kaufreue hinweg!

Zurück zu den Römern: Die suebischen Germanen machten den Römern arg zu *schaffen*. Der sprachliche Ausdruck zeigt deutlich, dass von Schwaben die Rede sein muss. Aber um die Verwirrung zu vergrößern: Die Sueben, eine Gruppe von Stämmen unter den zahlreichen germanischen Wandervölkern, kamen aus dem Gebiet zwischen Elbe und Weichsel! Das ist die schlimmste Erkenntnis meiner ganzen Geschichtsrecherche: Wir Schwaben sind selber die Reing'schmeckte! Das ist so, wie wenn der Steuerfahnder selber Schwarzgeld in Liechtenstein versteckt oder die »Liga zur Verbesserung der öffentlichen Moral« zur Gegenfinanzierung ein Bordell am Stuttgarter Flughafen betreibt!

Die Sueben von Ostsee, Oderstrand und Havelland sind unsere Vorgänger, Ahnen und Namensgeber. Man kann es nicht glauben, aber, Leute, es ist so! Zusammen mit anderen Stämmen, die sich wahrlich nicht immer grün waren, sondern sich gerne mal eins auf den Däz (den Meckel, also die Hirnschale) gaben, ärgerten sie die Römer so sehr, dass diese einen nahezu 550 Kilometer langen befestigten Grenzwall errichteten, der als Limes bekannt wurde. Der römische Nachbar baute ums Vorgärtle ein Mäuerle – das hat man gern!

Dieser Limes funktionierte jahrelang wie die Staumauer eines Hochwasserrückhaltebeckens in einer blühenden CDU-Gemeinde im Schwäbischen Wald. Bald konnten die Römer die vielen Strömungen vor ihrer Staumauer nicht mehr unterscheiden und nannten alle entweder Barbaren, Germanen oder Alamannen. Wie sie darauf kamen, hat man noch nicht herausgefunden. Germanen, Sueben, Alamannen – eine einzige Mischpoke vor dem Limes!

Einige trieben Handel mit den Römern, andere bekämpften sie und wieder andere fanden Gefallen am Kriegerlesspielen und liefen über: Als Krieger in römischem Sold und Brot schlugen sie fortan anderen Germanen im Namen der Sandalenträger auf die Fellmütze oder auf den Schwabenknoten.

Leider haben die Vorfahren der Dichter und Denker damals nichts aufgeschrieben. Sie haben zwar schöne Gegenstände wie Schmuck, verzierte Waffen, Kleidungsacces-

37

soires oder Pferdezaumzeug in Gräbern hinterlassen, aber kein schriftliches Vermächtnis, das man Sueben oder Alamannen zuordnen könnte. Alles wurde mündlich in Erzählungen oder Liedern weitergegeben.

Noch heute wird im Schwabenland gerne und häufig gesungen. Die Liedzeile »Auf'm Wase graset d'Hase ond em Neckar gambet d'Fisch« deutet für mich auf eine suebische Jagdzeremonie hin, die dann wieder im Bauernkrieg in der Forderung nach Fischerei- und Jagdrechten aufflammte. Wird sie beim Volksfest in Stuttgart-Bad Cannstatt als kollektives Schunkellied gesungen, soll sie symbolisch an das Hin- und Herwogen der schwäbisch-alemannischen Geschichte erinnern.

Sie werden doch jetzt nicht schlapp machen! Noch ein Gläschen vielleicht? Ich habe Sie gewarnt: Das ist viel und anstrengend. Aber ohne Geschichte kein Verständnis für die Gegenwart und keine Zukunft. Außerdem: Wann in der Schule wurden Sie jemals mitten in der Geschichtsstunde fröhlich dazu aufgefordert, Alkohol zu sich zu nehmen?

Also, machen wir weiter? Gut.

Dass unsere damaligen Vorfahren nichts niedergeschrieben haben, liegt nicht daran, dass sie keine Schrift gehabt hätten – sie haben sie vielmehr eingespart. Nur bei uns ist heute noch eine Kleinanzeige wie diese möglich: »Verkaufe Mercedes 200 D, Bj. 1989, 43 000 Kilometer, obere Gänge völlig unbenutzt.« Die germanische Runenschrift wurde zwischen dem 2. und dem 12. Jahrhundert verwendet. Sie war aber nicht als Schrift in Gebrauch, um zum Beispiel – wie die Römer es taten – Zeitgeschichte zu dokumentieren. Südlich von Skandinavien fanden die Runen kaum Verbreitung, mit der Bekehrung unserer barbarischen Ahnen zum Christentum um 700 n. Chr. verschwanden sie vollends.

Stützen der Geschichtsschreibung sind die Überlieferungen der römischen Schreiber, Dokumente, die aus der Zeit nach der Völkerwanderung stammen, und archäologische Funde. Von unseren wilden schwäbisch-alemannischen Vorfahren erzählen nur Siedlungsspuren, Friedhöfe und in Kriegszeiten vergrabene Schätze. Ich bin überzeugt, dass die damaligen Schwaben zwar des Schreibens mächtig waren, es aber im Hinblick auf das viele Schaffen, das Streiterles- und Kämpferles-Tun als Zeitverschwendung betrachteten.

Schon in römischen Quellen wurde der Volksstamm der Alamani mit den Sueben gleichgesetzt. Um den Vergleich noch einmal heranzuziehen: Wenn zwei Römer auf der Staumauer des Rückhaltebeckens Limes standen und auf das wirbelige Wasser – sprich: die verschiedenen Volksstämme – schauten, sagte der eine: Sueben! Und der andere: Alamannen! Der dritte: Die spinnen, die Germanen!

Die Germanen, die es hörten, schüttelten nur den Kopf, denn sie waren vermutlich weder das eine noch das andere, sondern Narisker, Tenkterer, Ubier und andere.

Nordöstlich des Limes lebte nämlich eine große Zahl einzelner, teilweise sehr unterschiedlicher Volksstämme, die umherzogen und meist nur für kurze Zeit sesshaft waren. Keinesfalls verstanden sie sich selbst als »die Germanen«. Manchmal bekriegten sie sich untereinander, manchmal herrschte Waffenstillstand. Das muss man sich vorstellen wie das badisch-schwäbische Miteinander in heutigen Zeiten. Ihre Sprachen besaßen teilweise gemeinsame Wurzeln, sodass sie sich verständigen konnten, aber einig waren sie sich selten. Wir kennen so was von den Plenarsitzungen im baden-württembergischen Landtag.

Schenkt man dem römischen Geschichtsschreiber Tacitus Glauben, dann war allerdings mehr als die Hälfte Germaniens vom suebischen Volk besiedelt. Die Sueben, auch Sweben geschrieben, bestanden aus zahlreichen verschiedenen Stämmen, deren Gemeinsamkeit offenbar vor allem in ihrer Haartracht bestand, einem Seitenscheitel mit dem schon erwähnten Dutt. Für Tacitus gehörten zu den Sueben (ja, diese Aufzählung muss jetzt sein): die Semnonen, Langobarden, Reudigner und Avionen, die Angeln, Variner, Eudosen, Suardonen, Nuitonen und Hermunduren, dann die Naristen, Markomannen, Quaden, die Marsigner und Burer, die Lugier, Gotonen (Goten) und

Rugier, schließlich die Lemovier und Suionen, ja sogar die Ästier (Estier, der Ursprung der Esten) und Sitonen. Bei den Peukinern, Venetern und Fennen war er sich nicht sicher. Viele der Genannten zerfielen wiederum in Teilstämme. So zählten zu den Lugiern beispielsweise die Harier, Helveconen, Manimer, Helisier oder Elysier und Naharvaler. Wenn ich zwei dieser Namen jetzt frei erfunden hätte – hätten Sie's bemerkt?

Nicht ohne Grund nannten die Römer die Ostsee »Mare Suebicum«, zu deutsch: Schwäbisches Meer. Vom Baltikum und von der Elbmündung reichte das suebische Siedlungsgebiet bis zum Erzgebierge; es zählte also auch die Gegend um Berlin dazu. Heute leben wieder sehr viele Schwaben in Berlin, weil es sie in ihr altes Stammesgebiet zurückzieht. Doch diesem Phänomen sei später in einem extra Kapitel gehuldigt.

Zurück zu den Römern: Bei ihnen genossen die Sueben den Ruf wilder Krieger. Nicht wenige Schwaben landeten im römischen Militär. Auch als Gladiatoren waren Germanen und wohl auch Schwaben beliebt. In Sklavendiensten in vornehmen Familien galten sie als exklusive Exoten und hielten den Palazzo peinlich sauber. Schwaben arbeiteten wahrscheinlich schon damals als so eine Art Facility-Manager, vielleicht sogar im Colosseum!

Ein ganz klares, eindeutiges Feindbild gab es unter den Germanen nicht, vielmehr ein Hin und Her mit Verträgen und Abmachungen, zum Beispiel wurden germanische Stämme Föderaten der Römer oder bewachten kompanienweise den Limes gegen germanische Angriffe.

Beschrieben ist die Schlacht des suebischen Heerführers Ariovist gegen Gaius Iulius Caesar im Jahr 58 v. Chr. im Elsass, die der Schwabe verlor. Er hatte zahlreiche Stämme gegen die Römer vereint, die nach der verlorenen Schlacht zerstreut, erschlagen oder versklavt wurden, wenn sie nicht schnell ihre Siedlungen aufgelöst und mit Kind und Kegel das Weite gesucht hatten. Caesar bezeichnete Ariovist immer nur als »Anführer der Germanen«, was darauf hinweist, dass die Römer die germanischen Stämme wenig unterschieden. Wie bereits erwähnt, wird da bis heute wild pauschalisiert: Aus norddeutscher Sicht leben im Südwesten Deutschlands nichts als Schwaben.

Die ersten Alamannen

Das Auftauchen der Bezeichnung Alamanne oder Alemanne wird auf das Jahr 213 n. Chr. datiert. Es wird vom Kampf des römischen Kaisers Caracalla gegen Alamannen berichtet. Doch wurden die Berichte entweder gefälscht oder in späteren Abschriften der Name »Alamannen« hinzugefügt. Nach heutiger Forschung wussten die römischen Quellen des 3. Jahrhunderts nichts von Alamannen, sondern nur von Germanen und Barbaren. Vor dem Fall des Limes 259/260 n. Chr. war der Alamannen-Name offensichtlich unbekannt. Erst danach, im Jahr 289 n. Chr., taucht er in den Quellen zum ersten Mal auf, nämlich als »Alamannen, die früher Germanen genannt wurden«.

Es scheint sich dabei mehr um eine Namensgebung der Römer für »alle Völkerschaften des Gegenufers der obergermanischen Provinz« als um die eigene Namensgebung für einen Stamm oder ein Volk gehandelt zu haben. Vermutlich sollte eine Unterscheidung zu den Franken geschaffen werden, die ebenfalls aus mehreren Stämmen bestanden und von den Römern, wen überrascht's?, pauschal als Franken bezeichnet wurden.

Es gibt Forscher, die annehmen, dass sich die Alamannen vor dem Fall des Limes aus den Sueben und anderen Stämmen bildeten und diese Verschmelzung sich nach dem Fall des Limes fortsetzte. Wahrscheinlich war »Alamannen« aber ein Begriff, der aus der römischen Faulheit resultierte, die Stämme zu unterscheiden. Jahrhunderte später machten es die germanischen Stämme bei der Besiedlung von Nordamerika ja auch nicht anders: Sie sprachen selten von Apachen, Kiowas oder Irokesen, sondern meist verallgemeinernd von »Indianern«.

Die Entstehung des alamannischen Volkes entwickelte sich vermutlich mit den Sueben als Kerngruppe. Oder auch nicht. Wer weiß das schon?

Die Südbadener wissen es, denn sie glauben heute noch, sie seien die einzigen Alemannen – und machen dadurch in der Unterscheidung zu sich erst die Schwaben zu Schwaben. Im 6. Jahrhundert war eine Gleichsetzung von Alamannen und Sueben üblich, das Früh- und Hochmittelalter verwendete beide Begriffe gleichwertig. Im Laufe der Zeit setzte sich »Schwaben« durch und »Alamannen« geriet im 12. Jahrhundert in Vergessenheit.

Ein weiteres Tässchen Rotwein oder ein Gläschen Tee? Halten Sie durch, wir haben's gleich geschafft.

Noch bevor die wandernden Völker zur Ruhe gelangt waren, kam es zu einem Krieg zwischen alamannischen und fränkischen Stämmen, bei dem die Alamannen um das Jahr 500 den Kürzeren zogen. Vorbei war's mit ihrer Souveränität. Denn danach setzte der fränkische König Herzöge für das alamannische Gebiet ein, das, in heutigen Begriffen, ungefähr die Südhälfte von Baden-Württemberg, die Deutschschweiz und Bayerisch-Schwaben umfasst haben dürfte.

Doch die Alamannen probten den Aufstand, und der wurde anno 746 im »Blutgericht zu Cannstatt« niedergeworfen – und zwar blutig, wie der Name schon sagt. Die Franken richteten Tausende alamannischer Fürsten und Sippenchefs hin. Das alamannische Gebiet wurde unmittelbar der Verwaltung durch fränkische Herrscher unterstellt.

Das Herzogtum Schwaben

911 entstand dann das Herzogtum Schwaben. Beachtenswert ist hier die Jahreszahl: 911. Fällt Ihnen da was auf? Zuffenhausen? Porsche? Jetzt hat's g'schnackelt. Wer bei »911« sofort an Wolfsburg gedacht hat, soll sich bitte was schämen! Danke!

Das Herzogtum Schwaben umfasste ein Gebiet, das, auf heutige Grenzen bezogen, das ganze Elsass beinhaltete, südlich bis nach Oberitalien und östlich bis über den Lech hinausreichte und im Norden ungefähr bis zur Linie Baden-Baden–Waiblingen–Ansbach. Politisch bestand es bis 1268, also bis zum Ende der Staufer.

Auch in der Folgezeit verband sich der Begriff »Schwaben« mit Gebieten, die deutlich über unsere heutige geografische Vorstellung hinausgingen. Zum *Schwäbischen*

Städtebund, einem 1331 bis 1389 existierenden militärischen Beistandspakt, gehörten Konstanz und Sankt Gallen ebenso wie (Bad) Windsheim oder Rothenburg ob der Tauber. 1488 bis 1534 schlossen sich geistliche und weltliche Fürsten, Reichsstädte und Ritterschaften zum *Schwäbischen Bund* zusammen, um den Landfrieden aufrechtzuerhalten. Hier war Markgraf Christoph von Baden ebenso Mitglied wie Herzog Siegmund von Österreich (für die »vorderösterreichischen« Gebiete, vor allem im Breisgau), Straßburg ebenso wie Donauwörth oder Ritterschaften im Hegau und Kraichgau. Und der 1521 bis 1808 bestehende *Schwäbische Reichskreis* umfasste das Areal vom Lech bis zum Rhein.

Anfang des 17. Jahrhunderts wurde die Geschichte von den *Sieben Schwaben* populär. Diese Gestalten traten so tumb auf, dass wir Württemberger deswegen noch heute allüberall verlacht und mit *Schwabenstreichen* in Verbindung gebracht werden. Doch woher kamen, der Überlieferung von Ludwig Aurbacher zufolge, diese Sieben?

Der Seehas aus der Reichsstadt Überlingen (später badisch). Der Nestelschwab aus dem vorderösterreichischen Gebiet »unweit von Freiburg« (später badisch). Der Gelbfüßler, der den Badenern ihren Spitznamen lieferte, aus der Reichsstadt Bopfingen (später bayrisch, dann württembergisch, niemals badisch, grenzt jedoch an Bayern). Der Knöpfleschwab kam aus dem Nördlinger Ries, der Blitzschwab aus Meitingen nördlich von Augsburg und der Spiegelschwab aus Memmingen (alle drei später bayrisch). Und der Allgäuer stammte natürlich aus dem Allgäu, das sich von Oberschwaben bis Tirol erstreckt (bis heute überwiegend bayerisch).

Das Großherzogtum Baden

Im Oberrheintal bekam um 1100 Berthold II., Herzog von Schwaben und Reichsvogt über Zürich, den Herzogtitel auf seine Stammburg Zähringen. Eine bedeutende Linie ergab sich über seinen Neffen Hermann (um 1074–1130), den ersten Markgrafen von Baden. Im Laufe seiner Geschichte entwickelte sich Baden zum Großherzogtum, dessen Entstehung zwischen 1803 und 1810 mit Napoleon ausgekartet wurde. Die Verhandlungen mit Napoleon bescherten Baden einige Gebiets- und Gemeindegewinne. Das alte Baden vergrößerte sich erheblich, bis es ein stattliches Großherzogtum war und mit den beiden Universitäten in Freiburg und Heidelberg zwei bedeutende Bildungsstätten in den Sack stecken konnte. Es hatte nun die Form eines Stiefels, seitenverkehrt zum italienischen. Von Gerchsheim in Tauberfranken, das heute zu Großrinderfeld gehört, und Wertheim am Main umfasste es den südlichen Odenwald und das Bauland, die Kurpfalz mit Mannheim und Heidelberg, den Kraichgau, die Gegend um Pforzheim und das Biet – die Hochebene zwischen Nagold und Würm –, das Oberrheingebiet von Mannheim bis Lörrach (mit Städten wie Weinheim, Schwetzingen, Bruchsal, Karlsruhe, Ettlingen, Rastatt, Gaggenau, Baden-Baden, Bühl, Achern, Kehl, Offenburg, Lahr, Emmendingen, Breisach, Freiburg und Müllheim), den Südschwarzwald, den Hochrhein, den Hegau und Teile der Baar sowie schließlich das nordwestliche Bodenseegebiet einschließlich Singen und Konstanz bis Immenstaad am Bodensee.

Durch den Beitritt in den Rheinbund kämpften badische Soldaten in den Schlachten Napoleons mit, auch in der Völkerschlacht bei Leipzig. Man geht davon aus, dass von 7000 Badenern nur ein paar Hundert zurückkehrten. Für Napoleon! Einen Franzosen! So etwas hätten die Badener für einen Schwaben nie getan und würden es auch heute nicht tun.

Als mit Napoleon am Verhandlungstisch das Großherzogtum Baden entstand und Württemberg vom Herzogtum zum Kurfürstentum und schließlich zum Königreich aufstieg, wurden 1810 auch die Grenzen zwischen Bayern und Württemberg neu gezogen. Das ist einer der Gründe, warum im Südwesten Bayerns Schwaben leben. Die dabei entstandenen Landesgrenzen entsprachen im Großen und Ganzen den Grenzen, die bei der Entstehung der Bundesländer nach dem Zweiten Weltkrieg eine Rolle spielten. Seither gibt es nur ein Land, das offiziell als »Schwaben« bezeichnet wird: den gleichnamigen bayerischen Regierungsbezirk. In seiner Hauptstadt Augsburg residiert ganz offiziell die »Regierung von Schwaben«.

44

Doch nach wie vor kann man in Nachrichten hören, dass zum Beispiel starker Schneefall in Schwaben den Verkehr behindert und bei Stuttgart Straßen gesperrt seien. Wer es immer noch nicht weiß: Stuttgart ist die Hauptstadt von Baden-Württemberg. Es liegt im ehemaligen Württemberg. In Württemberg wohnen viele Schwaben, weil es im Schwabenland liegt. Karlsruhe liegt dagegen in Baden, aber nicht in Schwaben, obwohl in Norddeutschland im Sprachgebrauch zwischen Badenern und Württembergern nicht unterschieden wird, für die Flachländler kommen beide irgendwie aus Schwaben. Aber das liegt in Bayern. Doch niemand kommt aus Alemannien, obwohl dies gar nicht mal so ganz falsch wäre, denn es würde viele Badener und Württemberger einschließen, Kurpfälzer und Franken aber nicht. Doch nach den Stämmen, die in ihm leben, heißt das 1952 gebildete schöne, blühende Land im Südwesten nicht, sondern nach zwei seiner früheren Herrschergeschlechter. Bei einer Reform müsste das Binde-Strich-Land demnach die neuen Herren berücksichtigen, vielleicht Daimler-Würth, Fischerdübel-Porsche oder gar: VfB-Stuttgart-TSG-1899-Hoffenheim?

Hebel legte den Hebel um

Erst die 1803 erschienenen »Alemannischen Gedichte« von Johann Peter Hebel förderten in der Romantik die vergessenen Alemannen bei den Badenern wieder ins Bewusstsein. In gewissem Sinn bezogen sich die Gedichte aber auf »badische Schwaben«. Seither vollzog sich eine Unterscheidung von Alemannen und Schwaben, wurde suggeriert, dass beides verschiedene Volksgruppen wären, was aber völkergeschichtlich nicht zu halten ist. Noch jünger ist die Unterscheidung zwischen den Begriffen »Alamannen« für die germanischen Stämme der Spätantike und des frühen Mittelalters und »Alemannen« für die Sprecher des alemannischen Dialekts.

Der Wunsch der Südbadener, Alemannen zu sein, könnte auch in der Tatsache begründet liegen, dass es den Volksstamm der Badener nie gab, aber den der Schwaben schon. Im 19. Jahrhundert ein Land zu sein, das sich nicht in einem Volksstamm begründete, war psychologisch kaum möglich. Da mussten dann als »Beweis« alemannische Gedichte aus demselben Jahrhundert herhalten. Ist aber auch verständlich und nachvollziehbar. Zu der vermeintlichen, eigentlich künstlichen Unterschiedlichkeit kamen dann noch Feindseligkeiten hinzu, die immer auftauchen, wenn große Herren neue Grenzen zwischen Ländern ziehen.

Außerdem wurde die Revolution 1848 in Baden von den Preußen mit Hilfe württembergischer Truppen niedergeschlagen.

Preußen an Neckar und Donau, todsicher nicht als Touristen

Preußen gab es in Südwestdeutschland auch danach, und das hat damit zu tun, dass die Familie der preußischen Könige und deutschen Kaiser in Berlin ursprünglich von der Schwäbischen Alb stammte. Es waren die Zollern, die sich später Hohenzollern nannten. Die schwäbische Linie der Hohenzollern regierte zu Napoleons Zeiten in zwei Fürstentümern, doch Fürstin Amalie Zephyrine von Hohenzollern-Sigmaringen lebte nicht daheim, sondern in Paris, wo sie aufgewachsen war. Sigmaringen war ihr zu provinziell. Amalie Zephyrine hatte beste Kontakte zur französischen Regierung und war mit Joséphine de Beauharnais befreundet, Napoleons Ehefrau. Mit diesen Beziehungen gelang ihr das Kunststück, dass es nach der Napoleonischen Neuordnung in Südwestdeutschland nicht – wie heute viel denken – zwei Staaten gab, nämlich Baden und Württemberg, sondern vier: Baden, Württemberg, Hohenzollern-Hechingen und Hohenzollern-Sigmaringen.

In der Form eines Bumerangs lagen die beiden Hohenzollern zwischen Baden und Württemberg, von Dettlingen nördlich des Neckars (heute ein Stadtteil von Horb) bis Breitenerlen im Linzgau, nur wenige Kilometer vom Bodensee entfernt (heute zur Gemeinde Herdwangen-Schönach zählend). Zu den hohenzollerischen Fürstentümern gehörten Städte wie Haigerloch, Hechingen, Trochtelfingen, Burladingen, Gammertingen, Hettingen, Sigmaringen und Mengen.

1849 dankten die beiden katholischen Fürsten ab und übertrugen ihre Gebiete den Verwandten in Berlin. 1850 zogen die Preußen ein; Hohenzollern wurde protestantisch und die Ruine auf dem Zoller bei Hechingen, wo bis zur Zerstörung 1432 die Stammburg der Hohenzollern gestanden hatte, wurde abgetragen. 1850 bis 1867 wurde die Burg Hohenzollern in romantisch-neogotischem Stil völlig neu gebaut.

Es kamen preußische Truppen und preußische Verwaltungsbeamte. Plötzlich glänzte zwischen dem Großherzogtum Baden und dem Königreich Württemberg eine preußische Enklave, die voller Schwaben war. Damals schon sollen sich Schwaben nach Berlin aufgemacht haben, sozusagen von Preußen nach Preußen. Die meisten wanderten aber wegen größter Not im Lande gleich nach Amerika aus oder fuhren auf Ulmer Schachteln die Donau hinunter, um meistens lediglich in einer anderen Armut zu landen.

Unterwegs ins 21. Jahrhundert

Im November 1918, nach einer Revolution, die diesen Namen nicht verdiente, verzichtete König Wilhelm II. von Württemberg auf die Krone und nahm den Titel eines Herzogs von Württemberg an. Großherzog Friedrich II. von Baden war ihm im Verzichten bereits um wenige Tage zuvorgekommen. Mit den Verabschiedungen der Landesverfassungen 1919 wurden Baden und Württemberg in die Weimarer Republik integriert.

Die kurze Zeit der beiden demokratischen Länder endete 1933 mit der Besetzung der wichtigsten politischen Ämter durch die Nationalsozialisten, die im Südwesten übrigens nicht von einem fremden Stern kamen (wie wir das heute vielleicht gerne hätten), sondern zum großen Teil aus Baden und Württemberg (wie wir es heute am liebsten nicht wahrhaben wollen und deshalb gerne verdrängen). Das gilt übrigens auch für den letzten preußischen Regierungspräsidenten in Sigmaringen, den SS-Brigadeführer Wilhelm Dreher, der zuvor Polizeidirektor in Ulm war.

Nach dem Zweiten Weltkrieg ergab die Besetzung Badens und Württembergs durch amerikanische und französische Truppen eine politische Situation, aus der das Bundesland Baden-Württemberg aufgebaut werden konnte. In der Bildung des Südwestlandes kamen die Animositäten zwischen Badenern und Württembergern wieder verstärkt zum Vorschein, obwohl diesmal Grenzen verschwinden sollten.

Das Bundesland wurde am 25. April 1952 gegründet. Mit der Verfassung gab die Landesversammlung dem Südweststaat 1953 den Namen Baden-Württemberg mit Regierungssitz in Stuttgart. Die am 19. November 1953 in Kraft getretene Landesverfassung wurde nicht durch eine Volksabstimmung bestätigt.

Die badischen Vereinigungsgegner fühlten sich bei der Abstimmung zur Vereinigung der durch die Alliierten gebildeten Länder Württemberg-Baden, Württemberg-Hohenzollern und Baden übervorteilt. Sie gaben den Kampf nicht auf und erwirkten beim Bundesverfassungsgericht einen Volksbefragung. Die Artikel 29 (2) und 118 des Grundgesetzes machten dies möglich. Begründung war, dass die Abstimmung von 1951 keine Abstimmung im Sinne von Artikel 29 gewesen sei, da hierbei die zahlenmäßig stärkere Bevölkerung Württembergs und Hohenzollerns die zahlenmäßig schwächere Badens habe überstimmen können. Der Wille der badischen Bevölkerung sei durch die Besonderheit der politisch-geschichtlichen Entwicklung überspielt worden.

Doch wurde von knitzen Juristen und Politikern eine neue Abstimmung über den Südweststaat mit Erfolg bis zum 7. Juni 1970 verzögert. Da war das Land Baden-Württemberg schon längst zur Wirklichkeit geworden, die man sich anders kaum mehr vorstellen konnte. Mit 81,9 Prozent gab es eine große Zustimmung zum neuen Land, das schon seit 18 Jahren bestand. Die Wahlbeteiligung lag bei 62,5 Prozent.

Nachwirkungen gibt es noch heute. In Villingen-Schwenningen, einer Bindestrich-Stadt seit 1972, wie Baden-Württemberg ein Bindestrich-Land ist, geht die alte Staatsgrenze zwischen Baden und Württemberg sozusagen genau durch den Bindestrich der Stadt. Viele Einwohner der beiden Teilstädte empfinden den Bindestrich heute immer noch als Trennstrich. Aber neue Generationen lassen für die Zukunft hoffen.

So, wir haben's geschafft, das Geschichtsbuch darf zurück in den Schulranzen. Weil es aber erst in zwei Minuten klingelt, noch zwei hübsche Anekdoten. Mein Freund Manfred Söhner führt den gesamten badisch-schwäbischen Konflikt auf den alleinigen Umstand zurück, dass die Badener neidisch auf die Schwaben seien, weil wir – und nicht sie – die Spätzle erfunden haben. Womit er sicherlich Recht hat.

Und mein Freund Hanjo Seißler hat mir den einzigen Geschichtswitz erzählt, den ich a) gut fand, b) ziehungsweise ehrlich gesagt: erst im Nachhinein gut fand, weil er in der Regel erst dann verstanden wird, nachdem man die geschichtlichen Hintergründe hergegoogelt hat. Ein Witz, den ich mir c) merken konnte und der d) allerdings nichts mit Baden-Württemberg zu tun hat, sondern vor allem mit dem Sujet »Geschichte«.

Sie sind bereit? Also: Ein Mensch liegt in der Sonne, als ihm eine Fee erscheint und ihm drei Wünsche unterjubelt. »Ich möchte König sein, eine schöne Königin und ein Schloss haben!« – fertig formuliert, zack, es macht »wusch« und »womm« und der junge Mann liegt in einem herrlichen Bett im königlichen Schlafgemach eines fantastischen Schlosses. Eine schöne Prinzessin beugt sich zu ihm hin und haucht: »Franz Ferdinand, beeil dich, wir müssen nach Sarajevo!«

Wer von Ihnen jetzt schon lacht, darf getrost umblättern. Wer von Ihnen jetzt – wie ich beim ersten Hören – erst mal googeln oder im Geschichtsbuch blättern muss, dem seien eben die Hintergründe erklärt: Erzherzog Franz Ferdinand von Österreich-Este wurde 1913 zum Generalinspektor der Armee ernannt und besuchte in dieser Eigenschaft 1914 Sarajevo in Bosnien-Herzegowina, um einem geplanten Militärmanöver beizuwohnen. Bereits am Rathaus wurde der Wagen des Thronfolgerpaares mit einer Bombe beworfen, die aber ihr Ziel verfehlte. Wenig später trat der serbische Attentäter Gavrilo Princip an das Auto heran und erschoss Sophie und Franz Ferdinand aus nächster Nähe. Die Ermordung des Thronfolgers und seiner Frau am 28. Juni 1914 wurde der Auslöser für den Ausbruch des Ersten Weltkriegs.

Die Moral von der Geschicht'? Wenn du eine Fee triffst – halt die Klappe und renn, renn, renn. Oder wie wir Schwaben sagen: Sau, sau, sau!

49

Freiheitskämpfe

SchwäBadische Revoluzzer – das passt doch wie ein Igel zum Arschputzen?

Was passt besser zu Baden-Württemberg? Evolution oder Revolution? In einem Land, in dem Trollinger, Spätburgunder und Schillerwein getrunken und die Mülleimer ausgeseift werden? In dessen ländlichen Wohngebieten der Jägerzaun schneller nachgestrichen wird, als die Farbe trocknen kann? Erste Einschätzung: eher Evolution. Aber ganz vorsichtig! Ganz im Gegensatz zu Frankreich, wo der spritzige Champagner gärt.

Und doch bringt die Gegend im Südwesten Deutschlands – die dem äußeren Anschein nach an träger Spätzleteigigkeit, Maultaschenbehäbigkeit und Schäufeleszufriedenheit nicht zu überbieten ist, in der Konservatismus als Naturgesetz schon mit der Muttermilch eingesaugt wird – dennoch immer wieder Menschen hervor, die gegen unerträgliche Umstände und schlechte Lebensbedingungen, für Demokratie und Wahrnehmung ihrer Rechte auf die Barrikaden gehen.

Als Land der temperamentvollen und heißblütigen Umstürzler, die eine Revolution nach der anderen anzetteln und der Regierung in Berlin den Marsch blasen, wird Baden-Württemberg wohl nie in die Geschichte eingehen. Nein, da würden Badener und Schwaben ihren Ruf verlieren, schließlich gelten sie als behäbig. Und was sollte auch anders werden? Den Baden-Württembergern geht es gut, die Christdemokraten sorgen dafür, die Liberalen sorgen mit und die anderen sollen ruhig sein und erst mal was schaffen und leisten.

So weht über Baden-Württemberg die Fahne der Unveränderlichkeit, des Status quo. Prall gefüllte Sparbücher und volle Maultaschen sind auf einer Revolutionsfahne

50

schwer vorstellbar. Da flattert nichts mehr. Zu dick, zu schwer. Und doch ist in dem Land, das befriedet und zufrieden scheint, auch der Protest zuhause.

Bauern auf den Barrikaden

Was tatsächlich im Südwesten Deutschlands über den Köpfen Aufständischer gewedelt hat, das war die Fahne aufständischer Bauern, auf den sie einen Bundschuh, die typisch bäuerliche Fußbekleidung des Mittelalters, und seine gelösten Schnürbändel gemalt hatten. In Südwestdeutschland in den Jahren 1493 bis 1517. Die Bundschuh-Bewegung gilt als eine der Wurzeln und Vorläufer des deutschen Bauernkrieges, der 1524 bis 1526 stattfand.

Ein Krieg der Bauern war es nicht. Erst viel später wurde die Erhebung so bezeichnet. Vielmehr waren es einzelne, im Land verteilte Aufstände und Revolten gegen Leibeigenschaft, Unterdrückung und Ausbeutung durch die hohen Herren. Alle wurden niedergeschlagen, denn die Bauern wussten zu pflügen und die anderen Krieg zu führen.

Auch die Bewegung Armer Konrad, wie sich die geheimen Bauernbünde nannten, die sich 1514 gegen den Feudalherren Herzog Ulrich von Württemberg erhoben, wurden aufgerieben. Dazu muss man wissen, dass es in Württemberg seit 1457 Landtage gab. Sie sicherten dem Bürgertum ein gewisses politisches Mitspracherecht – doch Bauern waren hier nicht vertreten. Die Fahne der Aufständischen zeigte unter den Worten »Der arme Conrad« einen vor einem Kreuz liegenden Bauern. Denn es ging auch gegen die Pfaffen.

Der Herzog von Württemberg brauchte Geld zur Erhaltung seiner erhöhten Lebensqualität und auch für militärische Ansprüche. Er wollte Krieg spielen und dennoch nicht an Hunger oder weniger üppigen Festen leiden. Krieg findet schließlich woanders statt, das hat doch mit Palastgelagen nichts zu tun. Also fiel dem Herzog das Übliche ein: Erhöhung der Steuern und Veränderung der Maßgewichte, was einer Verringerung des Geldwertes gleichkam. Aus Protest gegen diesen Betrug führte Peter Gaiß – andere Quellen nennen ihn Geyser, er wurde auch »der Gaispeter aus Beutelsbach« genannt – am 2. Mai 1514 ein »Gottesurteil« durch, die so genannte Wasserprobe. Er warf die neuen Gewichte des Herzogs in die Rems bei Großheppach. Würden sie schwimmen, wären sie rechtens, würden sie untergehen, dann wären die Bauern im Recht. Was die hohe Gerichtsbarkeit mit Hexen machte, musste ja auch für Gewichte gelten.

War der Gaispeter einfältig? Nein, er war ein bauernschlauer Schwabe mit »Anstand im Ranzen«.

Kein Gewicht schwamm nach oben, die Bauern hatten Gottes Recht auf ihrer Seite. Also wiegelte der Gaispeter weiter auf. Eine immer größer werdende Schar von Aufrührern zog vor die Tore von Schorndorf. Herzog Ulrich war beeindruckt und hob die Steuer auf.

Die Lage im Remstal beruhigte sich vorübergehend. Die Bauern hatten ihr Ziel erreicht. Den Herzog stürzen, das war nicht ihre Idee. Es war mehr wie eine Gewerkschaftsdemonstration, da ändert sich nach einer geringen Lohnerhöhung auch nicht wirklich etwas Grundlegendes. Der Chef bleibt der Chef.

Doch der Gaispeter schürte weiter den Aufruhr. Die Bauern brachen schließlich zu einem Marsch durch Württemberg auf. Bei Beutelsbach bezogen sie ihr Lager. Gegen die herzoglichen Truppen hatten sie aber keine Chance. Schließlich brach der »Arme Konrad« sang- und klanglos zusammen. Herzogliche Truppen besetzten das Remstal und schleppten die Aufrührer – insgesamt 1700 Bauern, darunter der Gaispeter und der ebenfalls aus Beutelsbach stammende Hans Volmar – nach Schorndorf, wo sie enthauptet und wo Mitläufer gefoltert, gepeitscht, gebrandmarkt und eingekerkert wurden. Geldstrafen mussten gezahlt werden, Ehrenrechte wurden genommen. Die Strafe der Herren war furchtbar.

Und doch rotteten sich zehn Jahre später die Bauern wieder zusammen. Diese Aufstände gingen als Bauernkrieg in die Geschichte ein. Sein Schwerpunkt lag in Süddeutschland. Gewaltsam wurden jedoch auch hier alle Erhebungen niedergeschlagen, allen erging es wie dem Armen Konrad. Hervorgetan hat sich dabei Georg Truchsess von Waldburg-Zeil, genannt der Bauernjörg. Seine Nachkommen verfügen noch heute über beträchtlichen Grundbesitz aus Georgs damaligen Landnahmen. Gegen seine Armee von 9000 Landsknechten und 1500 gepanzerten Reitern konnten die Bauern wenig, eigentlich gar nichts ausrichten.

Und was forderten die süddeutschen Bauern? Die von ihnen aufgestellten zwölf Artikel von Memmingen nennen unter anderem:

➢ Abschaffung der Leibeigenschaft,
➢ Abschaffung des kleinen Zehnten (einer Naturalsteuer auf alle Feldfrüchte außer auf Getreide und Heu),
➢ Jagd, Fischfang und Holzung sollten frei sein,
➢ Rückgabe der Allmende und des Gemeindewaldes an die Bauern,
➢ freie Pfarrerwahl,
➢ Reduzierung der Frondienste,
➢ verbleibende Frondienste nur gegen Entschädigung,
➢ keine willkürlichen Strafen.

Die zwölf Artikel gelten als die erste schriftliche Niederlegung einer Form der Menschenrechte. Im Grunde sind die Forderungen ein Programm, mit dem man heutzutage amerikanischer Präsident werden könnte, wenn man noch die ernsthaft gewollte Abschaffung von Guantanamo hinzufügte.

Die Niederschlagung der Aufstände im Bauernkrieg hat nach Schätzungen bis zu 300 000 Bauern das Leben gekostet. Es war eine Tragödie. Und die wirtschaftlichen Folgen waren verheerend; die Landwirtschaft brach mancherorts zusammen. Doch was hatte sich geändert? Die alten Herrschaftsverhältnisse bestanden weiter – es hatte zwar Revolten gegeben, aber keine Revolution.

Anders dagegen war bei der Badischen Revolution 1848/1849 im Großherzogtum Baden das eindeutige Ziel: Umsturz. Sie reihte sich in andere revolutionäre Aufstände ein, die zu dieser Zeit ganz Europa ergriffen hatten. Aber auch Not durch Missernten und in der Folge die Auswanderung Tausender schürten die revolutionäre Stimmung. Die Nähe zu Frankreich tat ein Übriges. Schnell war der Funke der französischen Februarrevolution 1848 und der dortigen Ausrufung der Republik über den Rhein gesprungen. Champagner traf auf badischen Spätburgunder.

Die Ausgangslage war diesmal völlig anders als beim Bauernkrieg. 60 Jahre waren seit der Französischen Revolution vergangen, die vielen der Aufständischen sicher dennoch lebhaft vor Augen stand. Die Pariser Umstürzler hatten übrigens 1792 den schwäbischen Freiheitsdichter Friedrich Schiller zu ihrem Ehrenbürger erhoben, wovon der allerdings erst sechs Jahre darauf erfuhr.

Doch zurück ins Jahr 1848. Die deutsche Märzrevolution hatte ihren Beginn in Baden, wo sie schließlich auch am 23. Juli 1849 nach der Einnahme der revolutionären Festung Rastatt durch preußische Truppen endgültig niedergeschlagen wurde. Zuvor war der Versuch unternommen worden, zwischen März und September 1848 von Südwestdeutschland ausgehend nichts Geringeres als die Republik durchzusetzen. Und beinahe hätte es damals schon geklappt. Dann wäre die Geschichte anders verlaufen und vielleicht hätten Europa und die Welt später nicht unter den bekannten Kriegen gelitten.

Am konsequentesten von allen Aufständischen im Deutschen Bund forderten die badischen Revolutionäre eine demokratische Republik. Wie in anderen Fürstentümern kam in Baden eine konstitutionelle Demokratie mit Erbkaisertum oder so was Ähnliches nicht in die Tüte.

Bekannte Namen wie beispielsweise Friedrich Hecker, Gustav Struve mit seiner Ehefrau Amalie, Gottfried Kinkel und Georg Herwegh mit seiner Frau Emma haben sich in dieser Zeit in die Geschichte eingraviert.

Was waren die Forderungen?

Schon im September 1847 wurden in der Offenburger Versammlung die »Forderungen des Volkes in Baden« nach Bürgerrechten, sozialer Sicherheit und Gleichheit erhoben. Am 27. Februar 1848 wurden dann auf der Mannheimer Volksversammlung die sogenannten Märzforderungen artikuliert. Und am 1. März 1848 drangen Demonstranten in das Ständehaus des Landtags ein. Der Anführer Friedrich Hecker verlangte die Beseitigung der Adelsprivilegien und die Bauernbefreiung.

Erinnern wir uns an den Armen Konrad und den Bauernkrieg?

Es folgte eine Bauernerhebung in Nordbaden. Aber auch in Südbaden gärte es. In Stockach gab es am 9. März, dem Aschermittwoch 1848, eine Volksversammlung des Seekreises, des Hegaus, der Baar und des Heubergs mit etwa 6000 Teilnehmern. Hauptthema war der Schutz der Bürger vor Regierungswillkür, es ging aber auch um die Volksbewaffnung, um die Trennung von Staat und Kirche, ja um die Abschaffung der Monarchie. Die Parole lautete: »Wer keine Flinte hat, mache die Sensen gerade!« Am Ende des Tages rief der Konstanzer Zeitungsredakteur Josef Fickler die Deutsche Republik aus.

Ähnliches wiederholte sich beim so genannten »Heckeraufstand«: Am 12. April proklamierten Hecker und Struve in Konstanz die Republik.

Der bewaffnete »Heckerzug« machte sich auf den Weg Richtung Rheinebene, wo er sich mit einem Zug Georg Herweghs, der »Deutschen Demokratischen Legion« aus Frankreich, vereinigen wollte, um die Landeshauptstadt Karlsruhe einzunehmen. Doch am 20. April wurden die Aufständischen des Heckerzuges bei Kandern im Schwarzwald von regulären Truppen besiegt. Friedrich Hecker floh ins Exil, das ihn über die Schweiz in die Vereinigten Staaten führte.

Wie übrigens viele andere auch. In dieser Zeit waren auf den Passagierlisten nach USA viele Namen von Revolutionären der badischen Revolution zu finden. Wie auch Carl Schurz (1829-1906), der es zwischen 1877 und 1881 sogar zum amerikanischen Innenminister brachte.

Die Schlacht bei Kandern war nicht die einzige Niederlage der Revolutionäre. Am 27. April 1848 wurde Herweghs 900 Mann starke »Deutsche Legion« bei Dossenbach von württembergischem Militär besiegt. Der württembergische König hatte einem Hilferuf der badischen Regierung Folge geleistet und 5000 Soldaten entsandt.

Dass die Badener die Schwaben nicht mögen, wird verständlich. Die Württemberger hatten mitgeholfen, eine – zumindest badische – Republik zu verhindern. So was sitzt tief und macht Blicke verständlich, die uns Schwaben heute treffen, wenn wir auf dem Freiburger Marktplatz »Grüß Gottle« sagen.

Doch die Revolution hatte noch eine Chance. Am 13. Mai fuhr der revolutionäre Landesausschuss der Volksvereine nach Rastatt, wo die Offenburger Beschlüsse verkündet und Bürgerwehr und Soldaten auf die neue Reichsverfassung vereidigt wurden. In der Nacht floh Großherzog Leopold aus seiner Residenz in Karlsruhe ins Exil nach Koblenz. Wohlgemerkt, nicht sonst wo hin, sondern nach Koblenz. In Deutschland gab es damals noch viele echte Landesgrenzen. Doch ruhiger wurde es nicht. Denn jetzt rückten hessische Truppen gegen die badischen Revolutionäre vor.

Wie reagieren eigentlich die Badener, wenn Hessen auf ihrem Marktplatz sind?

Dennoch wurde ein Jahr später, am 1. Juni 1849, eine provisorische demokratische Regierung gebildet, in der die konservativ-liberalen Kräfte dominierten. So wurde das revolutionäre Potenzial schlicht und einfach versuppt wie dicke Grießgrütze. Jetzt machten sich Bundestruppen und mehrere preußische Armeekorps unter dem Prinzen von Preußen auf den Weg und drangen in Baden ein.

Und was machen eigentlich die Badener heute, wenn sich Preußen auf ihrem Marktplatz befinden?

Die Revolutionsregierung floh nach Freiburg, wo sie sich zerstritt. Die revolutionären Einheiten zogen sich nach Südbaden zurück. Aber dann konnten die Preußen kampflos in Freiburg einrücken. Die revolutionären Truppen baten in der Schweiz um Asyl. Das eingeschlossene Rastatt wehrte sich noch. Nach dreiwöchiger Belagerung wurde am 23. Juli 1849 die umkämpfte Festung Rastatt von preußischen Trup-

56

pen eingenommen. Standgerichte und Gefängnisse übernahmen den Rest. Das war das Ende.

Die Preußen gaben den Ausschlag, die Württemberger hatten geholfen, die Revolution war gescheitert.

Die badische Armee wurde unter preußischer Führung neu aufgebaut. Der Großherzog kehrte zurück, seine Gattin zählte das Silberbesteck, die Teller und die Mokkatässchen – noch alles da, keine Scherben, es konnte weitergehen.

Generell sind die Preußen bis heute nicht die dicksten Freunde der Südwestdeutschen. An was das wohl liegen kann?

»Nai hämmer gsait!«

Eine Wiederbelebung des süddeutschen Bauernkriegs fand Ende der Siebziger- und in den Achtzigerjahren in Boxberg statt, einer Gemeinde im Main-Tauber-Kreis im badischen Frankenland. Daimler-Benz hatte das ländlich strukturierte Gebiet zum Bau einer Teststrecke enormen Ausmaßes auserkoren. Zentrum des Protestes wurde die Teilgemeinde Schwabhausen.

Schon bei den ersten Aktionen gegen die Daimler-Benz-Teststrecke wehte über den Köpfen der rebellischen Widerständler die Bundschuh-Fahne. Bald nannte sich die Organisation des Aufstands, die gegründet wurde, um die Kampagne zu koordinieren und auch zu finanzieren beziehungsweise die enormen Kosten zu verteilen, nach der Bauernerhebung. Hauptsächlich setzten sich ihre Mitglieder aus den betroffenen Bauern der Gegend zusammen.

Der Pflug, das Wappen des Dorfes Schwabhausen, wurde mit einem Bundschuh verziert. Pflug und Bundschuh wurden zum Symbol des politischen Widerstandes gegen die Teststrecke. In Vor-Internet-Zeiten wurde das Signet massenhaft per Aufkleber verbreitet. Nach einem nahezu zehnjährigen Kampf vereitelte 1987 die Bürgerinitiative Bundschuh durch eine aufsehenerregende Verfassungsbeschwerde die großräumige

Enteignung von Feldern für die Autoteststrecke. Das Aufbäumen gegen wirtschaftliche Macht und Bürokratie kostete rund 600 000 Mark. Bevor das Bundesverfassungsgericht gesprochen hatte, hatte Daimler-Benz schon Tatsachen geschaffen. So waren beispielsweise 90 000 Bäume gefällt worden.

Heute ist Schwabhausen eine, wenn nicht sogar *die* süddeutsche Hochburg des Öko-Landbaus: Über 80 Prozent der Gemarkung werden biologisch, meist biologisch-dynamisch bewirtschaftet. Hauptspezialität ist die Grünkern- und Dinkelerzeugung. Der Dinkel heißt auch Schwabenkorn.

Allerdings war der Sieg gegen die Daimler-Teststrecke nicht uneingeschränkt: Eine kleinere Teststrecke des Bosch-Konzerns auf »nur« 94 Hektar Fläche – im Gegensatz zur ursprünglich geplanten Größe von 614 Hektar – wurde im Jahr 1998 von Ministerpräsident Teufel eingeweiht. Ermöglicht wurde dies durch den privaten Grundstücksverkauf eines adeligen Großgrundbesitzers schon 1978 zugunsten der projektierten Daimler-Benz-Teststrecke. Die Bauern hatten wieder gegen die Alliance von Adel, Politik und dieses Mal der neuen Aristokratie, der Wirtschaftskonzerne, das Nachsehen.

Geschichte scheint sich doch zu wiederholen. Bauern können einzelne Schlachten gewinnen, aber in den Kriegen gehen sie offensichtlich immer unter.

Durch den Widerstand der Bevölkerung gegen den Bau eines Kernkraftwerks wurde die kleine badische Gemeinde Wyhl am Kaiserstuhl in den Siebzigerjahren zum Ausgangspunkt der Anti-Atomkraft-Bewegung.

»Nai hämmer gsait – Kein AKW in Wyhl und anderswo! Atomausstieg jetzt!«, hieß der Schlachtruf, der im Dialekt die regionale Identität des Widerstands aufzeigt. Zwar engagierten sich auch Studenten der nahen Hochschulen, doch ohne die direkt ansässige Bevölkerung, die zu einem guten Teil aus Bauern und Winzern bestand, wäre die jahrelange andauernde Schlagkraft nicht erreicht worden. Jahre später wurde Deutschlands Atomausstieg beschlossen, aus dem jetzt – wie war das mit den Kriegen? – wieder ausgestiegen wird. Um wahrscheinlich in einigen Jahren den Einstieg in den

58

Wiederausstieg zu zelebrieren. Da bekommt das Wort »Wechselstrom« eine ganz andere Bedeutung.

Viele Jahre lang hat der Wyhler Protest damals großen politischen Druck erzeugt. Mit Liedern, gewaltfreien Aktionen, Demonstrationen, Bauplatzbesetzungen und Prozessen. Mit der Gründung einer Volkshochschule Wyhler Wald und großer Solidarität aus den umliegenden Dörfern, die sich unter anderem in der Überreichung von selbst gebackenen Kuchen an die Demonstranten manifestierte. Badische Hausfrauen bleiben sich halt treu.

Die Vorgeschichte: 1969 wurde der Bau eines neuen Atomkraftwerks verkündet – an der Grenze zu Frankreich, in Breisach am Rhein (Kreis Breisgau-Hochschwarzwald). Doch die Anwohner ließen sich das nicht gefallen; sie protestierten, demonstrierten und hinterlegten beim Landratsamt in Freiburg 65 000 Einsprüche. Vor allem die Winzer befürchteten, die Wasserdampfwolke des Meilers beeinträchtige das Mikroklima.

Der Energieversorger Badenwerk und die Landesregierung nahmen schließlich Abstand von ihren Plänen, zumal eine Landtagswahl anstand.

Doch sie gaben nicht auf. Ministerpräsident Hans Filbinger verbreitete Angst: »Ende des Jahrzehnts gehen in Baden-Württemberg ohne das Kernkraftwerk die Lichter aus«, behauptete er.

Während der Auseinandersetzung um Breisach hatte der Bürgermeister von Wyhl am Kaiserstuhl seine Gemeinde als möglichen neuen Standort ins Gespräch gebracht. Und tatsächlich: Am 19. Juli 1973 wurde erstmals offiziell bekannt gegeben, Wyhl sei der neue Ort der Wahl für das geplante Atomkraftwerk.

Bauern und Winzer demonstrierten umgehend mit 560 landwirtschaftlichen Fahrzeugen, mit Parolen wie »Lieber heute aktiv als morgen radioaktiv« und »Kein Ruhrgebiet am Oberrhein«. Spontan bildeten sich in Wyhl, Weisweil, Endingen und anderen Orten am nördlichen Kaiserstuhl Bürgerinitiativen. Im April 1974 wurden im Landratsamt Emmendingen 96 000 Unterschriften abgegeben.

59

Doch ein Atomkraftwerk schien wohl noch nicht genug zu sein. Weil in der Bundesrepublik die Umweltauflagen zu hoch waren, planten die Chemischen Werke München auf der anderen Seite des Rheins, in Markolsheim im Elsass, ein Blei-Chemiewerk. Es kam zum Zusammenschluss deutscher und französischer Umweltschützer und zur Gründung des Internationalen Komitees der insgesamt 21 badisch-elsässischen Bürgerinitiativen. Das Komitee brachte über 3000 Menschen bei einem Sternmarsch zum geplanten Standort in Wyhl auf die Beine und über 4000 Menschen unter Glockengeläute gegen das Blei-Chemiewerk in Markolsheim. Trotzdem genehmigte das Wirtschaftsministerium den Bau des Atomkraftwerkes in Wyhl. Stellvertretend für viele erhoben zehn Bürger und vier Gemeinden dagegen Klage.

Beim Baubeginn in Wyhl stellten sich Männer und Frauen mit ihren Kindern vor die Baumaschinen und brachten diese zum Stillstand. Mit Hundestaffeln und Wasserwerfern räumte die Polizei den Platz. Weitere Besetzungen und Räumungen folgten. Täglich standen Tausende entrüstet vor dem mit Stacheldraht eingezäunten Bauplatz. Nach einer Kundgebung am Sonntag, dem 23. Februar 1975, an der laut polizeilichen Angaben 28 000 Menschen teilnahmen, wurde der Platz wieder besetzt – und neun Monate lang gehalten.

Schadenersatzforderungen, Berufsbehinderungen, Stromabschaltungen, Telefonüberwachungen, Anzeigenkampagnen sollten einschüchtern. Doch im selben Jahr machten die Chemischen Werke München in Markolsheim wegen der anhaltenden Proteste einen Rückzug – das gab Auftrieb.

Im Januar 1977 begann in Herbolzheim die Hauptverhandlung des Wyhl-Prozesses vor dem Freiburger Verwaltungsgericht. Zehn Tage lang standen 50 Pro-Gutachter und Kernenergiebetreiber sowie drei Kernenergiekritiker dem Gericht Rede und Antwort. Anfang April 1977 beschied das Gericht in Freiburg, dass der Atomkraftwerksbau wegen eines fehlenden Berstschutzes unzulässig sei. 1979 fand das Berufungsverfahren vor dem Verwaltungsgerichtshof in Mannheim statt. Am 30. August 1983 sagte Ministerpräsident Lothar Späth: »Der Zeitdruck für Wyhl ist weg.« Die

Bevölkerung atmete auf und blieb trotzdem hellwach. Anlässlich von Aktionstagen wurde am 18. September 1983 ein symbolischer Bündnispakt zwischen Schweizer, Badener und Elsässer Bürgerinitiativen geschlossen. Im Dreiländereck, dem alten alamannischen Siedlungsgebiet, vereinten sich die BIs der drei Länder gegen Atomkraft. Schließlich stellte Späth das Projekt als »politisch nicht durchsetzbar« ein; die für Wyhl gedachten Komponenten wurden beim Kernkraftwerk Philippsburg nahe Karlsruhe verbaut.

Mit ihren gewaltfreien Aktionen hatten die Wyhler nicht nur Mut, Ausdauer und Phantasie gezeigt, sie führten auch beispielhaft vor, was unter »direkter Demokratie« und unerschrockenem bürgerlichen Selbstbewusstsein zu verstehen ist. Wyhl wurde zum Ausgangspunkt der Anti-Atom-Bewegung in Deutschland.

Wyhl konnte zwar ebenso verhindert werden wie die geplanten Kernkraftwerke in Kaiseraugst (Kanton Aargau, Schweiz) und in Gerstheim im Elsass. Trotzdem muss man festhalten: Diese Schlachten waren geschlagen, der Krieg aber nicht gewonnen. 25 Kilometer von Wyhl entfernt nahmen 1978 in Fessenheim am Rhein – mitten in der Erdbebenzone – zwei französische Meiler den Betrieb auf. Im gleichen Jahr ging das schweizerische Atomkraftwerk in Gösgen an der Aare, 20 Kilometer südlich von Bad Säckingen, ans Netz. Dem waren 1969 und 1972 schon zwei AKWs im ebenfalls schweizerischen Döttingen (»Beznau 1« und »Beznau 2«) vorausgegangen, fünf Kilometer südlich von Waldshut-Tiengen. Und 1984 ging ein weiteres Atomkraftwerk an der Deutsch-Schweizer Grenze in Betrieb: Leibstadt am Hochrhein gegenüber von Dogern, drei Kilometer von Waldshut-Tiengen entfernt. Damit nicht genug: Seit 2008 planen Schweizer Energieversorger den Bau von drei neuen Reaktoren in diesem Gebiet und auch gleich noch ein atomares Endlager.

Aus der Anti-Atomkraft-Bewegung entstand die früher etwas widerständlerische – heute etablierte – grüne Partei. Aber diese entwickelte sich von und mit Bürgern, die sich zu Initiativen zusammenschlossen, sich von der Obrigkeit nicht alles gefallen ließen und aufbegehrten. Fast wird man ein bisschen wehmütig. Heute würden solche

Aktionen doch schon an zwei Fragen der modernen Demonstranten scheitern: 1. Was zieht man dazu an? 2. Wer macht das Catering?

Und dennoch: Baden-Württemberg ist heute noch das Land der Bürgerinitiativen, auch wenn es nicht immer um die großen Themen geht. Man »bringt sich ein« und nimmt den öffentlichen Raum als Gut der Gemeinschaft wahr, statt ihn Staat und Behörden zu überlassen.

Und vielleicht nicht zufällig wurde am 13. Januar 1980 im badischen Karlsruhe die Bundespartei Die Grünen gegründet, damals ein Sammelbecken von studentenbewegten Lehrern und bürgerinitiativ engagierten Menschen, die ihre alternativen Vorstellungen meist in üppigem Haarwuchs um Kinn und Haupt symbolisiert sahen, während die Frauen sich nicht haltlos, sondern halterlos nach Befreiung sehnten.

Und ebenfalls vielleicht nicht zufällig sind bekannte Politiker und Politikerinnen der Partei Bündnis 90/Die Grünen schwäbisch-alemannischer Herkunft – wie Claudia Roth, Fritz Kuhn, Rezzo Schlauch, Reinhard Bütikofer, Uschi Eid und Joschka Fischer; Petra Kelly kam aus Günzburg in Bayerisch-Schwaben. Fischer trat übrigens erst 1982 in die grüne Partei ein, als die anderen Formen des Protests in Frankfurt wie Steine-Werfen und Polizisten-Verprügeln so weit abgeschwappt waren, dass er dort selber nicht mehr alphatiermäßig aufschwappen konnte.

Oder der bereits erwähnte »Albtürke« Cem Özdemir, der 1965 in Bad Urach zur Welt kam und dort aufwuchs. Kaum ein anderer Politiker verkörpert mehr den »Schwaben mit türkischer Herkunft«, wie es wohl politisch korrekt heißen müsste. Konsequenterweise ist Özdemir mit seiner Familie in Berlin nach Kreuzberg gezogen, wo viele Türken und viele Baden-Württemberger leben. Da hat er jetzt wieder beides.

»Unser Mut wird langen!« stand in Mutlangen bei Schwäbisch Gmünd im Herbst 1983 bei der dreitägigen Blockade des amerikanischen Pershing-Raketendepots auf einigen Transparenten. Schon Wochen vorher hatte sich nachts eine kleine Schwäbisch Gmünder Gruppe vor dem Depot versammelt, um mit dem Lärm von Trillerpfeifen und Topfdeckeln die Ankunft der ersten Raketen zu begrüßen und sich auf die Straße zu setzen.

Kaum eine andere Aktion für Abrüstung und gegen Aufrüstung fand so sehr die Aufmerksamkeit der Weltpresse wie die Blockade in Mutlangen, an der jede Menge Prominenter und Politiker teilnahmen – allen voran Schriftsteller und Publizisten wie Günter Grass, Walter Jens, Ingeborg Drewitz, Bernt Engelmann, Robert Jungk oder Nobelpreisträger Heinrich Böll.

Mutlangen, die kleine Stadt auf einer Anhöhe bei Schwäbisch Gmünd, wurde mit den jahrelangen Protestaktionen und Blockaden einzelner Gruppen von überall her zum Symbol für den Kampf gegen Aufrüstung und für Abrüstung. Festnahmen und Gerichtsprozesse waren jahrelang geradezu an der Tagesordnung. Wer keine Tagessätze entrichten konnte, ging ins Gefängnis. Prozesse wurden noch geführt, als schon gar keine Raketen mehr in Mutlangen stationiert waren. Ab diesem Zeitpunkt wurde es wirklich absurd.

Aber nicht die gesamte Bevölkerung zeigte sich solidarisch mit der Friedensbewegung, es gab auch Gegenaktionen.

Als Stationierungsort waren Schwäbisch Gmünd und Mutlangen an militärische Umtriebe, Lastwagenkolonnen und Hubschrauberlärm gewöhnt. Man hatte sich arrangiert. Als wirkliche Störung des Alltags empfand man die Protestaktionen, die vielen fremden Menschen und den ständigen Pulk der Medien.

Nach der Veränderung der weltpolitischen Situation – in diesem Fall dem Fall der Mauer und der Beendigung des Kalten Kriegs – wurden die Raketen von Mutlangen abgezogen. In die von den amerikanischen Soldaten belegten Kasernen zogen Künstler und eine Hochbegabtenschule ein. Auf dem Militärflugplatz mit Raketendepot entstand ein Neubaugebiet. Nicht weit davon entfernt blieb der kleine Holzbretterschuppen stehen, der während des Protests als Pressehütte gedient hatte. Er beherbergt noch heute die Friedens- und Begegnungsstätte Mutlangen e. V.

Viele junge Badener und Schwaben mischten in Berlin in den Sechzigern und Siebzigern bei der Studentenbewegung und später in den Achtzigerjahren bei den Hausbesetzungen mit. Berlin galt in dieser Beziehung als das Zentrum Westdeutschlands, mal von der Hamburger Hafenstraße abgesehen. Einer der zumindest in den Medien herausragenden Schwaben dieser Zeit war Fritz Teufel aus Ludwigsburg. Ein Revoluzzer!

Er war Mitbegründer der politisch motivierten Kommune I in Berlin, die am 1. Januar 1967 gegründet wurde und sich im November 1969 endgültig auflöste. Die Kommune I war eine Wohngemeinschaft, bei der die Tür für jeden offenstand. Zu Gast waren auch Andreas Baader und Gudrun Ensslin, die später die Rote Armee Fraktion gründeten. Die Journalistin Gudrun Ensslin, Germanistin mit Doktortitel, war eine Pfarrerstochter aus Bartholomä auf der Ostalb (ihr Vater war dann lange Jahre Pfarrer in Bad Cannstatt). Sie war in Tuttlingen aufgewachsen, hatte in Tübingen und an der PH Schwäbisch Gmünd studiert, war Mutter eines Sohnes. Aus einer ursprünglich Gerechtigkeit liebenden Studentin wurde die bekannteste schwäbische Terroristin.

Fritz Teufel war ein junger Bursche, der, wie viele andere auch, zum Studium in Berlin gelandet war. Der eigentlich sanfte und friedfertige junge Mann mit Vollbart und Nickelbrille suchte nach Möglichkeiten, die etablierten Werte und tradierten Lebensweisen der Gesellschaft zu entstauben, bloßzustellen und neue zu entwickeln.

Darin war er gewiss nicht allein in Deutschland und schon gar nicht in Berlin. Doch Fritz Teufel besaß neben Intelligenz auch Witz, nicht nur sprachlichen, sondern auch den Witz der entlarvenden Aktion. Das brachte ihm bald den Ruf als Politclown und Spaßguerilla, aber auch als Bürgerschreck ein. Dabei wird manchmal vergessen, dass Fritz Teufel nicht nur Blödsinn machte, sondern Jahre in Gefängnissen verbrachte, den Großteil davon unschuldig in Untersuchungshaft. In allen seinen Prozessen stellte er die herkömmliche Prozessordnung und die steifen Verhaltensregeln vor Gericht auf den Kopf. Sein berühmter Satz »Wenn's der Wahrheitsfindung dient!«, den er sagte, bevor er zögernd aufstand, nachdem er vom Richter mehrmals zum Aufstehen aufgefordert wurde, ging in die Geschichte ein.

»Meine Aufgabe bei der Kommune I war es, im Knast zu sitzen«, hat Fritz Teufel einmal ironisch gesagt. Seine Festnahmen und seine Behandlung beziehungsweise seine Haftbedingungen in Untersuchungshaft mobilisierten die Studentenbewegung. Den Muff in den Gerichten, mit Staatsanwälten und Richtern, die einer alten und veralteten Gerichtsbarkeit anhingen, rückte er schonungslos ins Licht der Öffentlichkeit. Doch diese solidarisierte sich nicht in Massen mit den Studenten, sondern eine aufpeitschende Presse in Berlin brachte sie sogar gegen die Veränderer und Verbesserer auf.

Fritz Teufel saß die meiste Zeit unschuldig im Knast, oder die Beweisführung gegen ihn war so dürftig, dass seine Verurteilung als Fehlurteil betrachtet wurde. Letztendlich sprach er sich gegen die Verhältnisse und zugleich gegen den gewaltsamen Kampf aus.

Um das Gericht und die Gerichtsverfahren lächerlich zu machen, erschien er oft in phantasievollen Gewandungen oder auch mal verkleidet als Staatsanwalt in schwarzer Robe. Es war, als ob in politisierter Form die künstlerische Happeningbewegung im Gerichtssaal Einzug gehalten hätte und ein clowneskes Spontantheater improvisiert würde. Die Radikalisierung von Staatsgewalt gegen die Studentenbewegung, die wiederum mit einer kleinen Gruppe zum Terrorismus abdriftete, brachte auch das Ende des Happening-Protestes mit sich. Fritz Teufel zog sich immer mehr zurück, arbeitete als Journalist, Fahrradkurier und Autor. Zurückgezogen, ohne Bart und Haare lebte er, ins Rentenalter gekommen, in Berlin. Fritz Teufel starb am 6. Juli 2010 an den Folgen der Parkinson-Krankheit. Sein Grab liegt auf dem Dorotheenstädtischen Friedhof in Berlin-Mitte, in guter Nachbarschaft zu den Gräbern bekannter Persönlichkeiten. Allerdings wurde seine Urne dort erst einmal geklaut und mit einem frechen Hinweis auf dem Sankt-Annen-Friedhof neben dem Grab Rudi Dutschkes deponiert. Eine Spontiaktion, die zu ihm passt. Seine Freunde unken, er hätte sie zu Lebzeiten noch selbst initiiert.

Im Übrigen fällt auf – und Stolz ist überhaupt nicht dabei –, dass neben Gudrun Ensslin noch weitere Top-Terroristen der Roten Armee Fraktion aus dem Südwesten Deutschlands kamen. Warum? Man weiß es nicht. Vermutlich ein Zufall. Oder doch nicht? So wohnten die späteren Terroristen Christian Klar, geboren 1952 in Freiburg, Adelheid Schulz, geboren 1955 in Lörrach, Günter Sonnenberg, geboren 1954 in Karlsruhe, und Knut Folkerts, geboren 1952 in Singen, als Studenten gemeinsam in einer Wohngemeinschaft in Karlsruhe. Stefan Wisniewski, geboren 1953 bei Freudenstadt, Sohn eines polnischen Zwangsarbeiters, gehörte zum Entführungskommando von Hanns-Martin Schleyer. Er wurde 1978 in Paris verhaftet.

Der Remstalrebell

Stellvertretend für die Art von Schwaben, die sich über alle möglichen Missstände aufregen, Behördenschlendrian und Beamtenwillkür ankreiden, Verbesserungsvorschläge machen und noch mehr an die Decke gehen, wenn sie niemand hören möchte, sei der »Remstalrebell« Helmut Palmer (1930–2004) genannt. Sein Beruf: Pomologe, Obst- und Gemüsehändler. Seine Berufung: Bürgerrechtler. Und er war auch fürsorgender Vater; sein Sohn Boris Palmer wurde – nach Papas Tod – grüner Oberbürgermeister der Stadt Tübingen.

Als Obstbaumkundler gab Helmut Palmer Baumschnittkurse für Landwirte und Hobbygärtner. Er entwickelte den Palmer-Oeschberg-Schnitt, der dem ursprünglichen Oeschbergschnitt ähnelt. Er erklärte den Baumschnitt, der statt nur einem Hauptstamm mehrere zulässt und eine luftigere, ertragreichere Baumkrone entwickelt, mit dem Vergleich zwischen Nazi-Diktatur und Demokratie. Da kam der Bürgerrechtler und überzeugte Demokrat durch, der überall, wo er Obrigkeit sah, die nicht ihren demokratischen Aufgaben nachkam, mit kräftiger Sprachgewalt, die auch voller Witz stecken konnte, dagegenhielt. Immer wieder eckte er auf seine sehr direkte Art im Schwabenländle an.

Eine Plattform, um seine Ideen und Thesen an den Mann und an die Frau zu bringen, boten ihm Wahlen auf kommunaler Ebene. Schätzungsweise bei rund 300 Bürgermeister- und Oberbürgermeisterwahlen mischte er als Kandidat den Wahlkampf auf und demaskierte seine Gegenkandidaten. Sein schmuckes Fachwerkhaus in Geradstetten im Remstal ist mit fein säuberlich gemalten Parolen vollgeschrieben.

Mit Fritz Teufel teilte Helmut Palmer nicht nur schwäbischen Witz, Schlauheit und die Lust an spielerischer Anwendung von Sprache, sondern auch eine gewisse Freude an Verkleidung. So traten beide in Roben der Justiz auf, Helmut Palmer verkaufte während der Filbinger-Affäre, bei der Ministerpräsident Hans Filbinger beschuldigt wurde, als Marinerichter zum Ende des Zweiten Weltkriegs noch Todesurteile gefällt zu haben, sein Obst und Gemüse auf dem Markt in Richterrobe und mit Hakenkreuzbinde am Oberarm.

Der nichteheliche Sohn einer christlichen Mutter und eines jüdischen Vaters kämpfte vehement gegen eine Bevormundung durch den Staat, Behördenwillkür und Antisemitismus. Oft tat er sich schwer, ernst genommen zu werden und nicht als Figur der Volksbelustigung dazustehen. Er war auch Visionär. Bei seiner Kandidatur zur Oberbürgermeisterwahl in Fellbach schlug er vor, die B14, die als Verkehrsschneise die Stadt in zwei Hälften trennte und durch starken Verkehr belastete, beim Stuttgarter Platz unter die Erde zu legen. Er erntete lauthals Gelächter im Saal. Jahre später wurde der Tunnel eingeweiht. Die Spötter aus dem Remstal sagen: »Herrlich, jetzt kann man Fellbach unterfahren und muss nicht mehr selber durch!«

Immer wieder betonte Palmer (zu Recht!), dass er das Leben vieler Autofahrer gerettet habe, weil er sich hartnäckig dafür einsetzte, dass die Enden von Leitplanken schräg nach unten in der Erde versenkt werden. Als Obst- und Gemüsehändler hatte er einen sehr guten Ruf, als Obstbau- und Apfelfachmann schrieb er Fachbücher, und andere Autoren verfassten Bücher über ihn.

Helmut Palmer musste nicht nur einige Bußen wegen Beleidigung bezahlen, sondern er verbrachte auch Lebenszeit im Gefängnis. Seine Gerechtigkeitsaktionen, die mehrheitlich aufs Wohl der Allgemeinheit und nicht auf ihn selbst ausgerichtet waren, kosteten so viel Geld, dass irgendwann das Haus der Bank gehörte.

Ein Narr? Ein Besserwisser? Ein Volksschauspieler? Ein Kabarettist? Ein Politiker? Ein Rebell? Ein Kohlhaas? Ein Bruddler? In seiner schwäbischen Haut hat er wohl von allem etwas vereint, vor allem aber war er jahrelang der Remstal-Rebell.

Was Palmer leider nicht konnte, war Maß halten und Freund und Feind voneinander unterscheiden. Ich hatte mal eine Auseinandersetzung mit ihm, weil ich bei den Feierlichkeiten zum Jubiläum »50 Jahre Baden-Württemberg« am Porsche-Corso durch die Landeshauptstadt teilgenommen habe. Er sah mich in dem Oldtimer sitzen und schrie und giftete wie eine Furie: »Der Sonntag fährt auch mit, der Verräter, ihr solltet euch alle was schämen! Porschefahrer sind alles Verbrecher!«

Das wollte ich so nicht auf mir sitzen lassen und schrieb ihm einen langen Brief, in dem ich erklärte, dass man auch als Systemkritiker das Recht habe, sein Land zu lieben und dass man meiner Meinung nach mehr Veränderung erreicht, wenn man diplomatisch bleibt und sich nicht mit allen und jedem verkracht. Anstatt mir zu antworten, hat er meinen Brief an sämtliche Zeitungen gefaxt, deren Faxnummer er kannte. Und er kannte viele Faxnummern von Zeitungsredaktionen. Drei Journalisten haben mich danach angerufen und zur Sache befragt. Keiner hat darüber geschrieben, einer sagte zu mir: »Ach, der Palmer, der Spinner!« Ich sage: Er hat immer das Gute gewollt, er konnte bloß nie über seinen Schatten springen, Gott hab ihn selig. Sein Söhnchen Boris macht denselben Fehler nicht, ich prophezeie dem Guten hier und heute eine große politische Karriere, read my lips!

Kommen wir zum Schluss noch kurz zum Schwaben Jürgen Klinsmann, der als Bundestrainer den verstaubten Deutschen Fußballbund mit seinen Forderungen erschütterte und uns zusammen mit dem Badener Jogi Löw bei der Weltmeisterschaft 2006 in Deutschland ein Sommer-Fußballmärchen bescherte.

68

Handzahm war der Bäcker Jürgen Klinsmann nie – unvergessen sein Tritt gegen die Tonne, als er bei Bayern München spielte und gegen seinen Willen ausgewechselt wurde. Er unterschrieb einen Trainervertrag bei den Bayern, führte neue Übungsmethoden ein, ließ die Spielerherberge umbauen und stellte zur Förderung asiatischer Einkehr und Selbstfindung der Spieler große Buddhafiguren auf. So hatte man es dem rebellischen Schwaben zugetraut, doch die Figuren waren die Idee eines hypermodernen Innenarchitekten und nicht von Klinsmann. Die Buddhas waren schnell wieder verschwunden, vermutlich weil sie zu viel Ähnlichkeiten mit dem zweiten bekannten Schwaben im Bayernverein zeigten, nämlich mit Uli Hoeneß.

Was mit Jürgen Klinsmann als Bayern-Trainer nicht so richtig klappen wollte, war die Vorstellung der Vereinsführung, dass kein Spiel verloren wird. Wenn das nicht geht, muss in Bayern der Trainer gehen. So war es dann auch. Jürgen Klinsmann packte seine Sporttasche.

Jogi Löw ist mittlerweile erfolgreich in Klinsmanns Fußstapfen getreten. Er stammt aus Schönau im Schwarzwald, war in den Achtzigerjahren Rekordtorschütze für den SC Freiburg, trainierte in den Neunzigerjahren den VfB Stuttgart und den Karlsruher SC und lebt heute in Biezighöfen, einem Ortsteil von Wittnau (Landkreis Breisgau-Hochschwarzwald). Bei der Fußball-Weltmeisterschaft 2010 führte er die Nationalmannschaft ebenfalls zur Bronzemedaille – es war so was wie ein südafrikanisches Wintermärchen.

Der eigenwillige, dauerlächelnde Schwabe Jürgen Klinsmann ist derweil in seinem Domizil in München in eine Denkpause verfallen. Vielleicht spielt er mit dem Gedanken, in die Politik zu gehen, wer weiß das schon? Oder wie wäre es als Juryvorsitzender in einer Fußballerinnen-Casting-Show?

Der schwäbische Bäcker und Fußballer Jürgen Klinsmann wird sicher wieder etwas finden, wo er alles umkrempeln kann.

Die Maultaschen-Connection der Spätzles-Mafia

Was wäre die Berliner Republik ohne SchwaBadener?

Die Sieben Schwaben sind 1978 im westlichen Teil Berlins angekommen. In diesem Jahr wurde in Wilmersdorf die Metallskulptur der Sieben Schwaben von Hans-Georg Damm auf dem Mittelstreifen des Hohenzollerndamms am Fehrbelliner Platz aufgestellt. Die Lanzenspitze zeigt rätselhafterweise auf das Wilmersdorfer Rathaus. Wie bekannt, wollten die Sieben Schwaben nur einen Hasen jagen, den sie für ein Ungeheuer hielten, und nicht gleich einen ganzen Hasenstall.

Zum Zeitpunkt der Aufstellung des Kunstwerks lebten ganz sicher schon wesentlich mehr als nur sieben Schwaben in Berlin. Im Spree-Athen wimmelt es von Schwaben.

Schon immer zog Berlin Menschen aus dem Südwesten Deutschlands an. Und dies trotz aller sprachlichen Verständigungsprobleme. Wer in Berlin Schwäbisch spricht, wird von den Ureinwohnern nicht verstanden. Zwar meinen die Berliner, das Berlinerische stelle die Krönung aller Dialekte dar, doch in Wirklichkeit ist dies das Schwäbische. Als nämlich Gott am siebten Tag die Dialekte an die Menschheit verteilte und zum Schwaben kam, hatte er schon alle Mundarten vergeben. Da wurde der Schwabe traurig und schluchzte bitterlich. Doch Gott erbarmte sich und sagte zu dem Schwaben: »Woisch was, no schwätzsch halt so wia i!«

Bei der Frage, wie viele Schwaben in Berlin leben, ist Skepsis angebracht. Warum? Weil wir inzwischen gelernt haben, dass nach »Schwaben« gar nicht gefragt werden kann, weil der Begriff für eine Erhebung zu ungenau ist. Wen zählt man mit? Der Begriff Schwaben als Volksgruppe kann nicht genau umrissen werden, weil nur noch in Bayern ein Regierungsbezirk mit Schwaben bezeichnet wird. Welche Schwaben sollen also bei der Frage nach Schwaben in Berlin gemeint sein? Wenn nur die Baden-Württemberger gemeint sind, dann mit oder ohne Badener, Franken und Kurpfälzer?

Es scheint eher eine Frage zu sein, die in Berlin entstanden ist, wo »Schwaben« als Land und »Schwaben« als Volksgruppe sehr lax und undifferenziert verwendet werden. Eigentlich sind die Berliner begrifflich auf dem Stand, als es noch ein Herzogtum Schwaben gab. Aber selbst damals lebten außerhalb des Herzogtums Schwaben auch noch woanders Schwaben.

Zwar werden Wanderungsbewegungen zwischen den Ländern erfasst, aber wer addiert die Zahlen der vergangenen Jahre? Und wenn es einer macht, wie kann er wissen, ob es ein Schwabe war, der aus Baden-Württemberg nach Berlin zugezogen ist? Immerhin leben auch bei uns im Ländle nicht nur Schwaben. Es könnte ja auch ein türkischer Migrant aus Untertürkheim gewesen sein. Die Zahlen, die herumgeistern, geben höchstens Auskunft über die schwäbische Eitelkeit des Antwortenden.

Man weiß es ganz einfach nicht, wie viele Schwaben in Berlin leben. Die einzige Möglichkeit zur Feststellung der Anzahl der Schwaben in Berlin wäre eine schwäbische Bäckerei mit wirklich guten, selbst gebackenen Brezeln. Da würden dann jeden Morgen alle Schlange stehen und man könnte sie der Reihe nach zählen.

»Sehr guten Morgen, Herr Lehrer!«

Nachdem im Sommer 1999 der große Umzug von Bonn nach Berlin stattgefunden hatte und am 1. September 1999 offizieller Arbeitsbeginn von Parlament und Regierung in Berlin war (so, als ob die Politiker plötzlich zu arbeiten begännen!), übersiedelten ebenfalls jede Menge Botschaften, Konsulate, Landesvertretungen, Behörden, Institutionen, Firmenrepräsentanzen, Lobbyisten und Eventagenturen nach Berlin. Alle brachten ihre Belegschaft mit und bauten das Image von Berlin als Weltstadt und »place to be« mit auf, das weitere Zuwandererwellen nach sich zog. Die Baubranche boomte augenscheinlich sowieso.

Doch neben spiegelnden Investorenbauten blätterte in der hochverschuldeten Hauptstadt in den Schulen der Putz von den Wänden. »Arm, aber sexy«, gab der Regierende Bürgermeister Klaus Wowereit 2003 als Stadtmotto bekannt. Das kam gut an und gibt Rätsel auf, denn dann wäre Stuttgart vor der Krise seiner Landesbank ja reich gewesen, aber von sexy keine Spur.

Nun ist Stuttgart ähnlich arm wie Berlin und sein Sexappeal ist heftig, aber hehlingen.

Alles ist so ganz anders in Berlin als es in Baden-Württemberg je sein wird. Das begriffen die Neuschwaben aus Bonn und die Managementschwaben aus dem Ländle sofort, zogen in einstmals ärmere Stadtviertel des ehemaligen Ostberlins, renovierten Altbauwohnungen und fühlten sich wohl. Mittlerweile wird ihnen im Stadtviertel Prenzlauer Berg vor den Sommerferien auf Plakaten gute Fahrt in den Süden gewünscht – aber mehr, damit die Schwaben so schnell wie möglich endgültig abreisen und man sie definitiv los ist.

Das schlechte Image der Schwaben in Berlin wurde im Winter 2008/2009 durch eine Plakatkampagne des Landes Baden-Württemberg gefördert. Schon das Wort »Schwabe« allein verursacht in Berlin Wunden. Nun wurde in diese Wunden auch noch Salz gestreut. Ausgehängt war die Werbung auf Flächen der badisch-berlinischen Firma Wall AG.

Mit dem freundlich übertriebenen und antiberlinischen Slogan »Sehr guten Morgen, Herr Lehrer!« wurden in Bahnhöfen der stadteigenen U-Bahn junge Lehrer vom klammen Berlin weg nach Baden-Württemberg gelockt, das die Plakate als Lehrer-Paradies darstellten. Mehr Gehalt, bessere Arbeitsbedingungen, Verbeamtung – das konnte Berlin nicht bieten.

Beim Lehrergehalt hat die verschuldete Hauptstadt schnell aufgebessert, um der feindlichen Abwerbung gut ausgebildeter Pädagogen standhalten zu können – nicht ohne den Hinweis, dass der Lehrermangel in Baden-Württemberg die Folge nicht gemachter Hausaufgaben im Ländle sei. Vom schwäbischen Wildern in Berlin war die

Rede. Jedes Lehrerstudium kostet die überschuldete Stadt ordentlich Geld, das sich dann Baden-Württemberg sparen kann.

Als provokante Replik präsentierte der Berliner Bildungssenator Jürgen Zöllner (SPD) vor der Presse einen Plakatentwurf, auf dem zu lesen war: »Hegel, Einstein und Sie. Wenn Schwaben etwas werden wollen, kommen sie nach Berlin.«

Edle Tropfen beim Kamin – come in!

Am 30. Juni 2000 weihte Ministerpräsident Erwin Teufel die neu erbaute Landesvertretung von Baden-Württemberg in Berlin ein. In seiner Rede gab er den in Berlin bekannten Scherz zum Besten, die Schwaben seien in der Bundeshauptstadt die zweitgrößte ethnische Minderheit – nach den Türken.

Mit der Landesvertretung hatte die südwestdeutsche Politik in der Berliner Republik ein Zuhause. Auch die baden-württembergischen Bundestagsabgeordneten gehen hier ein und aus – in der Legislaturperiode der schwarz-gelben Koalition unter Kanzlerin Angela Merkel ab 2009 sind dies insgesamt 84 aus den Parteien CDU, FDP, SPD, Bündnis 90/Die Grünen und Die Linke.

Den Entwurf für das Gebäude lieferte der Berliner Architekt Dietrich Bangert. Vorausgegangen war ein Architekturwettbewerb. Die baden-württembergische war eine der ersten neu erbauten Landesvertretungen in Berlin und ist eine der größten. Vergleichbar große Landesvertretungen gibt es zwar, doch diese werden von zwei Ländern gemeinsam genutzt, wie zum Beispiel Niedersachsen und Schleswig-Holstein. Aber für die baden-württembergischen Häuslesbauer kam eine Wohngemeinschaft nicht in Frage.

Die Baukosten beliefen sich auf rund 55 Millionen Mark (28,1 Millionen Euro). In diesem Betrag ist das große Grundstück an der Tiergartenstraße zwischen Österreichischer, Indischer und Ägyptischer Botschaft nicht enthalten. Denn dieses erlangte man durch Tausch mit den beiden Grundstücken von Baden und Württemberg, auf denen die Länder vor Krieg und Teilung ihre Vertretungen hatten. Schwäbische Cleverness: Man muss nur lange genug warten können und vor allem sein Sach' behalten.

Die Landesvertretung liegt im ehemaligen, jetzt wiederbelebten so genannten Diplomatenviertel Berlins im Zentrum der Stadt. Vom Portikus, einer einladenden, trichterförmigen Architekturgeste, gelangt man über das Foyer in den hohen Empfangssaal, der auf beiden Seiten von weiteren Veranstaltungsräumen flankiert wird, deren flexible Wände geöffnet werden können, so dass nahezu die gesamte ebenerdige Fläche einschließlich des Hofgartens gleichzeitig bespielt oder befestet werden kann. Eine Galerie über dem Eingang bietet weitere Konferenz- und Ausstellungsmöglichkeiten sowie einen offenen Lichthof. Zahlreiche Büro- und Konferenzräume sind in dem dreigeschossigen Gebäude auf mehreren Ebenen verteilt, ebenso zwei Dienstwohnungen und einige Gästeapartments. Eine Notwendigkeit, der übrigens jede Landesvertretung Rechnung zollt, nicht nur die baden-württembergische.

Eine Besonderheit ist jedoch, dass dem Leitungsbereich der Landesvertretung ein Kaminzimmer mit Bibliothek und Zugang zu einer Sky-Lobby als besonderem Empfangs- und Repräsentationsraum zugeordnet ist. Hier kann man sich im kleineren Kreis um die Geschicke des Ländles kümmern. Was auch nicht außergewöhnlich ist, denn auch in der Villa Reitzenstein in Stuttgart, dem Sitz des Staatsministeriums Baden-Württemberg und Amtssitz des Ministerpräsidenten, befindet sich ein Kaminzimmer. Die Herren ziehen sich halt gerne mal vom Volk zurück. Dabei ist im Grunde jeder Stammtisch der Ursprung von Basisdemokratie, Mitbestimmung, Volksbegehren und politischer Konsensbildung.

Dass baden-württembergische Politik nur in Kaminzimmern in Verbindung mit edlen Tröpfchen zustande kommt, wird hiermit nicht unterstellt. Alle wissen ohnehin, dass es so ist.

In der Berliner Landesvertretung ist der Verwaltungs- vom Veranstaltungsbereich durch zwei gebäudehohe Raumscheiben getrennt, die von quadratischen Öffnungen durchbrochen sind. So ergibt sich ein funktionierendes, ungestörtes Nebeneinander von Arbeit, Besuchergruppen und Veranstaltungen. Denn immerhin werden jedes Jahr rund 75 000 Gäste willkommen geheißen.

Sind es Reisegruppen aus den Wahlkreisen der Bundestagsabgeordneten – und das ist die Mehrzahl –, dann dürfen die Landeskinder mit dem Reisebus in der Stadt herumkutschieren, an der großen Touristenwarteschlange vorbei direkt den Reichstag besuchen und in der Landesvertretung sich eventuell in der Weinstube oder im Bierkeller ausruhen. Denn im »Schaufenster des Landes« darf beides natürlich nicht fehlen. Auf eine Schnapsbude hat man allerdings verzichtet. Der Geist bleibt in der Flasche.

Freudige Begrüßungen – Grüß Gottle!, schöne Bescherungen – Hano!

Ich selbst habe drei Jahre lang in Berlin gelebt und dort mein Studium der Landschaftsplanung beendet. Unvergessen, als ich zum ersten Mal meine Mietwohnung im Wedding betrat, die ich telefonisch von einem Freund übernommen hatte. Mein kleines Zimmer zuvor – in München – war etwa zehn Quadratmeter groß gewesen und hatte in der WG in Giesing 300 Mark Monatsmiete gekostet. Die Wohnung in Berlin hatte 60 Quadratmeter, kostete 140 Mark – und sah auch genauso aus. Schwarze Decke vom Kohleofen, muffiger, alter, schmutziger Teppichboden.

Völlig frustriert ging ich zum nächsten Kiosk, kaufte mir ein Sixpack Bier und begegnete auf dem Rückweg einer Handvoll Punks, die freudig riefen: »Kieck ma, ick gloob, ick spinne, der hat unser Abendbier!« Es ist mir gelungen, den Jungs in einer Minute mein Schicksal derart drastisch darzustellen, dass sie den Eindruck gewannen, ich hätte noch weniger Future als sie selbst und sie mich mitsamt meinem Bier ziehen ließen.

Den nächsten Tag verbrachte ich am Kuhdamm und als ich zur Rückfahrt in den Bus stieg, fragte ich den Busfahrer vorsorglich, ob dieser Bus denn wirklich in den Wedding führe. Statt eine Antwort zu geben, schnauzte er mich an: »Wat steht denn vorne druff?« – ich war in Berlin.

Jahre später wurde ich – das jedenfalls war später das Ergebnis der kriminalpolizeilichen Untersuchung – Opfer einer Verwechslung aus dem Drogenmilieu und deshalb nach meinem Auftritt in Dieter Hallervordens Kabarett »Die Wühlmäuse« einfach mal so beinahe totgeschlagen, was dann aber im Endeffekt zu einem lustigen Kapitel in meinem Buch »Wenn der Mostmann zweimal tingelt« führte.

Dennoch bin ich immer wieder gerne in Berlin, spiele dort regelmäßig, und auch in der Landesvertretung habe ich öfters zu tun: Verschiedene Auftritte habe ich dort absolviert, als Moderator durch eine Veranstaltung geführt, einen Internetpreis verliehen, mein vorletztes Buch dort präsentiert und auf der »Stallwächterparty« geschaut, wer alles im Ländle meint, er sei wichtig.

Und was viele Landeskinder gar nicht wissen: Wir können für wenig Geld sehr anständig in unserer Landesvertretung übernachten, sofern dort ein Gästezimmer frei ist! Einfach mit dem Personalausweis an die Pforte in der Tiergartenstraße aufkreuzen und nachfragen. Das ist ein echter Geheimtipp!

Dasselbe geht übrigens auch in unserer Landesvertretung in Brüssel. Dort wird man aufgefordert, nach der Übernachtung bitte Decke und Kissen abzuziehen und die gebrauchte Wäsche ordentlich am Fußende hinzulegen, damit die Putzfrau nicht so viel Arbeit mit einem hätte. Da fühlt man sich doch gleich wie daheim.

Weshalb erzähle ich Ihnen all diese Anekdoten? Um Sie locker zu machen, denn wir werden im nun Folgenden wieder ein bisschen Geschichte betreiben müssen.

Und los geht's:

Karl der Kurpfälzer, Ebert eben!

Auf den erwähnten zwei Grundstückle, die man gegen das große Baugrundstück der heutigen Landesvertretung tauschen konnte, standen vormals die Vertretungen von Baden und Württemberg, also vom Großherzogtum Baden und vom Königreich Württemberg, die beide bekanntlich bis ins Jahr 1918 existierten.

76

Es war ein Badener, der in Deutschland die Monarchie beendete, und ein Badener, mit dem das demokratische Zeitalter begann.

Reichskanzler Prinz Maximilian von Baden (1867–1929) verkündete nach der Novemberrevolution am 9. November 1918 in Berlin eigenmächtig die Abdankung von Kaiser Wilhelm II. und den Thronverzicht von Kronprinz Wilhelm von Preußen. Am selben Tag rief der Sozialdemokrat Philipp Scheidemann (ein Niederhesse) die Republik aus. Seitdem haben sowohl in der Weimarer Republik als auch in der Bonner und der jetzigen Berliner Republik – und leider auch in der Nazizeit – viele Politiker und Politikerinnen aus Baden, Württemberg und Hohenzollern exponierte Rollen eingenommen.

Prinz Max von Baden wurde am 3. Oktober 1918 zum Reichskanzler ernannt. Zuvor hatte die Oberste Heeresleitung angesichts eines verlustreichen und nicht mehr zu gewinnenden Krieges am 28. September die Neubildung der Regierung und einen Waffenstillstand gefordert. Deshalb bat noch am Tag seiner Ernennung Prinz Max von Baden den amerikanischen Präsidenten um die Waffenruhe und erkannte die Bedingungen für Friedensverhandlungen an.

Als am 9. November 1918 der zögerliche Kaiser nach dem Kieler Matrosenaufstand und der Novemberrevolution nicht abdanken wollte, verkündete Prinz Max zwei Stunden vor der Autorisation durch Wilhelm II. von sich aus die Abdankung des Kaisers. Scheidemann rief die Republik aus und proklamierte den Vorsitzenden der SPD als der stärksten Partei im Reichstag, Friedrich Ebert, gegen seinen Willen als neuen Reichskanzler.

Mit dem Badener Friedrich Ebert (1871–1925) begann die Weimarer Republik. Am 11. Februar 1919 wurde er von der im thüringischen Weimar tagenden Nationalversammlung zum ersten Reichspräsidenten gewählt. Das Amt hatte er bis zu seinem Tod 1925 inne.

Ebert wurde als viertes von sechs Kindern des Schneidermeisters Karl Ebert und seiner Frau Katharina, geb. Hinkel, in Heidelberg geboren. Er besuchte die Volksschule und lernte danach Sattler, jedoch ohne die Gesellenprüfung abzulegen. Mit siebzehn ging er auf Wanderschaft und engagierte sich aktiv in der Arbeiterbewegung. In Bremen blieb er im Mai 1891 hängen. In seinen 14 Jahren in Bremen engagierte sich Ebert politisch und gewerkschaftlich. Er pachtete die Gastwirtschaft »Zur guten Hilfe«; sie gewann als Treffpunkt für Gewerkschafter und Sozialdemokraten Bedeutung. Ebert heiratete im Mai 1894 Louise Rump (1873–1955). Vier Söhne und eine Tochter kamen zur Welt. Der älteste Sohn Friedrich (1894–1979) war ebenfalls politisch aktiv und wurde nach dem Zweiten Weltkrieg Oberbürgermeister in Ostberlin. Sohn Karl (1899–1975) errang nach 1952 in Baden-Württemberg ein Landtagsmandat.

Als Reichspräsident zeigte Ebert Beharrungsvermögen. Immerhin wechselte in seiner Amtszeit zehnmal die Regierung. Viermal ernannte er einen badischen Landsmann zum Reichskanzler:

➢ im März 1920 den SPD-Politiker Hermann Müller (1876–1931) aus Mannheim. Müller hatte ein Dreivierteljahr vorher als Außenminister den Versailler Vertrag unterzeichnet. Als im März 1920 der Kappputsch die Reichsregierung zur Flucht nach Stuttgart zwang, trat Kanzler Gustav Bauer zurück und Müller wurde sein Nachfolger. Im Juni 1920 wurde er abgewählt; von Juni 1928 bis März 1930 war er erneut Reichskanzler.

➢ im Juni 1920 den Zentrumspolitiker Constantin Fehrenbach (1852–1926) aus Freiburg, geboren in Wellendingen bei Bonndorf im Schwarzwald, Reichstagsabgeordneter für den Wahlkreis Ettenheim-Lahr. Seine Minderheitskoalition zerbrach im Mai 1921.

➢ im Mai 1921 Fehrenbachs Nachfolger Joseph Wirth (1879–1956), ebenfalls aus Freiburg, dessen Kabinett im Oktober 1921 aus Protest gegen die Aufteilung Oberschlesiens zurücktrat.

➢ Wirth bildete danach erneut eine Regierung; sie demissionierte im November 1922 nach der Ermordnung Walther Rathenaus.

78

Reichspräsident Friedrich Ebert fühlte sich immer mit der Kurpfalz verbunden. Wann immer es Dienstreisen erlaubten, besuchte er seine Heimat. Den Unterschied zwischen dem Leben in Berlin und der Erholungszeit in Süddeutschland beschrieb er mit Vergleichen wie »Nacht und Tag« oder »Verdruss und Glück«. Ebert war Mitglied im »Verein der Badener in Berlin«, der 1894 gegründet worden war und bis heute im Adressbuch von Berlin zu finden ist. Er starb am 28. Februar 1928 an einer Blinddarmentzündung. Sie wurde zu spät operiert, weil Ebert schaffen musste.

Die Württemberger hatten sich schon 1869 im »Verein der Württemberger zu Berlin« zusammengeschlossen, übrigens mit Graf Zeppelin als bekanntem Mitglied. Dieser Verein scheint heute nur noch formal zu bestehen.

Der Umzug der Bonner Regierung nach Berlin, in ihrem Gefolge die Ländervertretungen, die schreibende, sprechende und filmende Presse, als Dunstkreis jede Menge Firmenrepräsentanzen und Interessenverbände – alles in allem ergab dies eine enorme Zuwachsrate von Baden-Württembergern in der Bundeshauptstadt. So gründete sich 2000 der neue, dritte Verein »Baden-Württemberger in Berlin«. Mit alten Trachten aus dem Schwarzwald wollte der neue Verein nichts mehr am Bollenhut haben und jährliches Maultaschenessen am Karfreitag in einem schwäbischen Restaurant in Berlin sieht er nicht mehr als besonderes Ereignis an, was der alte Verein der Württemberger traditionell noch pflegte.

Seinen Mitgliedern und dem Vereinsvorsitzenden Heinz Dürr geht es um Events und baden-württembergisches Networking, das im Volksmund unter Begriffen wie »Maultaschen-Connection« oder »Spätzles-Mafia« bekannt ist. Bei Verstößen gegen die Regeln der schwäbischen ehrenwerten Gesellschaft soll als Drohung statt eines toten Fisches ein abgeschnittenes Bubenspitzle zugestellt werden. Aber Genaues weiß man nicht, die schwäbische Omertà hält dicht wie ein Gsälzglas und das Schweigegelübde ist so fest wie ein luftgetrockneter Landjäger.

Wenn SchwaBadener die Diktatur stützen und stürzen wollen

Wenn die Sprache auf Schwaben und Badener in Berlin in der Zeit des »Dritten Reiches« kommt, fallen meist die Namen des Hitlerattentäters Claus Schenk Graf von Stauffenberg (1907–1944) und des Theologen und späteren Bundestagspräsidenten Eugen Gerstenmaier (1906–1986, geboren in Kirchheim unter Teck), Mitglied der Widerstandsgruppe Kreisauer Kreis.

Stauffenberg war bayerischer Schwabe aus Jettingen, das zwischen Augsburg und Ulm liegt. Seine Kindheit verbrachte er im Wesentlichen in Stuttgart, wo er das Eberhard-Ludwigs-Gymnasium besuchte, und vor allem im Schloss Lautlingen, dem Sommersitz der Familie im heute zu Albstadt gehörenden Lautlingen.

An ihre Grenzen stießen die Schergen der Gestapo nach dem Bombenattentat auf Hitler am 8. November 1939 im Bürgerbräukeller in München. Als sie den Verdächtigen Johann Georg Elser folterten und brutal verhörten, konnten sie seinem Geständnis erst keinen Glauben schenken. Der schwäbische Schreiner Elser sagte, dass er ganz allein den Plan gefasst, die Vorbereitungen getroffen und die Bombe mit Zeitzünder gebaut hätte. Es passte nicht in das Selbstverständnis einer geheimen Staatspolizei, sich von einem einfachen Mann des Volkes austricksen zu lassen. Kein Geheimdienst eines anderen Landes, keine Geheimagenten, sondern ein schwäbischer Tüftler, der mit den sozialen und politischen Verhältnissen der Hitler-Diktatur nicht einverstanden war, hatte es geschafft, eine Bombe in die Nähe des Diktators zu platzieren. Die gefürchtete Gestapo mitsamt der SS war blamiert.

Die Explosion brachte eine Säule direkt hinter dem Rednerpult zum Einsturz und verwüstete den Saal im Münchner Bürgerbräukeller, in welchem Hitler noch kurz zuvor eine Rede gehalten hatte. Die Wucht der Explosion, die die Saaldecke zum Einsturz brachte, tötete acht Menschen, darunter sieben Mitlieder der NSDAP. 63 Besucher wurden verletzt, davon 16 schwer. Nur Hitler selbst, dem der Anschlag gegolten hatte, war nicht unter den Opfern. Die Bombe hatte zwar zu der von Elser eingestellten Zeit, um 21.20 Uhr, gezündet, doch war Hitler 13 Minuten früher gegangen, weil er, statt zu fliegen, wegen schlechten Wetters mit dem Zug nach Berlin zurückfuhr. Das Attentat auf Hitler wurde also letztendlich nur von dem unvorhersehbaren Zufall vereitelt, dass sich das Wetter für seinen Flug verschlechtert hatte.

Das Attentat war nicht zu leugnen, die Propagandamaschinerie verbreitete deshalb schnell die Legende eines vom englischen Geheimnisdienst gesteuerten Attentäters. Als Elser dann gefasst wurde, entsprach er überhaupt nicht diesem von der Gestapo gewünschten Bild. In Hermaringen am 4. Januar 1903 als ältester Sohn eines Landwirts und Holzhändlers geboren, aufgewachsen in Königsbronn, ebenfalls bei Heidenheim gelegen, erlebte Elser die Kindheit in einer einfachen Familie auf dem Dorf und erlernte das Schreinerhandwerk. Den Umständen der Zeit entsprechend, arbeitete er als Schreiner und auch als Gelegenheitsarbeiter, wenn es die Situation erforderte.

Der talentierte Schreinergeselle ging auf Wanderschaft in die Gegend am Bodensee und in die Schweiz. Elser ließ sich nichts zuschulden kommen und geriet nie mit dem Gesetz in Konflikt. In Konstanz trat er 1928/29 in den Roten Frontkämpferbund ein, doch politisch wurde er nicht aktiv. Er gehörte eher zu den Stillen im Lande. In seiner Freizeit spielte er Zither und Kontrabass. Er galt als geselliger, aber ruhiger, zu Perfektion neigender Handwerker, der von den Leuten anerkannt wurde. Zu seiner Familie – er hatte mehrere Geschwister – pflegte er ein gutes Verhältnis.

Im August 1932 kehrte er nach Königsbronn zurück. Er spürte die sozialen und politischen Veränderungen, als die Nazis 1933 an die Macht kamen. Kritisch verfolgte Elser in der Presse die aktuelle Politik und die Reden Hitlers. Aus seiner Gegnerschaft machte er keinen Hehl, er verweigerte beispielsweise den Hitlergruß, was nicht ungefährlich war.

Als er in einer Armaturenfabrik arbeitete, erfuhr er von den Rüstungsbestrebungen des Regimes. Ganz besonders bewegte ihn die Gefahr eines Kriegs. Vor dieser Katastrophe wollte er Deutschland bewahren, indem er Hitler tötete. Um an Sprengstoff zu gelangen, suchte er Arbeit in einem Steinbruch und machte Zündversuche im Garten.

Den Zünder einer Bombe, zur Sicherheit mit zwei Schaltuhren, entwickelte der erfinderische Handwerker selbst.

Elser wusste, dass Hitler immer am Abend des 8. November im Münchner Bürgerbräukeller eine Rede vor »alten Kämpfern« hielt, zum Gedenken an seinen Putschversuch von 1923. Elser übersiedelte nach München. Er aß regelmäßig im Bürgerbräukeller eine einfache Mahlzeit. Das machte ihn zum unauffälligen Stammgast. An mehr als dreißig Abenden versteckte er sich anschließend in einer Kammer und wartete bis zur nächtlichen Schließung der Gaststätte. Dann höhlte er die Säule hinter dem Rednerpult aus, um sie für die Anbringung der Sprengladung zu präparieren. Am nächsten Morgen schlich er unauffällig aus dem Haus, um abends wieder etwas zu essen und sich erneut zu verstecken.

Nachdem er vor Hitlers Rede die Einstellung des Zeitzünders überprüft hatte, verließ er München. Er machte sich auf den Weg dorthin, wo er schon einmal war und sich auskannte, nämlich in die Schweiz. Ungefähr eine halbe Stunde, bevor die Bombe hochging, wurde Elser bei Konstanz von Zollbeamten aufgegriffen. Er war beim Versuch des illegalen Grenzübertritts aufgefallen. Bei seiner Festnahme trug Georg Elser eine Ansichtskarte des Bürgerbräukellers, ein Abzeichen des Roten Frontkämpferbundes, Aufzeichnungen über die Rüstungsproduktion sowie einige Teile des Zeitzünders bei sich. Als der Anschlag auf Hitler in Konstanz bekannt wurde, brachte die Polizei Elser nach München.

Die Logistik der Flucht nach einem Attentat hatte Elser nicht bis zum Ende durchdacht. Vielleicht war er sich auch sicher, dass er noch vor der Explosion in München die Grenze zur Schweiz überschreiten konnte. Hätte er sonst mögliche Beweismittel mit sich getragen?

Johann Georg Elser wurde erst im Konzentrationslager Sachsenhausen, später im Konzentrationslager Dachau in Einzelhaft genommen und von anderen Häftlingen streng isoliert. Nach dem gewonnenen Krieg sollte er in einem »Schauprozess« der Nazis verurteilt werden. Doch das Vorrücken der Alliierten und der nahende Zusammenbruch des Regimes machten Elser in den Augen der Nazis wertlos. Kurz vor Kriegsende wurde er am 9. April 1945 in Dachau ermordet und seine Leiche verbrannt.

Noch lange nach dem Tod Elsers und nach dem Ende des Kriegs hielt sich die Propaganda der Nazis, dass Elser ein Werkzeug des britischen Geheimdiensts gewesen sei. Selbst Kreise des bürgerlichen und militärischen Widerstands konnten sich mit Elsers Alleintäterschaft nicht abfinden. So unglaubwürdig erschien seine Tat. Doch heute kann Elsers Alleintäterschaft nicht mehr angezweifelt werden.

Und es hat sehr lange gebraucht, bis für Johann Georg Elser Denkmale errichtet, Gedächtnisstätten eingerichtet und Straßen nach ihm benannt wurden. Selbst in seiner Heimatgemeinde schien es lange, als würde man auf den Sohn von Königsbronn nicht stolz sein, sondern als ob man sich seiner schämen würde. Denn er hatte etwas getan, was man »normalerweise« nicht tut. Da gucken ja die anderen auf einen! Tatsächlich sollten aber alle »gucken« und die 1998 eingeweihte Georg-Elser-Gedenkstätte in Königsbronn besuchen.

Je mehr Zeit vergeht, desto lieber erinnert man sich der Männer im Widerstand. Stauffenberg und Gerstenmaier waren natürlich nicht die einzigen Schwaben, die in dieser finsteren Zeit in Berlin lebten und ein Amt bekleideten. Der Ehrlichkeit halber sollte man einige der anderen, für die man sich schämt, zumindest noch nennen:

➤ Paul Freiherr von Eltz-Rübenach (1875–1943) stammte zwar aus dem Rheinland, war aber 1924 bis 1932 Präsident der Reichsbahndirektion Karlsruhe; aus diesem Amt wurde er zum Reichsverkehrs- und Reichspostminister ernannt, was er bis 1937 blieb.

➤ Der Karlsruher Hans Frank (1900–1946) war ab 1934 »Reichsminister ohne Geschäftsbereich«. Mit der Besetzung im Zweiten Weltkrieg wurde er zum Generalgouverneur für Polen ernannt. Er war für die Ermordung Hunderttausender jüdischer und nichtjüdischer Polen sowie die Errichtung der Vernichtungslager Belzec, Sobibor, Treblinka und Majdanek verantwortlich.

➤ Konstantin Freiherr von Neurath (1873–1956) aus Kleinglattbach, heute ein Stadtteil von Vaihingen an der Enz, war von 1932 bis 1938 Außenminister, 1939 und 1941 »Reichsprotektor von Böhmen und Mähren«.

➤ Der Heidelberger Kurt Schmitt (1886–1950) war 1933/34 Reichswirtschaftsminister.

➤ Der Mannheimer Albert Speer (1905–1981) entwarf als Hitlers Leibarchitekt unter anderem die Reichskanzlei, verschandelte ab 1937 als »Generalbauinspektor für die Reichshauptstadt« Berlin mit Monumentalbauten im Nazistil (geplant war, die ganze Stadt zur »Welthauptstadt Germania« umzubauen), war ab 1942 Reichsminister für Bewaffnung und Munition sowie »Generalinspektor für das deutsche Straßenwesen, Festungsbau, Wasser und Energie«, ab 1943 Reichsminister für Rüstung und Kriegsproduktion und verkohlte die Öffentlichkeit mit seinen 1969 erschienenen »Erinnerungen«, in denen er sich zum unschuldigen Idealisten stilisierte.

➤ Fritz Todt (1891–1942) aus Pforzheim war Vorgänger von Speer als Generalinspektor für das deutsche Straßenwesen (das hieß vor allem: für die Autobahnen) und ab 1940 als Reichsminister für Bewaffnung und Munition. Ihm unterstellt und nach ihm benannt war der militärische Bautrupp »Organisation Todt«.

Joschka, Herta und vier Bundespräsidenten

In der DDR lebte ein bekannter Schwabe, der, obwohl nicht in der Regierung tätig, so doch immer politisch agierte. Die Rede ist vom Dichter Bertolt Brecht (1898–1956), dem Schwaben aus dem bayerischen Augsburg, der immerhin ziemlich sicher in Pfullingen bei Reutlingen gezeugt wurde. Nach dem Exil kehrte B. B. 1948 nach Berlin zurück, lebte und arbeitete bis zu seinem Tod in Ost-Berlin, dem Berlin der DDR.

Ein weiterer bekannter Schwabe in der DDR war der Oberspion Markus »Mischa« Wolf (1923–2006), jahrelang der »Mann ohne Gesicht«, Chef der Auslandsspionage der DDR. Wolf stammte aus Hechingen.

84

Mit dem Umzug der Bonner Regierung Gerhard Schröder nach Berlin füllte sich das wiedervereinte Städtchen in kürzester Zeit mit Politikern samt Entourage aus allen Bundesländern, außer vom Land Berlin, die waren schon hier. Im Regierungskabinett waren so bekannte Schwaben wie Außenminister und Vizekanzler Joschka Fischer, Justizministerin Herta Däubler-Gmelin und Arbeits- und Sozialminister Walter Riester, ein bayerischer Schwabe, der aber schon vor längerer Zeit nach Baden-Württemberg rübergemacht hatte und bis 2009 für seinen Wahlkreis Göppingen im Bundestag saß.

Da taucht sie wieder auf, die Frage, wen wir in den Kreis der erlauchten SchwaBadener aufnehmen möchten und wo wir die Bestimmungslinie ziehen. Bei den Schwaben ist dies sehr viel schwieriger als bei den Badenern. Sind's gute und/oder bekannte Schwaben, so zählen wir sie gerne zu uns. Bayerische Schwaben wie zum Beispiel der ehemalige Finanzminister Theo Waigel, der den Verdacht schürte, dass einem große Augenbrauen wachsen, wenn man nicht richtig rechnen kann, lassen wir gefühlsmäßig lieber unter »Bayern« laufen. Aber Stauffenberg und den Augsburger Bertolt Brecht ziehen wir dann wieder zu uns herüber.

Bei manchen wird es schwieriger. Zum Beispiel Harald Schmidt, Sohn Heimatvertriebener, wurde 1957 in Neu-Ulm geboren, das liegt schon in Bayern. Seine Eltern zogen nach Nürtingen, wo er aufwuchs und zur Schule ging. In Interviews lobt er schon mal die böhmische Küche seiner Mutter. Er kommt oft im Fernsehen, ist medienbekannt und öfter mal redet er dabei Schwäbisch, außerdem ist er festes Ensemblemitglied am Schauspiel Stuttgart, also gehört er zu uns.

Oder Albert Einstein, Sohn schwäbischer Juden, die Mutter aus Cannstatt, der Vater aus Ulm, die Großeltern aus Jebenhausen bei Göppingen und Bad Buchau. Er wurde 1879 in Ulm geboren, seine zweite Ehefrau – seine Cousine Elsa Löwenthal, geb. Einstein – stammte aus Hechingen. Bereits 1880 zogen die Eltern mit dem ganz kleinen Albert nach München, wo er aufwuchs. Doch Einstein ist so bekannt, dass er zweifelsohne ein Schwabe ist.

Wen zählen wir zu den Schwaben? Wen zu den Badenern? Wie bei der Nennung einer Zahl in Berlin wohnender Schwaben scheint das Kriterium die Eitelkeit zu sein. Herrührend von einem unausrottbaren, kollektiven Minderwertigkeitskomplex, der uns treibt, immer mit anderen gleichziehen zu wollen. Da scheint uns jedes Mittel und jede Herkunft recht zu sein.

Andererseits ist halt auch alles ziemlich verwirrend, niemand sagt uns definitiv, wer »zu uns« gehört.

Zu uns? Sagen wir »Schwaben«, heulen die Badener durch die Nacht. Sagen wir »Badener«, fühlt sich kein Schwabe angesprochen. Die Franken in Heilbronn, im Hohenlohischen und weiter nördlich in Richtung Würzburg halten sich natürlich für Franken, was sie ja auch sind. Sprechen wir nach ethnischen Gesichtspunkten, dabei die Völkerwanderung und sprachwissenschaftliche Gesichtpunkte im Sinn, oder die Dialektforschung, finden wir schwäbisch-alemannische Gruppierungen im Badischen, im Württembergischen, unter Elsässern, Deutschschweizern, Liechtensteinern, Vorarlbergern sowie den Bayerisch-Schwaben im Regierungsbezirk Schwaben, der vom Donauries bis ins Allgäu reicht. Nicht einmal das »SchwaBadener« aus dem Buchtitel wird diesem Wirrwarr gerecht. Übrigens: Die Schwaben haben nicht überall den besten Ruf, manche Südbadener, Elsässer oder Schweizer benutzen »Schwabe« sogar als Schimpfwort.

Also lassen wir die Schwaben und Badener außerhalb Baden-Württembergs und widmen uns dem populären Joschka Fischer. Er wird 1948 in Gerabronn (heute Landkreis Schwäbisch Hall) als Sohn heimatvertriebener Ungarndeutscher aus Budapest geboren. Die ersten Lebensjahre verbringt er in Langenburg, doch 1965 findet sein Vater Arbeit im Fellbacher Stadtteil Oeffingen nahe Stuttgart. Fischer geht aufs Gymnasium, bricht die Schule im März 1965 ab, beginnt eine Lehre als Fotograf, bricht auch diese ab, reist durch die Welt und heiratet, damals noch nicht volljährig, im schottischen Minderjährigenhochzeitsparadies Gretna Green. Mit seiner ersten Frau zieht er 1968 nach Frankfurt am Main, dort bleibt er. Das Schwabenland juckt ihn nicht mehr.

Fischer versucht zu studieren und in der Studentenbewegung Fuß zu fassen, wirft mal Steine oder verprügelt Polizisten bei Demos, jobbt herum, fährt Taxi, landet in den Achtzigern bei den Grünen, wird hessischer Staatsminister für Umwelt und Energie, später auch stellvertretender Ministerpräsident, er wird dick und kugelrund, Marathonläufer und dünn wie ein Frankfurter Würstchen, und am Ende wird er in der Regierung Schröder, der ersten rot-grünen Koalition, Vizekanzler und Außenminister.

Danach zieht sich Fischer aus der aktiven Politik zurück, lebt in Berlin und wird unter anderem Gastprofessor an der Princeton University in USA, wo auch Albert Einstein lehrte und forschte. Und kämpft – gegen Geld – für eine Gaspipline, die sein Gegenspieler »Gasgerd« alias Gerdgas Schröder – ebenfalls gegen Geld – nicht will.

So weit, so gut. Doch die Frage steht im Raum: Ist Joschka Fischer einer von uns? Ein Schwabe? Man müsste ihn mal fragen, es wäre schon interessant, ob er die Frage überhaupt beantworten würde. Ich stand neben ihm bei der Feier des Jubiläums »Vierzig Jahre Baden-Württemberg« in der damaligen Landesvertretung in Bonn und sprach ihn mit meinem schönsten Schwäbisch an. An seiner Reaktion konnte man ablesen, dass er meinen Dialektklang von Kindheit und Oeffingen her kannte, aber bevor er mich oder ich ihn darauf ansprechen konnte, kam ein hünenhafter Mensch daher und zog ihn weg. Der sollte später mit seinem unehelichen Kind in Berlin und als Ministerpräsident von Bayern bekannt werden, der Seehofer Horst.

Ganz anders verhält es sich mit Herta Däubler-Gmelin, der einstmaligen Justizministerin. Schon allein, dass sie auf ihrer Webseite www.daeubler-gmelin.de unter »Persönliches« ihre schwäbischen Lieblingsrezepte ausführlich niedergeschrieben hat, zeichnet sie als Schwäbin aus. Es fängt an mit den Rezepten für Maultaschen in der Brühe, geschmälzte und geröstete Maultaschen und geht weiter zu Hurgelesbohnen, Apfelküchle, Geschmälzter Brotsupp', Nacketen Dampfnudeln, Gaisburger Marsch, Grießauflauf, Sauce von Hagebutten oder Hägenmark, Holderküchle, Saurem Käs, Sauren Kartoffelrädle, Sauren Kutteln, Saurer Leber, Leberspatzen, Linsen und Spätzle, Luckeleskäs, Metzelsuppe, Sauren Schweinenierle, Ofenschlupfer, Pfitzauf, Riebe-

87

lessuppe, Sauerkraut, Schlachtbraten, Schneckennudeln, Schupfnudeln auf Sauerkraut, Seelen, Tellersülze, Waffeln, Warmbier bis zu Zwiebelkuchen.

Doch, oh Schreck: Herta Däubler-Gmelin wurde 1943 in Bratislava geboren. Aber, Gott sei Dank, ihre Eltern waren aus Tübingen; ihr Vater diente 1941 bis 1945 als Gesandtschaftsrat für die Slowakei und 1954 bis 1975 als Tübinger Oberbürgermeister. Im zweiten Kabinett Schröder war Herta Däubler-Gmelin dann nicht mehr dabei. Infolge einer umstrittenen Wahlkampfäußerung, die man als Vergleich von Präsident George W. Bush mit Hitler deuten konnte – was beabsichtigt zu haben sie aber vehement abstritt –, schied sie aus der Bundesregierung aus. Man sagt ihr nach, sie habe eine Schwertgosch. (Die Verleger des vorliegenden Buches können das bestätigen.)

Ich treffe Herta immer wieder im Flugzeug; sie verspricht jedes Mal, demnächst mein neues Programm anschauen zu wollen. Das hält so lange, bis wir uns wieder im Flugzeug treffen. Sie hat zwar inzwischen auch kein Bundestagsmandat mehr, gehört jedoch einer Berliner Rechtsanwaltskanzlei an und wohnt in Dusslingen, Kreis Tübingen.

Übrigens: Wer mit den Mitgliedern der baden- württembergischen Landesregierung sprechen muss, und zwar dringend, dem empfehle ich, einen Monat lang Sonntagabend die letzte Lufthansa-Maschine Stuttgart–Berlin und Freitagnachmittag Berlin– Stuttgart zu buchen, jeweils Business-Class. Das Ticket ist teuer, aber jeden Cent wert, denn bei jedem Flug trifft man mindestens ein halbes Dutzend Regierungsmitglieder. Ich setze mich dann immer gern neben so einen Politiker hin und sage: »Schön, dass Sie jetzt eine Stunde Zeit haben, ich wollte Ihnen nämlich etwas erzählen ...« Ohne diese Flüge hätte meine ökologische Stiphtung wahrscheinlich nur halb so viel bewegen könne, wie sie es – dank dieser Flüge – geschafft hat.

Die baden-württembergische Mitgliedschaft im Kabinett Schröder spielte sich auch auf Staatssekretärsebene ab:

➤ im Auswärtigen mit dem Bietigheimer Hans Martin Bury,

➤ im Innern mit der in Pforzheim lebenden Heidelbergerin Ute Vogt,
➤ im Ministerium für Gesundheit und Soziale Sicherung mit der im Breisgau wohnenden Mannheimerin Marion Caspers-Merk und
➤ im Ressort Wirtschaft mit Rezzo Schlauch, der in Gerabronn geboren und in Bächlingen aufgewachsen ist und der in Stuttgart lebt und eine Anwaltskanzlei betreibt.

Unser grüner Rezzo aus dem Hohelohischen durfte als weggelobter Staatssekretär unter anderem über die Verwendung von Flugmeilen nachdenken, die man dienstlich sammelt, aber privat verfliegt.

Seine grüner Parteigenosse Cem Özdemir, der türkische Schwabe aus Bad Urach, hatte es Rezzo Schlauch gleichgetan, trat aber von seinen Ämtern zurück und legte sein Bundestagsmandat nieder. Allerdings hatte er auch von einem PR-Berater einen günstigen Privatkredit erhalten, um sich mal was leisten zu können. Er wurde Mitglied im Europäischen Parlament und mittlerweile ist er Bundesvorsitzender von Bündnis 90/ Die Grünen und wohnt mit Familie im »Türkenviertel« Kreuzberg in Berlin. Unser schwäbischer Türke oder türkischer Schwabe – egal! –, er kommt aus Urach und schwäbelt. Das ist die Hauptsach'! Als er dann auch noch Parteichef der Grünen geworden ist, sagten viele: »Der deutsche Obama!« Daraufhin fragten andere: »Warum? Hat Obama auch einen Kreditskandal hinter sich oder was?« Jedenfalls hat Cem Özdemir die Hoffnungen verstärkt, dass sich mit ihm an der Grünen-Spitze die wirtschaftliche Zusammenarbeit mit der Türkei fördern ließe, und damit waren nicht Kümmel, Spezereien und Mohnprodukte gemeint. Aber, um es kurz zu fassen, Cem Özdemir kommt vor allem von der Schwäbischen Alb – er ist also kein Halbtürke, sondern vielmehr ein Albtürke!

Die Bundeskanzlerin der Großen und anschließend der schwarz-gelben Koalition, Angela Merkel, seit 22. November 2005 in Amt und Würden, holte als Innen-, später Finanzminister Wolfgang Schäuble ins Kabinett, einen Schwarzwälder, wie er im Buche steht. Zur Ministerin für Bildung und Forschung ernannte sie die Rheinländerin

Annette Schavan, die uns allen als Ministerin für Kultus, Jugend und Sport in Baden-Württemberg – das war sie von 1995 bis 2005 in der Landesregierung von Erwin Teufel, danach noch ein halbes Jährchen unter Günther Oettinger – und als CDU-interne Gegenkandidatin zu Oettinger fürs Ministerpräsidentenamt in Erinnerung ist. Gegen Oettingers CDU-Seilschaft hatte Schavan im konservativen Musterländle wenig Chancen, zumal über die Ledige aus der Luft heraus kolportiert wurde, dass sie eher Frauen als Männer möge.

Dagegen hat Familienvater und Ministerpräsident Oettinger freimütig selbst den Beweis seiner Orientierung erbracht, indem er sich von seiner Frau trennte und nach einiger Zeit der Öffentlichkeit seine Neue aus Hamburg vorstellte. Doch was war in der Zwischenzeit? Nur Arbeit, Arbeit und schaffe, schaffe ...

Stellvertretend für die außerschwäbischen und außerbadischen Politiker, bei denen man nicht vermuten würde, dass sie ihren Wahlkreis in Baden-Württemberg haben, sei hier der Hamburger Dirk Niebel genannt, einst Generalsekretär der FDP, jetzt Bundesminister für wirtschaftliche Zusammenarbeit und Entwicklung. Er kam in den Achtzigerjahren als Zeitsoldat nach Calw, studierte anschließend an der Fachhochschule des Bundes in Mannheim Verwaltungswesen und war ab 1993 Arbeitsvermittler beim Arbeitsamt (das damals noch so hieß) in Heidelberg.

Maria Böhmer ist seit 2005 die Beauftragte der Bundesregierung für Migration, Flüchtlinge und Integration im Rang einer »Staatsministerin bei der Bundeskanzlerin«. Sie stammt zwar aus Mainz, lehrt jedoch seit 2001 als Professorin für Erziehungswissenschaften an der Pädagogischen Hochschule Heidelberg.

Als Staatssekretäre schaffen unter Kanzlerin Merkel derzeit beim Bundesminister für Wirtschaft und Technologie Hans-Joachim Otto aus Heidelberg und Ernst Burgbacher, ein geborener Trossinger, der in Villingen-Schwenningen Lehrer war. Im Arbeits- und Sozialministerium trifft man Staatssekretär Hans-Joachim Fuchtel aus Sulz am Neckar und im Gesundheitsministerium die Staatssekretärin Annette Widmann-Mauz aus Tübingen. Der Bundesministerin für Ernährung, Landwirtschaft und

90

Verbraucherschutz dient Gerd Müller als Staatssekretär, ein bayerischer Schwabe aus Krumbach und nicht zu verwechseln mit dem gleichnamigen legendären Fußballspieler.

Dann ist da noch der Volkswirt Dr. Jens Weidmann aus Backnang, der als ökonomischer Chefberater – oder besser gesagt: Chefinnenberater – im Kanzleramt verkehrt und Angela Merkel weniger von Wirtschäftle, sondern mehr von Wirtschaft erzählt.

Von den Politikern und Politikerinnen aus Baden-Württemberg, die meist in Ausschüssen sitzen, in Gremien mitarbeiten, parteipolitisch hervortreten oder parlamentarische Funktionen einnahmen, sind einige auf Grund ihrer Tätigkeiten etwas mehr als die anderen in den Medien präsent. Zu ihnen zählen sicherlich die beiden Kauder-Brüder, Siegfried und Volker, wobei Volker Kauder 2005 als Generalsekretär der CDU Deutschlands und seit 21. November 2005 als Vorsitzender der CDU/CSU-Fraktion im Bundestag häufiger in Erscheinung tritt. Volker Kauder ist in Hoffenheim (heute ein Stadtteil von Sinsheim), sein Bruder in Eigeltingen geboren. Aufgewachsen sind beide in Singen, beide sind Juristen, Volker war stellvertretender Landrat in Tuttlingen, Siegfried ist Rechtsanwalt in Villingen-Schwenningen.

Oder Fritz Kuhn, Mitbegründer der Grünen, in den Achtzigern Fraktionsvorsitzender der Grünen im Landtag von Baden-Württemberg, auch mal zwischendurch Bundesvorsitzender seiner Partei, von 2005 bis 2009 Vorsitzender der Bundestagsfraktion von Bündnis 90/Die Grünen. Geboren ist er in Bad Mergentheim und 1989 bis 1992 lehrte er als Professor für sprachliche Kommunikation an der Stuttgarter Merz-Akademie.

Der Mannheimer Reinhard Bütikofer ist etwas von den Bildschirmen verschwunden, seit er den Bundesvorsitz von Bündnis 90/Die Grünen 2008 an Cem Özdemir weitergab. Bütikofer studierte in Heidelberg und schlug die Profi-Politiker-Karriere ein, ohne das Studium abzuschließen: Studentenverteter, Stadtrat in Heidelberg, baden-württembergischer Landtagsabgeordneter, Landesvorsitzender der Grünen, Bundesgeschäftsführer der Grünen, Bundesvorsitzender, Europaabgeordneter, schließlich stellvertretender Fraktionsvorsitzender der Fraktion Die Grünen/Europäische Freie Allianz im Europäischen Parlament.

Zusammen mit Bütikofer war Claudia Roth Bundesvorsitzende; sie ist es, neben Cem Özdemir, bis heute. Roth ist in Ulm geboren und in Memmingen aufgewachsen, dieser bayrischen Grenzstadt zu Baden-Württemberg, an der Iller gelegen, die teilweise Grenzfluss ist.

Besonders erwähnen möchte ich noch Christian Lange von der SPD, auch Mitglied der Landesgruppe Baden-Württenberg in Berlin und – das schockt mich sehr, denn er ist jünger als ich – Mitglied des Ältestenrates im Deutschen Bundestag! Christian hatte in den Achtzigern als wichtiger Schülermitverwaltungs-Mitverwalter einen Zentralschlüssel zum Staufergymnasium Waiblingen, den er unserem Abijahrgang 1982 zur professionellen Vorbereitung des Abischerzes großzügig überließ. Ich will hoffen, dass ihm diese Enthüllung den sicherlich vorgeplanten Weg zum Bundeskanzler nicht verbaut.

Zu den Bundeskanzlern hat Baden-Württemberg bislang nur einen beigesteuert: Kurt Georg Kiesinger war 1966 bis 1969 Chef der ersten Großen Koalition. Er wurde 1904 in Ebingen geboren, das heute einen Stadtteil von Albstadt bildet, und starb 1988 in Tübingen.

Besser sieht es bei den Staatsoberhäuptern aus. Der erste Bundespräsident, Theodor Heuss, stammte aus dem Weinort Brackenheim im Unterland, wo er 1884 das Licht der Welt erblickt hatte. In seiner Doktorarbeit beschäftigte sich Heuss mit »Weinbau und Weingärtnerstand in Heilbronn am Neckar«. Er, der Schriftsteller und Journalist, Chefredakteur der »Neckar-Zeitung« in Heilbronn, verfasste neben vielen anderen Büchern eine dickleibige Biographie von Robert Bosch, kleinere biographische Arbeiten über SchwaBadener wie Friedrich List, Johann Peter Hebel, Carlo Schmid, Friedrich Ebert oder Hans Otto Schaller, den Inhaber des Kunsthauses Schaller in Stuttgart, sowie Büchlein wie »Schwaben und der Deutsche Geist« (1915) oder »Betrachtungen zum Schwäbischen« (1961).

92

Nach dem Zweiten Weltkrieg war Heuss »Kultminister« (heute sagt man Kultusminister) von Württemberg-Baden, dann war er Professor für Geschichte an der Technischen Hochschule Stuttgart (heute Universität Stuttgart), und 1949 wurde er zum ersten Bundespräsidenten gewählt – ein Amt, das er bis 1959 innehatte. 1963 starb Heuss in Stuttgart. Sein Haus auf dem Killesberg dient als kleines Museum.

Der sechste Bundespräsident war Richard von Weizsäcker, im Amt 1984 bis 1994 und zuvor Regierender Bürgermeister von Berlin. Er war es auch, der den Amtssitz des Bundespräsidenten von Bonn nach Berlin verlegte. Weizsäcker kam am 15. April 1920 im Neuen Schloss in Stuttgart zur Welt; da sein Vater jedoch im Dienst des Auswärtigen Amts stand, hat er seine Jugendjahre in Basel, Kopenhagen, Genf, Oslo und Bern verbracht. Weizsäckers Großvater Karl von Weizsäcker (1853–1926) war 1906 bis 1918 der letzte »Präsident des Württembergischen Staatsministeriums« – heute würde man sagen: Er war Ministerpräsident von Württemberg. Der Stuttgarter Bildhauer Fritz von Graevenitz (1892–1959) war Richard von Weizsäckers Onkel, der Bruder seiner Mutter.

Weizsäckers Nachfolger Roman Herzog ist zwar gebürtiger Niederbayer, was man ihm bis heute deutlich anhört, aber auch er hat enge Verbindungen zu Baden-Württemberg. Der Jurist wurde 1978 von Lothar Späth als Kultusminister in die baden-württembergische Landesregierung berufen; 1980 wechselte er auf den Stuhl des baden-württembergischen Innenministers. 1983 legte Herzog sein Amt und sein Landtagsmandat nieder, weil er als Richter ans Bundesverfassungsgericht nach Karlsruhe berufen worden war. 1987 bis 1994 präsidierte er diesem Haus und war damit protokollarisch der fünfte Mann im Staat; gleichzeitig lehrte er als Honorarprofessor an der Uni Tübingen.

1994 bis 1999 war er dann Bundespräsident. An Schloss Bellevue hatte sich der Herzog offenbar so gewöhnt, dass er auch heute wieder in einem Herrenhaus lebt: zusammen mit seiner Gattin, Freifrau Alexandra von Berlichingen, bewohnt er die Götzenburg in Jagsthausen (Landkreis Heilbronn).

Eine herausragende Stellung nahm in der Berliner Republik Bundespräsident Horst Köhler ein. Horst Köhler legte 2004 den Amtseid ab, wurde 2009 in die zweite Amtszeit gewählt und erklärte am 31. Mai 2010 seinen Rücktritt.

Gerne haben wir seinen schwäbelnden Singsang gehört, auch wenn er mit Stielaugen vom Teleprompter ablas. Doch hat Horst Köhler eine Biografie, die ihn als einen typischen Nachkriegsschwaben kennzeichnet. Ein Vertriebenenkind, das zum Schwaben wurde oder zumindest sehr schwäbisch. Er kann fast stellvertretend für viele gelten, die in Baden-Württemberg nach dem Krieg eine neue Heimat fanden.

Horst Köhler wurde am 22. Februar 1943 in Skierbieszów (Polen), das damals Heidenstein hieß und von Deutschland besetzt war, als Sohn bessarabiendeutscher Bauern und als siebtes von acht Kindern geboren. Seine Eltern lebten ursprünglich in Nord-Bessarabien. Sie bewohnten das 1865 von deutschen Siedlern gegründete Dorf Ryschkanowka etwa 30 Kilometer nördlich von Bălți (heute Moldawien), in dem 1940 rund 400 deutschstämmige Bewohner beheimatet waren. Sie stammten von deutschen Auswanderern ab – viele davon aus Württemberg –, denen vom russischen Zar Alexander I. im Jahr 1812 das Land am Schwarzen Meer zur Besiedlung und Kultivierung angeboten worden war, unter Gewährung von diversen Privilegien. Württemberg befand sich damals in einer schlechten Zeit: Napoleon hatte das Land besetzt, Missernten wurden eingefahren und Hunger herrschte. So wanderten viele aus. Einige nahmen nicht den Landweg, sondern fuhren mit Ulmer Schachteln, einfachen Schiffen mit Unterbringungsmöglichkeit, von Ulm auf der Donau in Richtung Schwarzes Meer.

Nachdem die rumänische Provinz Bessarabien im Sommer 1940 als Folge des Hitler-Stalin-Pakts durch militärische Besetzung an die Sowjetunion gefallen war, wurde die Familie Köhler im Herbst 1940 mit anderen in das Deutsche Reich umgesiedelt. Dort lebte die Familie Köhler nahezu zwei Jahre in einem Lager. Im August 1942 siedelte man sie auf einem Hof in Skierbieszów nahe Zamość im Distrikt Lublin an, wo Horst Köhler 1943 zur Welt kam. 1944 wurde die Mutter mit dem knapp einjährigen Horst und drei weiteren Geschwistern in ein Auffanglager im Warthegau verbracht.

Grund waren die zunehmenden Partisanenüberfälle im Ansiedlungsgebiet um Skier-bieszów. Der Vater Horst Köhlers verblieb auf dem Hof.

Beim weiteren Vorrücken der Roten Armee im Januar 1945 flüchtete die Familie, wie Millionen anderer Deutscher, in Richtung Westen. Am Ende der Flucht, in Mark-kleeberg-Zöbigker bei Leipzig, versuchten seine Eltern erneut, eine bäuerliche Existenz aufzubauen. Als jedoch die Kollektivierung der Landwirtschaft drohte, entschloss sich die Familie Köhler im Jahr 1953, die DDR zu verlassen. Die Flucht ging diesmal über Westberlin in die Bundesrepublik.

Bis 1957 lebte die Familie Köhler in Flüchtlingslagern, unter anderem im schwäbischen Backnang, wo ein Lehrer das Flüchtlingskind für das Gymnasium empfahl. Letztlich fand die Familie in Ludwigsburg eine feste Bleibe. Horst Köhler betrachtet Ludwigsburg als seine Heimat, am dortigen Eduard-Mörike-Gymnasium machte er auch 1963 sein Abitur. Er lernte seine Frau Eva Luise kennen, mir der er seit 1969 verheiratet ist. Sie ist Ludwigsburgerin und gibt bei Hobbys an: Wandern und Chorsingen. Beides Hobbies, für die man nicht zuvor euroteure Golfschläger, Spezialklamotten oder teure Mitgliedsbeiträge löhnen muss. Keine Frage: Diese deutsche First Lady war eine echte Schwäbin.

Ingenieur mit Obstbaumstückle

Auskommen und Einkommen

»Halt dei Gosch, i schaff beim Bosch!« Dieser Spruch kann nicht nur als Beispiel höchster schwäbischer Dichtkunst dienen, bei der sich immer alles reimen muss, damit der Schwabe sich einen Reim drauf machen kann. Vielmehr steht er auch für die Sicherheit, dass man sich als Mitarbeiter in einer der großen baden-württembergischen Firmen keine Sorgen um die Zukunft machen musste. Zu Lebzeiten von Robert Bosch ging es in seinem Unternehmen besonders sozial zu. Aber wenn es sich reimen würde, könnten anstelle von Bosch durchaus auch andere Firmennamen stehen.

Doch auch in dem Bundesland im Südwesten, das mit einer der geringsten Arbeitslosenquoten Deutschlands glänzt, sind viele ihres sicher geglaubten Arbeitsplatzes nicht mehr sicher.

Zudem sind oft die Löhne so niedrig und die Lebenshaltungskosten so hoch, dass es nicht mehr reicht. Wer ein Einkommen hat, hat auch ein Auskommen – diese Regel stimmt nicht mehr grundsätzlich. Viele sind auf zusätzliche staatliche Hilfe angewiesen, die im Allgemeinen nur staatlich, nicht aber stattlich ausfällt.

Der Südwesten Deutschlands zählte nicht immer zu den wohlhabenden Gegenden, das gerät immer wieder in Vergessenheit. Nicht alle hatten früher ein »Gabelessen«, also eine Mahlzeit mit Fleisch.

In schwieriger wirtschaftlicher Situation wanderten im 19. Jahrhundert viele Badener und Schwaben aus, weil sie in der Heimat keine Zukunft mehr sahen. Zum Beispiel nach Nord- oder Südamerika, Rumänien oder Ungarn. Dass sie es dort gleich besser hatten, war meistens nicht der Fall. Oft erntete erst die zweite oder dritte Generation die Früchte der Mühsal ihrer Vorfahren. Statt Ackerland fanden sie, wie die Donauschwaben im Banat, Sümpfe vor. Erst als um die Mitte des 19. Jahrhunderts die Sümpfe trockengelegt waren, gab es Kulturflächen und die Seuchen verringerten sich. Damals entstand unter den Donauschwaben der Spruch: »Den Ersten der Tod, den Zweiten die Not, den Dritten das Brot.«

Der Zug nach Zug

Heute wird auch wieder ausgewandert. Mag der Grund dafür auch nicht mehr die Hungersnot sein, mag es sich auch nicht um »unsittliche Dirnen«, Landstreicher und Kriminelle handeln, die von den Behörden einst ins Ausland abgeschoben wurden – offenbar sehen die Auswanderer im Ausland doch bessere Chancen für ein Auskommen oder selbstbestimmtes Arbeitsleben, als sie es sich im hochentwickelten Baden-Württemberg vorstellen können. Jedenfalls, soweit sie nicht der Liebe wegen oder klimahalber dem Ländle den Rücken zukehren.

Die Zahl der Deutschen, die Baden-Württemberg in Richtung Ausland verlassen haben, ist in den letzten Jahren stetig angestiegen. Zwischen 2001 und 2007 haben rund 152 000 Baden-Württemberger ihren Wohnsitz ins Ausland verlegt. Bevorzugtes Zielland ist mit deutlichem Abstand die benachbarte Schweiz. Vielleicht auch, weil es dort noch sauberer und ordentlicher zugeht als in Baden-Württemberg. Vielleicht auch, weil damals das Schweizer Bankgeheimnis noch nicht so löchrig war, wie es wurde, nachdem im Februar 2010 der deutsche Staat vor folgender moralisch schweren Frage stand: Soll oder darf ich von einem Illegalen eine illegale CD mit illegal beschafften Daten Illegaler, die ihr Schwarzgeld illegal am deutschen Fiskus vorbei in der Schweiz bunkern, halblegal beschaffen? Seither hat das Bankgeheimnis so viele Löcher wie der legendäre Schweizer Käse und viele Reiche finden inzwischen, das Schönste an der Schweiz sei, dass gleich dahinter die Mittelmeerländer anfangen, an deren Häfen ihre Jachten liegen.

97

In das bergige Nachbarland zog es nach Angaben des Statistischen Landesamtes von Anfang 2001 bis 2007 rund 32 900 deutsche Staatsbürger aus Baden-Württemberg. Es folgten als Ziele die USA (15 300), dann Frankreich (13 200), Spanien (8300), Österreich (7400) und Großbritannien (6400).

Ja, auch Großbritannien, wo das Essen leidlich schmeckt, der Wein teuer importiert werden muss und man sich nicht einmal über eine allgemeingültige Übersetzung von Maultasche einigen kann. Zur Auswahl stehen: Swabian pockets, Swabian raviolis, filled pasta cases, dough pockets und pasta squares. Rein lautmalerisch könnte die Phantasiebezeichnung Mowldash passen. In Frankreich sagt man wohl dazu: »le sac de la gosch«. Egal, was es wörtlich übersetzt heißen mag, es ist garantiert genauso grottenfalsch wie »Schwäbische Ravioli«.

Ob es sich jeweils um »dauerhafte« oder »temporäre« Auswanderung handelt, kann nicht abschließend geklärt werden. Dafür fehlen in der amtlichen Wanderungsstatistik die Kriterien und Daten. Immerhin kehrten zwischen 2001 und 2007 insgesamt knapp 115 000 deutsche Staatsbürger aus dem Ausland zurück nach Baden-Württemberg. Die Differenz macht einen »Verlust« von rund 37 000 aus dem Ländle, die im Ausland blieben. Das entspricht etwa einem Reisebus pro Tag. Da kann dann von einer fluchtartigen Auswanderung aus Baden-Württemberg nicht gesprochen werden.

Zwischen Baden-Württemberg und anderen Staaten besteht eher ein Wanderungsaustausch. Die einen gehen, andere kommen. Aber unerklärlicherweise haben doch manche vom Musterländle die Nase voll und versuchen es woanders. Ob das Badener oder Schwaben sind? Sicherlich auch, aber vielleicht sind auch Reingeschmeckte aus den Nordländern oder den gar nicht mehr so neuen ostdeutschen Bundesländern darunter, die Baden-Württemberg als Sprungbrett in die große weite Welt benutzen, zum Beispiel nach England.

Das geht gut, bis die Auswanderer in der Ferne und vor dem Hintergrund ihrer neuen Erfahrungen die Vorzüge eines ordentlichen, wohlhabenden, kehrwochensauberen, landschaftlich lieblichen, kulinarisch vielseitigen, menschenknurrigen, mentalitätsschwierigen, eigensinnigen und politisch beständig langweiligen Landes schätzen lernen und gerne wieder nach Baden-Württemberg heimkehren.

In den letzten Jahren sind jedoch über 20 000 Badener und Schwaben in der Schweiz geblieben. Wenig verwunderlich ist, dass die meisten aus grenznahen Gebieten in die Schweiz auswandern, damit sie zum Beispiel am Wochenende ihre schmutzige Wäsche zur Mutter nach Hause bringen können. Die meisten baden-württembergischen Auswanderer bleiben also in der ebenfalls ordentlichen, vergleichbar wohlhabenden, sauberen, landschaftlich lieblichen, kulinarisch vielseitigen und politisch ebenfalls langweiligen Schweiz. Dort ist es halt in vieler Hinsicht wie in Baden-Württemberg, bis vielleicht auf die Form der Schokoladetafeln, die sind in Baden-Württemberg meistens quadratisch und praktischer.

Eine Frau lässt man mal im Stich – ein Gütle Lebtag nicht

Vermutlich – oder ziemlich sicher – haben diejenigen aus Baden-Württemberg, die sich unter die Millionen von Menschen einreihen, die auf dieser Welt in Bewegung sind und eine neue Bleibe anstreben, weder einen Bauernhof noch Weinberg, Gütle oder Äckerle. Denn das lässt man nicht im Stich. Der Südwesten Deutschlands ist traditionell landwirtschaftlich geprägt. So waren es auch Missernten, die im 18./19. Jahrhundert die Menschen zur Auswanderung brachten. Die wenigsten waren Glücksritter oder politisch Verfolgte, die meisten schlicht und einfach Hungernde.

Selbst die Anfänge des Cannstatter Volksfests, heute nach dem Münchner Oktoberfest das größte Volksfest der Welt, verweisen eigentlich auf Notzeiten, die zu Beginn des 19. Jahrhunderts das junge Königreich Württemberg belasteten. Mit voller Wucht traf 1816 ein Ernteausfall das nach den napoleonischen Kriegen schwer geschädigte Land. Der indonesische Vulkan Tambora hatte mit einem mächtigen Ausbruch für ein Jahr ohne Sommer in Nordamerika und Europa gesorgt; verheerende Unwetter zerstörten vollends die ohnehin kümmerliche Ernte. Die darauffolgende

Hungersnot war von schlimmen Ausmaßen, auf welche das Land kaum reagieren konnte.

König Wilhelm I. versuchte mit der Gründung der »Centralstelle des landwirthschaftlichen Vereins« 1817 der Not zu begegnen. Diese Einrichtung diente der Agrarforschung, der Fortbildung der Landwirte, vor allem aber einer guten Ausbildung und bildete das Fundament der Universität Hohenheim, die noch heute ihren Schwerpunkt im landwirtschaftlichen Bereich hat. Um die depressive Stimmung zu verbessern und die Landwirtschaft im Königreich Württemberg wieder anzukurbeln, stiftete das Königspaar »zur Aufmunterung der verzweifelten Landwirte« das Landwirtschaftliche Hauptfest. Eine Treckerdemo war damals nicht notwendig, der König selber sorgte sich um seine Bauern und die Stimmung im Land.

Im darauffolgenden Jahr, am 28. September 1818, einen Tag nach des Königs 36. Geburtstag, fand der Vorläufer des heutigen Cannstatter Volksfestes zum ersten Mal statt. Auf dem Cannstatter Wasen – damals eine als militärisches Übungsgelände genutzte Neckaraue ohne umgebende Bebauung, zwischen Wiesen und Weinbergen – wurde ein eintägiges landwirtschaftliches Fest mit Pferderennen und Preisverleihungen für herausragende Leistungen in der Viehzucht zusammen mit einem allgemeinen Volksfest gefeiert. Man schätzt die Zahl der Teilnehmer und Besucher auf 30 000 – eine enorme Menge angesichts der beschränkten Reisemöglichkeiten im Land. Und Cannstatt lag damals weit, ganz weit außerhalb von Stuttgart. Zustände, die sich viele traditionell gesinnte Bad Cannstatter heute wieder herwünschen würden. Damals ging es nicht ums Gleisversenken und Tunnelbohren unter der ganzen Stadt, sondern um gute Stimmung und Rindviecher. Wie heutzutage auch.

König Wilhelm I. eröffnete feierlich das landwirtschaftliche Fest und die Leistungsschau von Bauern und Viehzüchtern. Von seinen Zeitgenossen wurde er auch »König unter den Landwirten und Landwirt unter den Königen« genannt. Die Bezeichnung »Bauer« passte nicht, sonst wäre er als »Königsbauer« in die Geschichte eingegangen. Aber es ging eben nicht um »Schach«, sondern um »das Sach.«

100

Wer »sei Sach« schafft, ist übrigens kein Sachbearbeiter, sondern Schwabe. Das »Sach« umreißt im Schwäbischen geradezu einen kleinen Kosmos. Es umfasst nicht nur das Hab und Gut, sondern auch dessen Bewirtschaftung. »Sei Sach schaffen« bedeutet weit mehr als nur seine Arbeit erledigen. Es schwingt darin der Sinn des Lebens mit, der im Schaffen, also Arbeiten, gefunden wird, solange es sich um das eigene Sach handelt, auch um den eigenen Haushalt, Garten, Weinberg oder Bauernhof. Wie schwer es damals war, sei Sach zu verlassen, kann sich jeder vorstellen.

Sei Sach wurde auch in den Zielländern weitergeschafft. So wurden in Rumänien die sauberen Dörfer der Donauschwaben, in Brasilien die deutschen Siedlungen mit Fachwerkhäusern und Kirchen im badischen Stil oder in den Vereinigten Staaten die sauberen Gehwege in den schwäbischen Vierteln der Weltstädte bekannt. Die Bronx in New York kann jedenfalls kein schwäbisches Viertel sein.

Unter den seit Generationen im Land Verwurzelten gibt es in Baden-Württemberg kaum jemanden, der nicht von einer Bauernfamilie abstammt. Deshalb hatte auch die Erfindung des Cannstatter Volksfests einen so großen Erfolg. Und bis heute kann man es sich ohne Erntedank in Form der rund 26 Meter hohen Fruchtsäule nicht vorstellen. Abgesehen davon, dass die Fruchtsäule bis heute *der* Treffpunkt auf dem Volksfest ist. Vor allem für Paare. Sie ist aber auch ein prima Sinnbild mit ihrer männlichen Säulen- und der weiblichen Fruchtsymbolik. Da kommen zwei wesentliche Elemente zusammen und verbinden sich wie Girlanden, die den schlanken Schaft umspielen.

Selbst wenn ein Badener oder Schwabe in der Stadt wohnt, ist vielleicht einer seiner Vorfahren vom armen Land als Hilfsarbeiter oder Tagelöhner in die Stadt gekommen oder hat sich als Dienstmädchen verdingt. Oft trug die kleine Landwirtschaft den Lebensunterhalt nicht mehr, weil es in den meisten Gegenden üblich war, dass das Erbe aufgeteilt wird. Ausnahmen gab es unter anderem im ohnehin kargen Schwarzwald; sie sind heute sogar gesetzlich festgeschrieben.

Kinderreiche Familien waren auf dem Land die Regel. Die optisch muntere Kleinteiligkeit der Flurflächen kann auch von Sorgen erzählen. Wer wenig erbt, muss auf seinen Teil achten. Er muss sei Sach, damals oft mit bescheidenen Mitteln, pflegen, zusammen- und instand halten.

Kommt von daher die schwäbische Tüfteligkeit? Das Erfinderische? Das Bauernschlaue? Das Genaue? Das Arbeitsame? Das Sparsame? Viele sehen in der ständigen Teilung von Hab und Gut beim Erbgang ein Motiv für das, was heute als typisch schwäbisch gilt.

Das Bäuerliche, in manchen Gegenden das Obst- und Weingärtnerische, prägt Denken, Fühlen und Verhalten der Menschen in Baden-Württemberg bis in die heutige Zeit. Es macht einen großen Teil der Mentalität der Badener und Schwaben aus – besser gesagt: den Teil der Mentalität, an dem andere sich wundreiben können.

Ganz sicher kann man Baden-Württemberg nicht als reines Agrarland bezeichnen, da stehen schon die Autoindustrie mit ihren vielen Zuliefererbetrieben, die Hafenstädte Karlsruhe und Mannheim oder der Mittlere Neckarraum mit Stuttgart als Zentrum von Produktion, Handel und Dienstleistungen davor. Und doch weist Baden-Württemberg nach dem flächenmäßig größeren Bayern die zweithöchste Anzahl an landwirtschaftlichen Betrieben in Deutschland auf. Ungefähr 50 000 Bauernhöfe gibt's in Baden-Württemberg; rund 90 Prozent davon werden als Familienbetrieb geführt, etwa 60 Prozent der Betriebe werden in der Kombination von landwirtschaftlichem und außerbetrieblichem Einkommen bewirtschaftet. Keine 20 000 Betriebe wirtschaften also haupterwerblich in Landwirtschaft, Weinbau, Obstanbau, Gartenbau, Futteranbau, Milchwirtschaft oder Vieh- und Tierhaltung. Je nach Landstrich dominiert davon die eine oder die andere Produktionsausrichtung. Das hängt mit Faktoren wie Geografie oder Klima zusammen. Auf der rauen Alb geht es halt klimatisch anders zu und ist's »an Kittel kälter« als am Kaiserstuhl, in Schwetzingen anders als am Feldberg.

Es zeigt sich aber auch, dass auf Grund des agrarstrukturellen Wandels im Südwesten immer mehr Betriebe ihre landwirtschaftliche Produktion aufgeben. Weil es sich nicht mehr lohnt, weil neue europäische Maßnahmen in irgendwelchen Ämtern in Brüssel ergriffen werden oder weil schwäbische Hausfrauen an rotbackigen Äpfeln vom Bodensee sparen und dafür lieber eine sauteure Flugpapaya aus Südamerika auf-schneiden. Der Anteil von Land- und Forstwirtschaft einschließlich Weinbau und Fischerei an der gesamten Bruttowertschöpfung beträgt in Baden-Württemberg gerade mal 7 Promille.

Es wird heute nicht wesentlich weniger in Baden-Württemberg angebaut als früher, sondern in einer kleineren Zahl größerer Betriebe. Ein im Haupterwerb betriebener Bauernhof verfügt in Baden-Württemberg mittlerweile über durchschnittlich 44 Hektar landwirtschaftliche Fläche, der Nebenerwerbslandwirt treibt 12 Hektar um. Allerdings: In Mecklenburg-Vorpommern sind's im Haupterwerb durchschnittlich 242, im Nebenerwerb 217 (!) Hektar – sicher eine Nachwirkung der LPGs, der Landwirtschaftlichen Produktionsgenossenschaften, die seinerzeit in der DDR allüberall bestanden haben.

Und was machen die Nebenerwerbslandwirte, wenn sie nicht säen und mähen, misten und Kisten stapeln? Ganz einfach, da geht der Bauer halbtags in die Fabrik oder in einen Handwerksbetrieb. Nach Feierabend und am Wochenende arbeitet er dann auf dem Feld, im Wengert, schort im Garten, jätet die Beete, senst die Wiese, schneidet die Bäume, schüttelt Zwetschgen, füttert die Hennen, mästet das Schweinchen oder melkt sein Rindvieh, oder wenn er dieses nicht hat, wenigstens seine Ziege beziehungsweise Geiß, die Kuh des kleinen Mannes.

Oder er stellt auf Bio-Bauer um. Ökologischer Landbau ist für kleinere Betriebe in Baden-Württemberg eine der wenigen verbliebenen Abwehrmöglichkeiten gegen die Angriffe aus der EU oder durch die Globalisierung, vor allem, wenn die Spezialisierung auf Sonderkulturen wie Rebland, Obstflächen, Tabak oder Spitzkraut von den Fildern dazukommt. Manche bauen ja heute im warmen Badischen auch Soja an oder traditionell das gesunde und vielseitig verwendbare Topinambur, zum Beispiel in Oppenau.

Die Anzahl der Grundstücke, auf denen zum Eigenbedarf landwirtschaftliche Güter erzeugt werden, ist praktisch nicht erfassbar. Gärtle, Gütle, Obstbaumstückle und eigene Wengert sind eine schwäbisch-alemannische Tradition, weil die erbliche Aufsplittung der landwirtschaftlichen Flächen eine Kleinteiligkeit hervorbrachte, die sich weder zur gänzlichen Eigenernährung noch für gewerbliche Zwecke eignet.

Dafür gilt umso mehr: Man lebt, um sei Sach zum schaffen. Oder man stirbt dabei, wie im Juli 2010 der feinsinnige Tübinger Universitätsmusikdirektor Tobias Hiller, der mehrere Chöre und Orchester leitete, auch als Komponist reüssierte und den Tourneen und Gastdozenturen mehrfach um die Welt führten. Auf dem Familiengütle in Überlingen – sein Großvater Karl Schiess war der letzte Landrat des Kreises Überlingen und nach der Kreisreform baden-württembergischer Innenminister – stürzte Hiller im Alter von 44 Jahren bei der Kirschenernte aus dem Baum auf einen Betonboden und zog sich dabei letale Verletzungen zu. Ein sehr schwäBadischer Tod.

Von Zauberstäben und Jauchepumpen

Es ist nicht verwunderlich, dass viele mittelständische Betriebe in Baden-Württemberg ihre Anfänge in der Entwicklung von Gerätschaften haben, die zur Erleichterung schwerer land- oder forstwirtschaftlicher Arbeit dienten oder diese rationalisierten. Hier waren die Tüftler gefragt!

Andere kümmerten sich um die Konservierung und Verarbeitung der Produkte. Aus Neuffen, Kreis Esslingen, kam ab 1954 der erste Stabmixer, der »ESGE Zauberstab«, benannt nach den Anfangsbuchstaben von Spingler und Gschwend, den Unternehmern. Von Öflingen aus, das heute zu Wehr (Kreis Waldshut) gehört, begann mit der Gründung der Firma J. Weck & Co. im Jahr 1900 das sterilisierende Weck-Einkochverfahren seinen Siegeszug um die Welt. Bauknecht in Schorndorf, später Stuttgart, produzierte Kühlschränke und wusste, was Frauen wünschen. Herbstreith & Fox, 1934 in Wolfzennen gegründet (heute Eriskirch, Bodenseekreis) und seit 1938 in Neuenbürg (Enzkreis) ansässig, ist Deutschlands größter Pektinhersteller mit weltweiten Vertriebsstrukturen. Pektin benötigt man als Geliermittel bei der Gsälzherstellung. Dafür braucht man auch Zucker. Die Südzucker AG, früher Waghäusel, jetzt Mannheim, ist der größte Zuckerproduzent Europas.

Gepökelt und und mit Tannenholz geräuchert werden Schwarzwälder Schinken und Schwarzwälder Speck.

Baden-Württemberg ist auch das Land der haltbar gemachten Fertigprodukte. Ich spreche jetzt nicht von Knorr und Maggi (das kommt später noch), sondern von Konservenfabriken wie Hengstenberg in Esslingen am Neckar, die mit Cornichons, Senf oder Sauerkraut für permanente Saure-Gurken-Zeit sorgen. Oder von Teigwarenfabriken wie Buck in Ennetach mit seinen Marken Bucki und Gaggli, Armbruster in Willstätt, Birkel in Waiblingen und Mannheim mit seinen Marken Birkel, Schüle, 3 Glocken und Möwe, Herrmann in Kirchheim unter Teck, Alb Gold in Trochtelfingen, Tress in Münsingen, Roßberg in Mössingen, Seitz in Spaichingen oder Bürger in Ditzingen und Crailsheim.

Getrocknet und gemahlen wurde Zichorie, die Wurzel der Wegwarte, früher als Kaffeezusatz. Einer der Weltmarktführer war Heinrich Franck, später Unifranck, mit 27 Fabriken in elf Staaten. Hauptsitz war Ludwigsburg. Heute gehört Unifranck zum Nestlé-Konzern und noch immer werden in Ludwigsburg »Caro Landkaffee«, »Kathreiner Kneipp Malzkaffee« oder »Linde's Kornkaffee« hergestellt.

Die aufkommende Lebensmittelindustrie benötigte natürlich auch Verpackungs- und Abfüllmaschinen. Bosch und Hunderte anderer Maschinenfabriken zwischen Main und Bodensee erfüllten jeden Wunsch. Schließlich spielt beim Portionieren und beim Verkauf von Agrarprodukten auch das Gewicht eine große Rolle. Wie gut, dass da um 1760 ein Schwabe die Neigungswaage erfand: Philipp Matthäus Hahn, damals Pfarrer in Onstmettingen, einem heute zu Albstadt gehörenden Dorf. Einer der größten deutschen Waagenhersteller, Bizerba, hat seinen Sitz nur ein paar Kilometer entfernt in Balingen. Der Firmenname leitet sich vom Gründer, Andreas Bizer, und den Anfangsbuchstaben von Balingen ab. Übrigens produziert Bizerba in Meßkirch (Baden) auch Fleischwölfe und Lebensmittel-Schneidemaschinen.

Wieder andere bauten Uhren. Im Schwarzwald Kuckucksuhren, woanders Standuhren mit lautem Schlag, Armbanduhren oder scheppernde Wecker, damit der Bauer nicht verschlief, falls der Gockel verpennt hatte.

Letztendlich landeten viele Bauern in diesen Manufakturen, wenn ihr Anteil am Hof zu klein war oder schlicht und einfach die Nöte einer vielköpfigen Bauernfamilie sie dazu zwangen. Oder ihre Söhne.

Oft umarmten sich landwirtschaftliche Notwendigkeiten mit schwäBadisch-erfinderischen Tugenden. Als ein Beispiel von vielen sei die Firma Franz Eisele u. Söhne aus Laiz bei Sigmaringen erwähnt. Vom Tüftler Franz Eisele, Sohn eines Sägers, der auch eine Landwirtschaft betrieb, 1887 gegründet, wurde nach Erwerb einer Lizenz die Fabrikation von Jauchepumpen und Jauchehähnen begonnen. Es folgten Reichspatente für Jauchepumpen. Die waren auf einem Art Schubkarren montiert und wurden im Dorf zur Miste oder Jauchegrube geschoben. Neuartige Pumpen wurden entwickelt. Das Fabrikle wuchs. Nach dem Zweiten Weltkrieg wurde weitergemacht. Es kam die Produktion von Fasswagen dazu, in welchen die Jauche transportiert wurde. Man sagt in manchen Gegenden auch »Lache fahren« oder »das Feld lachen«.

Silos wurden entwickelt, Pumpen verbessert, Tauchmotorrührwerke konstruiert, die Palette erweitert, Forschung betrieben, Patente angemeldet. Vor wenigen Jahren wurde dann in Ungarn, von Franz Eisele u. Söhne technisch geplant, die vermutlich größte Biogasanlage der Welt in Betrieb genommen. Gülle und Jauche von 2700 Milchkühen, Hähnchenmist eines Geflügelhofes und Schlachtabfälle landen in Silos, werden fachmännisch verrührt und in umweltverträglichen Bioabfall verwandelt. Das Abfallprodukt der Prozedur ist Biogas, das wiederum in 5000 Megawattstunden Strom und rund 8700 Megawattstunden Wärme pro Jahr umgewandelt wird. Der Strom wird ins öffentliche Netz eingespeist und bringt dem Betreiber ordentlich Kohle zurück.

Mit Sch... Geld machen, könnte man fälschlicherweise sagen, denn den Erfolg bringen nicht die Exkremente, sondern die ausgefuchsten Maschinen und Pumpen, geboren aus dem natürlichen Tüftlerdrang eines Schwaben vom Lande. Der Technikfreak

Franz Eisele pflegte übrigens, bescheiden wie er war, nicht mit dem Auto, sondern mit dem Fahrrad über Land zu seinen Kunden zu fahren.

Zum Teufel und von anderen Politikern

Zu den Stillen im Lande, obwohl als Ministerpräsident lange in vorderster Linie in der Öffentlichkeit, zählt Erwin Teufel. Mit vier Kabinetten bildete er in 14 Jahren die Landesregierung von Baden-Württemberg. Seine Amtszeit ging von 1991 bis 2005. Er wurde in Spaichingen im zarten Alter von 25 Jahren zum jüngsten Bürgermeister Deutschlands gewählt, er war Mitglied des Landtags von 1972 bis 2006, er hatte mehrere Funktionen in der CDU und Verwaltung inne, war Staatssekretär und vieles mehr.

Nicht allein deshalb wurde er im Ländle als Landesvater wahrgenommen. Die Leute mochten ihn, weil er ein christlich geprägter, bodenständiger, arbeitsamer und redlicher Bauernsohn aus Zimmern ob Rottweil war. Nicht, weil er sich ungehobelt benahm, wie man es gemeinhin und vorurteilsmäßig Bauern unterstellt, im Gegenteil, nein, sondern weil er den Draht zu den Menschen fand. Er verstand seine Landsleute, von denen die meisten den Geruch des Stalles und frisch gepflügter Erde kannten, wenn nicht aus ihrem Alltag, so doch von ihrer Kindheit oder nach Feierabend als Nebenerwerbsbauer.

Ich sagte ihm einmal von der Bühne herunter ins Gesicht hinein, wenn die Reinkarnationstheorie stimme, sei er in seinem letzten Leben bestimmt ein Kamillenteebeutel gewesen. Er hat herzlich gelacht und damit bewiesen: Selbst in Sachen Humor ließ er sich großzügig unterschätzen. Sein Nachfolger als CDU-Fraktionsvorsitzender im Landtag und dann als Ministerpräsident, Günther Oettinger, ist der Sohn eines Wirtschaftsprüfers und Steuerberaters und ohne Zweifel ein erfolgreicher Politiker. 1982 kandidierte er erfolglos um das Amt des Oberbürgermeisters in Ditzingen, wo er aufwuchs, obwohl er damals ein paar Jahre älter war als Erwin Teufel seinerzeit in Spaichingen. Fehlte ihm das Bodenständige? Das Bäuerliche?

Beide konnten meinem Kabarett von Amts wegen nicht ausweichen; sie waren und sind immer wieder Gäste bei Galas, an denen ich auftrete. Bei Erwin Teufel hatte ich immer den Eindruck, er schaut mich fröhlich an und denkt dabei: »Hano, so was sagt mor doch net!« Günther Oettinger wiederum wirkte meist sehr konzentriert, prüfte das Gesagte blitzschnell, um es einordnen zu können, analysierte den Witz und wenn Bauch und Gehirn ihr okay gaben, konnte er sehr saftig auch über sich selbst lachen. Seine Augen sagten immer: »Warte nur, Sonntag, ich krieg' dich noch!«

Oettinger hat selbst in Ansprachen schon einige gute Witze – auch über mich – gemacht und ich pflegte zu sagen: »Herr Oettinger, falls das mal gar nichts mehr ist mit der Politik, bei mir können Sie jederzeit im Vorprogramm auftreten!«

Viele Großindustrielle haben Oettingers Freude am Kabarett und an der Comedy wahrgenommen und luden zur Ansprache des damaligen Ministerpräsidenten gerne auch noch ein paar kabarettistische Worte ein. Meine Haltung dazu war: Solange er das aushält, soll es an mir nicht liegen. Kritisch wäre die Sache erst geworden, wenn ich ein Referat über mein schwieriges Verhältnis zu Angela Merkel hätte halten sollen und Oettinger für das halbstündige, kabarettistische Rahmenprogramm angefragt worden wäre. Mittlerweile hat er sich nach Brüssel abgesetzt, wie man weiß, und spricht dort wahrscheinlich einfach schwäbisch weiter, damit die Zuhörer es für Flämisch halten. Und genauso wenig verstehen. Dass er die englische Sprache dabei unterlassen sollte, hat er selbst mehr als eindrücklich unter Beweis gestellt. Zu seinem Nachfolger, Stefan Mappus, kann ich noch wenig sagen, weil er noch relativ frisch im Amt ist.

Was jedoch Erwin Teufel und Günther Oettinger verbindet, sind neben der Mitgliedschaft in der CDU ihre enormen rhetorischen Fähigkeiten, alle Zuhörer in einen entspannten, meditativen Dämmerschlaf zu versetzen.

Das passt dann wieder zu einem Land, in dem es als eine der höchsten Lebensqualitäten zählt, wenn man seine Ruhe hat.

Verkauft wird nix!

Grund- und anderer Besitz

Einen Schritt in Richtung Zivilisation bedeutete auch in der schwäbisch-alemannischen Stammesgesellschaft die Niederschrift von Gesetzen. Aus der Luft stammten dabei die Regeln zum gemeinschaftlichen Zusammenleben nicht. Sie wurden innerhalb des Stammesverbundes schon lange vorher nicht nur wörtlich weitergegeben, sondern man verhielt sich und urteilte auch nach ihnen.

Ein Großteil der Gesetze betrifft die Ahndung von Körperverletzungen. Es scheint, sie zählten seit jeher zu den gängigen Kommunikationsformen. So beginnt eine der Gesetzessammlungen: »§ 1. Wenn einer dem andern das Haupt bricht, so dass das Gehirn erscheint, zahle er 12 Schillinge.«

Eine Meinungsverschiedenheit, die zu einem offenen Schädelbruch führte, kostet also 12 Schillinge. Weiter geht es dann mit der Preisliste für viele andere Körperteile. Ein beschädigtes Auge kostete 20 Schillinge, wenn das Auge nach außen heraustrat, sogar 40. Fast schon amerikanisch, was die Alamannen damals ausgeheckt haben.

Eine Niederschrift von Gesetzen bedeutet einen besonderen Entwicklungsschritt. Allein die Voraussetzung, dass Schrift zur Verfügung stehen muss, belegt ein hohes Gesellschaftsniveau. Das war auch bei den Schwaben beziehungsweise Alamannen so. Die Niederschrift ihrer Stammesregeln war im Grunde der Beginn der baden-württembergischen Gesetzgebung.

Allerdings entsprechen die damaligen Preise für vorsätzlich herbeigeführte offene Kopfverletzungen, bei denen man das Gehirn sehen kann, nicht mehr den heutigen Vorstellungen. Mit einer Geldbuße ist es auch nicht mehr getan, heute kann man in solchen Fällen über die Anatomie des Menschen in einer Gefängniszelle längere Zeit nachdenken.

Gewissermaßen schnitten die Schwaben damals ihre Schwabenknoten-Frisur vom Kopf und gaben das Faustrecht auf. Denn jetzt stand »es« geschrieben. Lesen und verstehen konnten die Gesetzestexte allerdings nur die Richter, das einfache Volk war da im Nachteil, wie heute immer noch. So entstand im Übrigen der Beruf des Rechtsanwalts.

Denn die mündlich überlieferten Gesetze wurden zwischen dem 7. und dem 8. Jahrhundert zwar niedergeschrieben – aber auf lateinisch. Entstanden sind so die Gesetzeswerke Pactus Alamannorum und Lex Alamannorum, die einen guten Einblick in die Rechtsauffassungen, in Wirtschaft, Gesellschaft, Alltagsleben und Kultur des Frühmittelalters im alamannisch-schwäbischen Siedlungsraum geben.

Wer hat Schuld an der Realteilung? Die spinnen, die Römer!

Kennzeichnend ist, dass in ehemals römisch besetzten Gebieten teilweise auch der Einfluss römischer Rechtsauffassungen zu finden ist. Dies war mal stärker und mal schwächer der Fall und erklärt, warum es in Deutschland unterschiedliche Regelungen zur Erbteilung gibt, vor allem bei landwirtschaftlichem Eigentum.

Es wird unterschieden in das germanisch orientierte Anerbentum, bei welchem der Erstgeborene den Hof erbt, und in die römisch ausgerichtete Realteilung, wobei der landwirtschaftliche Besitz an mehrere Erben aufgeteilt wird.

In einigen Landstrichen, so wie auch in Teilen im Südwesten, wurde beides praktiziert, je nachdem, wie stark sich der römische Einfluss durchsetzen konnte.

So überwog in Altwürttemberg die Realteilung, in den badischen Landesteilen eher das Anerbentum. Die Kurpfalz und das Herzogtum Württemberg sind die klassischen Realteilungsgebiete, in denen immer alles an alle Söhne gleichmäßig aufgeteilt wurde, was man sich hier wegen der größeren Ertragskraft der Böden auch eher leisten konnte. In manchen Gegenden wurde sogar an alle Kinder aufgeteilt. In anderen Gebieten – wie zum Beispiel Hohenlohe, Schwarzwald, Oberschwaben – galt das Anerbenrecht.

Dieses wurde, wie alle Gesetze, im Laufe der Zeit den Erfordernissen angepasst. So gibt es zum Beispiel das Badische Hofgütergesetz oder das Württembergische Anerbengesetz, in denen die Vererbung von Höfen geregelt wird. Im Kern ging beim Anerbenrecht der im Familienbesitz befindliche Bauernhof einer bestimmten Größe ungeteilt an den ältesten männlichen Erben über. Weitere Erben mussten entschädigt werden. Der Hof und der Grundbesitz blieben jedoch als Ganzes erhalten. Diese ebenfalls viel in Norddeutschland angewandte Regelung führte dazu, dass in norddeutschen Ländern die Landwirtschaft über Jahrhunderte hinweg produktiver ablief als in Süddeutschland, andererseits viele zweit- oder drittgeborene Bauernsöhne als Knechte arbeiteten oder auswanderten. Man kann sich vorstellen, was diese Methode mit der Harmonie zwischen und dem Verständnis unter Brüdern anstellte. Klar, dass so mancher Knecht da irgendwann dazu verurteilt wurde, die 12 Schillinge zu bezahlen!

In Süddeutschland, wo sowohl Anerbentum als auch Realteilung zu finden waren, gab es dagegen das Bild des wohlhabenden Anerbenbauers und des verarmten Realteilungsbauern. Der eine dick und rund, der andere dünn und bettelarm.

Die sozialen Folgen der Realteilung waren beträchtlich und haben viele Spuren in Baden-Württemberg hinterlassen. Dabei ist nicht nur die putzige Kleinteiligkeit von Wiesen, Äckern und Weinbergen gemeint, die oft durch aufwändige Flurbereinigungen wieder zu wirtschaftlich sinnvollen Einheiten umgestaltet werden mussten, sondern auch Hunger, Not und Auswanderungen im 19. Jahrhundert.

Durch Realteilung tritt einerseits eine enorme Besitzsplitterung ein, andererseits förderte sie auch eine gewisse Gleichheit, weil – zumindest in manchen Gegenden – Frauen und Männer gleichrangig erbberechtigt waren. Dass Frauen erben durften, ging auf römisches Recht zurück, im Gegensatz zu der Erb-Auffassung der Väter-Söhne-Germanen.

Gleichzeitig sicherte das Erbe einen Mindestunterhalt, denn man erhielt neben einem Stück Acker auch einen Anteil am elterlichen Haus. Allerdings waren dies oft nur einzelne Zimmer, in denen sich dann ganze Familien zusammendrängten. Übergaben die Eltern den Hof schon vor ihrem Tod, dann zogen sie ins Ausgedinghaus.

Was Realteilung macht, habe ich an einem Freund erlebt, dem mit seinen sechs Geschwistern überraschend der Vater weggestorben war und der sich plötzlich im Alter von 24 als Familienoberhaupt wiederfand. Als dann noch sein kleiner Bruder wenig später beim Zündeln das Haus abfackelte, wurde nicht lange gefackelt und er erbte – entgegen der üblichen Realteilung – mehr oder weniger allein die Weinbauflächen und das Elternhaus. Im zartesten Alter musste er plötzlich einen großen Betrieb und viel Besitz verwalten. Für den Wiederaufbau des Hauses musste er einen hohen Kredit aufnehmen.

Um ihm zu helfen, schlug ich ihm vor, die oberste Etage seines Hauses zu übernehmen und sie auf eigene Kosten auszubauen. So erschrockene Augen wie seine habe ich seither nicht mehr gesehen. Er konnte nur noch dreimal heftig atmen und dann stammeln: »Ha noi! Verkauft wird nix!«

Erst später begriff ich, warum: Im Erbvertrag hatten seine Geschwister nur unter der Bedingung auf die Realteilung verzichtet, dass er den Betrieb weiterführt und zehn Jahre lang nichts vom Erbe verkauft. Diese Frist ist längst vorbei, ich muss ihn mal anrufen, womöglich hat er inzwischen nichts mehr gegen eine freundliche Übernahme durch einen befreundeten Investor einzuwenden.

Allein Bauer zu sein ernährte oft nicht mehr die Familie. Die Realteilung brachte handwerklich begabte und geübte Nebenerwerbsbauern hervor. Im Hauptberuf waren sie Küfer, Drahtzieher, Drechsler oder Nagelschmied; während der Industrialisierung griffen die Manufakturen gern auf sie zurück, und auch später hatten die Fabrikanten im Schwabenland eine breite Schicht von erfahrenen Kleinhandwerkern zur Verfügung. Dies ist noch heute so, weil kaum einer in Baden-Württemberg nach Feierabend seine Hände in den Schoß legt. Jeder werkelt noch ein bisschen herum. Die handwerkliche Begabung der Schwaben hat hier ihren Grund.

Allerdings war es im 19. Jahrhundert den schwäbischen Arbeitern in der entsprechenden Jahreszeit eher wichtig, ihre Feldarbeit zu erledigen, als in die Fabrik zu gehen. Das eigene »Sach« hatte Vorrang. Eine verlorene Ernte brachte Not über die Familie.

Es wird vermutet, dass die schwäbische Eigenart, auf das »Sach« aufzupassen und es in Ordnung zu halten, in der Anwendung der Realteilung beim Erbrecht seine Wurzeln hat. Auch die hohe Wertschätzung von Fleiß und Arbeitskraft, die »Schaffigkeit«, hängt wohl damit zusammen – es ging ums Überleben.

Gleichzeitig fand auch eine gewisse Entsolidarisierung statt. Auch diese Folgen spüren wir noch heute – wenn es »ganz genau« zwischen Nachbarn oder Verwandten zugeht. Es kann zwischen Familien ein generationenübergreifender Zwist entstehen, nur weil vielleicht vor langer Zeit bei einem gemeinsam genutzten Weg das Kind einer Familie das Gartentürle offenstehen ließ und deshalb der Zuchtgockel des Nachbarn überfahren wurde.

In den Notzeiten des 19. Jahrhunderts, oft hervorgerufen durch Missernten, wirkten sich die durch Realteilung verkleinerten Güter verstärkt auf die Not der Leute und somit auch auf die Auswanderungszahlen aus Württemberg und Baden aus. Mit »Handtuchäckerle« kam man im Leben nicht mehr weiter. Da lockten exotische Länder, die aus der Ferne im Vergleich mit den wirtschaftlichen Bedingungen hierzuland wie das Paradies erschienen.

Aber auch im Anerbentum gab es Auswanderer, denn im Grunde waren diejenigen, die nicht die erstgeborenen Söhne waren, mehr oder weniger besitzlos.

Die Realteilung führte auch bei Adel und Herrschaft zur Kleinteiligkeit. Noch im 18. Jahrhundert war Südwestdeutschland aufgeteilt in nahezu unzählige Kleinstaaten, die von regionalen Herren oder fremden Herrschaften regiert wurden. Den territorialen Flickenteppich schneiderte Napoleon I. mit seiner »napoleonischen Flurbereinigung« in zwei große und zwei kleinere zusammenhängende Gebilde um, nämlich in das Großherzogtum Baden und in das Königreich Württemberg sowie in Hohenzollern-Hechingen und Hohenzollern-Sigmaringen. Gemäß dem »Reichsdeputations-hauptschluss« von 1803 und der Rheinbundakte von 1806 wurden kirchliche und klösterliche Besitztümer enteignet, kleinere Adelsherrschaften, Reichsgraf- und -ritterschaften aufgehoben, die Reichsstädte den benachbarten Fürstentümern zugeschlagen.

Dass dabei entlang den Grenzziehungen zwischen Baden und Württemberg und Württemberg und Bayern um Städte und andere Besitztümer heftig geschachert wurde, dürfte klar sein. Aber Napoleon sorgte für Übernahmen, die noch heute gelten.

Spitzenlage für aussterbendes Spitzkraut

Eine andere Form der Landwegnahme ist die Ausweisung von Äckern als Baugebiet. Für manche Bauern und ihre Familien war dies der wunderbare Beginn langjährigen Reichtums. Andere dagegen mussten unter Wert verkaufen, wie vor dem Bau der Neuen Messe auf den Fildern in Nachbarschaft zum Stuttgarter Flughafen beklagt wurde. Eine Bürgerinitiative, die Schutzgemeinschaft Filder e. V., die jahrelang um den Erhalt des fruchtbaren Filderbodens kämpfte, steht da völlig im Gegensatz zu den Investoren und der Landesregierung, die mit einem umstrittenen Landesmessegesetz für die rechtliche Grundlage sorgte. Im Gesetz enthalten ist auch ein »Enteignungsparagraph«. Doch nicht genug damit – die neue Verkehrsplanung sieht auch eine Erweiterung des Flughafens und den Bau einer ICE-Strecke vor. Auf den Fildern gärt seit Jahren nicht nur das Kraut in den Kesseln.

Den Äckern auf den Fildern scheinen gerade ihre vorzüglichen landwirtschaftlichen Eigenschaften zum Verhängnis zu werden: relativ flach auf einer Hochebene. Das passt eben auch ideal für Flughäfen, Messehallen, Autobahn und Zugverkehr. Und dann noch in Hauptstadtnähe! Damit die Welt zu uns kommt, sagt man lieber der einheimischen Landwirtschaft ade und schüttelt den Konzernen kräftig die Hand. Dem Spitzkraut von den Fildern geht es immer schlechter, das wird langsam aber sicher rundgemacht.

114

Aalglatte Heuschrecken, gierige Geier und arme Hunde

Auf andere Weise, die irgendwie nur Spezialisten verstehen, hat die globale Marktwirtschaft auch in Baden-Württemberg Einfluss genommen. Was in so einem wirtschaftsstarken, exportorientierten Land der Talente und Patente natürlich kein Wunder ist.

Schon vor einiger Zeit geriet beispielsweise aus diesem Grund die traditionelle Uhrenindustrie in Baden-Württemberg in eine existenzielle Krise. Damals konnten sich die hochwertigen Uhrwerke, die nicht nur ein Leben, sondern noch viel länger liefen, nicht gegen Billiguhren mit Kunststoffgehäuse aus Asien wehren. Uhren, einst Symbol für bürgerlichen Wohlstand, wurden zum Mode- und Wegwerfobjekt. Ähnlich heftige Strukturkrisen trafen beispielsweise die Textilindustrie, die Pelzwirtschaft, Gerberei und Lederwarenhersteller, die Schuhproduzenten und die Spielwarenindustrie.

In den letzten Jahren fand man zunehmend unterschiedliche namhafte baden-württembergische Firmen in der Presse, und dabei nicht immer nur im Wirtschaftsteil. Hinter den Namen standen nicht nur Arbeitsplätze, sondern auch so etwas wie baden-württembergische Identitäten.

Die »Heuschreckenplage« hatte auch Baden-Württemberg ergriffen. Der Begriff »Heuschrecke« für Übernahmefirmen wurde 2005 in die Diskussion eingeführt. Anlass soll das Schicksal der Firma Grohe AG gewesen sein. Die Grohe AG ging aus einem badischen Familienunternehmen hervor. Sie ist ein internationaler Hersteller von hochwertigen Sanitärarmaturen und in Deutschland vertreten in Düsseldorf und mit einem Werk in Lahr im Schwarzwald. 1998 verkaufte die Familie Grohe ihre AG für rund 900 Millionen Euro vollständig an eine Investorengruppe. Vorher und im Zuge dieser Transaktion waren diverse weitere Aktivitäten erfolgt, welche den Betrieb dazu brachten, letztendlich 71 Millionen Euro, fast drei Viertel des Betriebsergebnisses, für die Zinslast ihres eigenen Verkaufs aufzubringen. Wohlgemerkt: Was Produkte, Nachfrage und Eigenkapitalquote anbelangte, war die Firma Grohe bis zu ihrem Verkauf ein kerngesundes Unternehmen.

Plötzlich ging im Schwarzwald das Gespenst der Arbeitslosigkeit um. Grohe wurde zum Anlass und Synonym für die sogenannte Heuschreckendebatte in Deutschland. 2004 wurde Grohe für 1,5 Milliarden Euro an ein Investorenkonsortium weiterveräußert. Inzwischen wurde das Unternehmen neu strukturiert und wieder auf einen wirtschaftlichen Weg gebracht.

Zwei weitere Marken mussten Insolvenz anmelden, Marken, die uns Baden-Württemberger von Kind auf begleitet haben: Mama kaufte für uns Schiesser-Unterwäsche. Feinripp trugen wir auf der Haut, bevor wir überhaupt wussten, was dies ist. In Turbulenzen kam Schiesser, weil die Firma für andere Wäschemarken arbeitete. Schiesser selber hätte sonst wahrscheinlich keine Probleme bekommen.

Den anderen Namen, nämlich Märklin, nannten wir Kinder, wenn es um Spielzeug ging. Und nicht nur die Jungs, die sich nach Eisenbahnen, Dampfmaschinen oder Baukästen sehnten, sondern auch Mädchen, denen wunderbare Herde und Küchenutensilien zum Spielen angeboten wurden. Das ins Schlingern geratene schwäbische Unternehmen wurde 2006 von Finanzinvestoren übernommen. Personalwechsel im Management, branchenfremde Berater, die sich die Klinke in die Hand gaben und sich mit vergoldeten Händen wieder verabschiedeten, wurden zum Unternehmensstil.

Doch das Bild eines Patienten, der verarmt stirbt, weil alle Ärzte ihn nur beraten, aber keiner eine vernünftige Heilung veranlasst, stimmt nur bedingt. Es scheint eher so gewesen zu sein, dass der Patient ständig neue teure Ärzte mit neuen Therapie-Ideen gerufen hat, weil er nach kurzer Zeit jedes Mal der Behandlungsmethode misstraute. Die Symptome zeigten es ihm ja: Jede abgebrochene Phase verschlechterte den Zustand. Da kommt automatisch irgendwann der Ruf nach Wunderheilern. Doch im Februar 2009 musste die Insolvenz bekannt gegeben werden. Hoffnungsvoll wurde vom Insolvenzverwalter nach neuen Investoren gesucht, denn die Marke Märklin ist europäischer Branchenführer und läuft weltweit.

Eine ganz böse, feindliche Übernahme erlitten das Unternehmen und viele Liebhaber der Marke Märklin, als 2005 Diebe in das Firmenmuseum einbrachen und kostbare

Modelleisenbahnen mitnahmen, darunter unersetzliche Raritäten. Die Täter konnten in Wien dingfest gemacht, ein Teil der Beute konnte gerettet werden. Doch in welchem Zustand! Die Diebe aus einem osteuropäischen Land hatten die Preziosen einfach in Säcke geworfen. Keinerlei Sensibilität für eine alte Märklin-Lok! Noch heute bricht einem Märklinisten das Herz, wenn er nur daran denkt. Die Tränen kommen ihm, wenn er die verbeulten und zerkratzten Liebhaberstücke in den Ausstellungsvitrinen bei Märklin in Göppingen stehen sieht.

Große Schlagzeilen machte die weit und kompliziert verflochtene Merckle-Gruppe, die Namen wie HeidelbergCement und Ratiopharm aus Ulm in ihrem Organigramm führte, um nur zwei sehr bekannte Marken zu nennen. Die besten Leckerbissen der Gruppe übernahmen die Banken, nachdem der Firmeninhaber sich am Kapitalmarkt verspekuliert, eine Milliarde Euro verloren und tragisch den Freitod gewählt hatte.

Spekuliert hatte Adolf Merckle mit Optionen auf Volkswagen-Aktien zu einer Zeit, als Porsche VW übernahm – der David aus Zuffenhausen wollte den Goliath aus Wolfsburg mit der Geldschleuder besiegen. Im Oktober 2008 gab Porsche bekannt, über Wertpapiere und Optionsscheine Zugriff auf 73 Prozent der VW-Stammaktien zu haben. Dem Land Niedersachen gehören 20 Prozent – Anleger ergriff Panik, als sie feststellten, wie wenige Anteilscheine nur noch frei verfügbar waren. Der Kurs der VW-Aktie schoss von etwa 200 auf über 1000 Euro.

Im Januar 2009 hatte Porsche sein erstes Ziel erreicht: eine Mehrheit von über 50 Prozent an VW. Doch der Coup war mit Krediten teuer erkauft, und als infolge der Wirtschaftskrise der Sportwagen-Absatz einbrach, mussten die Autobauer aus Stuttgart-Zuffenhausen aufgeben. Das Land Katar übernahm Optionen auf 17 Prozent der VW-Aktien, und die Porsche Holding SE soll im Jahr 2011 mit VW verschmolzen, Porsche die zehnte Marke im VW-Konzern werden.

Zwischen Porsche und VW gab es schon immer enge Verbindungen. Ferdinand Piëch, die graue Eminenz in Wolfsburg, früher Vorstands-, heute Aufsichtsratsvorsitzender, ist ein Enkel von Ferdinand Porsche. Dieser hatte in den Dreißigerjahren an der Entwicklung des VW-Käfer großen Anteil. Umgekehrt lieferte VW später Komponenten an Porsche; der 914 hieß sogar »VW-Porsche«. In den Neunzigerjahren produzierte Porsche einen Audi-Sportwagen – Audi gehört zu VW –, und um die Jahrtausendwende entwickelte Porsche parallel die Geländewagen Porsche Cayenne und VW Touareg.

Mulmige Gefühle bekam ein jeder Baden-Württemberger – aus gekränktem Stolz vielleicht die Schwaben etwas mehr als die Badener, aus Sorge um Arbeitsplätze aber beide gleichermaßen –, als im Februar 2008 verkündet wurde, dass Scheichs aus Abu Dhabi »beim Daimler« mit dem Kauf einer beträchtlichen Anzahl Aktien eingestiegen waren. Die heimliche Angst einer verdeckten Islamisierung der schwäbischen Automarke keimte auf. Immerhin hatten jetzt neben Kuwait auch die Arabischen Emirate Stimmrechtsanteile. In den Hintergrund war im Bewusstsein der Bevölkerung getreten, dass die Daimler-Aktien sowieso noch weiter gestreut sind als nur im rebengrünen Stuttgart, wie man naiverweise meinen könnte, und in der baumlosen Sandwüste, wie man erfuhr.

Der Einstieg bescherte Daimler Einnahmen von rund 1,95 Milliarden Euro, die in kriseligen Zeiten und nach der teuren Trennung von Chrysler sicher willkommen waren, und den Ölstaaten Zugang zu Technologien, die der Autokonzern für die Zeit entwickelt, wenn das Öl zu Ende geht. Der Chef der Investmentgesellschaft Aabar, Khadem Al Qubaisi, erklärte, dass vorerst kein Sitz im Daimler Aufsichtsrat angestrebt sei. Wer's glaubt!

Ich kann mir gut vorstellen, dass der Daimler-Coup gedacht war, um auch in den Genuss der legendären »Abwrackprämie« des Jahres 2009 zu kommen, von der eigentlich nur Kleinwagenhersteller profitieren konnten. Jeder Privatbesitzer eines alten Pkw bekam vom Staat beim Kauf eines Neuwagens einen Zuschuss von 2500 Euro. So eine Chance lassen sich Schwaben nicht nehmen, bei uns wurde abgewrackt, bis der Schrottplatz wackelte, auch, wenn das alte Autos dreimal mehr wert war als die Prämie. Jedenfalls, nun konnte Daimler sagen: »Wir haben jetzt auch einen Golf. Wenn auch nur einen persischen.«

Die Kirche im Dorf lassen?
Dann aber gleich neben der Moschee!

Zu wem in Baden-Württemberg gebetet wird, wenn überhaupt

Falls die Türkei ein Vollmitglied der Europäischen Union werden wird, befürchten in Baden-Württemberg schon einige ein »Türkisches Schwabenland«. Die wenigsten werden wissen, dass es schon einmal eine »Schwäbische Türkei« gab.

Das ist ja auch schon eine Weile her. Nach der Zurückdrängung der Türken, die bis vor Wien kamen, nahmen die Habsburger im 17. und 18. Jahrhundert die Wiederbesiedlung des damals verwüsteten und nahezu entvölkerten Südungarn in Angriff. So hatten die türkischen Besetzer das Land hinterlassen. Es wurden vornehmlich Bauern und Handwerker aus den südwestlichen deutschen Reichsgebieten angesiedelt, die später als Donauschwaben bezeichnet wurden. Das Gebiet in Südungarn, rechts von der Donau, nannte man deswegen im Volksmund auch »Schwäbische Türkei« oder auf Ungarisch »Sváb Törökörszág«.

Buddhismus? Ja, geh hin, du!

Wenn heute in Baden-Württemberg eine Moschee gebaut wird, egal wie exotisch und mit wie hübschen Minaretten, fühlt der Schwabe wie der Badener eine Überfremdung, die ihm mit einem Döner in der Hand gar nicht in den Sinn käme. Mit einer Pizza schon gar nicht – da ist er mittlerweile sicher, dass er sie besser macht als ein Italiener. Was heute typisch ausländisch ist, wird möglicherweise morgen – ach was: schon heute Abend – zur inländischen Gewohnheit.

Wer denkt zum Beispiel beim Jeans-Tragen an eine amerikanische Überfremdung?

Landesdeckende Statistiken zu Religionszugehörigkeiten egal welcher Art gibt es so gut wie keine. Auch wenn die Zahl der thailändischen Restaurants zunimmt, weiß man zwar einiges über Kochrezepte für Woks, aber wenig über die Anzahl der Buddhisten im Land. Wie viele Baden-Württemberger den Weltreligionen Christentum, Islam, Buddhismus, Hinduismus und Judentum und dann noch den unterschiedlichen Richtungen angehören, liegt weitgehend im Dunkeln. Es gibt nur Schätzungen oder gefühlte Vorstellungen. Und das gilt auch für Kirchenein-, -über- und -austritte. Unbekannt ist auch, wie viele Heiden unter uns leben – konfessionslose Mitbürger, private Sinnsucher, Atheisten.

Buddhismus ist jetzt schon Mode, aber im Urwald von Afrika oder Südamerika gibt es sicher noch religiöse Geheimtipps zu entdecken. Die SchwaBadener sind in dieser Hinsicht aufgeschlossen. Sie sind einerseits bodenständig und auf der anderen Seite blitzneugierig auf neue Erfahrungen.

Wenn man einen Schwaben in seinem Garten dabei entdeckt, wie er versucht, Maikäfer in Zeitlupe abzuklatschen, macht er vielleicht nur Tai Chi oder Chi Gong.

Ein Mitgliederschwund in den baden-württembergischen Kirchen würde natürlich das Gefühl stärken, dass andere Religionen zunähmen. Eine Erhebung aus Stuttgart aus dem Jahre 2004 bietet die Möglichkeit zu einer Trendvermutung. Für eine allgemeingültige Betrachtung der großen christlichen Konfessionen für das ganze Land reichen die Daten aus der Landeshauptstadt allerdings nicht aus. Informativ sind sie dennoch. Einerseits kann von einer wachsenden moslemischen Gemeinde ausgegangen werden und andererseits haben sich im mittleren Neckarraum eine Vielzahl von Freikirchen, Sekten und sonstigen Vereinigungen von Glaubensrichtungen gebildet oder angesiedelt. Die Statistiker prognostizieren deshalb zumindest für die Landeshauptstadt, dass in zwei Jahrzehnten jeder zweite Einwohner keiner Religionsgemeinschaft mehr angehören oder sich zu einer der »sonstigen« bekennen wird.

Von Recht- und Wüstgläubigen

Von den 10,8 Millionen Baden-Württembergern sind rund 4,0 Millionen Katholiken in einer der beiden Diözesen und rund 3,6 Millionen Mitglied in einer der beiden Evangelischen Landeskirchen. Das ergibt in etwa 70 Prozent der Bevölkerung, die sich als evangelische und katholische Christen sich nicht nur zu ihrem Glauben, sondern auch zu ihrer Kirche bekennen. Denn es gibt auch christliche Kirchenflüchtlinge, die Kirchen nur noch aus historischem Interesse besuchen.

Da seit dem Augsburger Religionsfrieden von 1555 die Regel galt, dass der Landesherr in seinem territorialen Besitz den Glauben seiner Untertanen bestimmte, ist auch in Baden-Württemberg noch heute ablesbar, welchen Glauben ehemalige Landesherren hatten. So ist in weiten Teilen des ehemaligen Herzogtums Württemberg die Bevölkerung überwiegend evangelisch. In Baden sind, etwas verallgemeinernd, die Markgrafschaft Durlach und die Kurpfalz evangelisch, Baden-Baden ist katholisch, ebenso die ehemals vorderösterreichischen Gebiete im Breisgau, im Südschwarzwald und in der Ortenau. Oberschwaben, die neuwürttembergischen Gebiete in Ostwürttemberg, die Besitzungen des Deutschen Ordens sowie die »eingesprenkelten« bischöflichen und klösterlichen Gebiete sind ebenfalls mehrheitlich katholisch.

Es kommt in Baden-Württemberg des Öfteren vor, dass von Ort zu Ort eine andere christliche Kirche dominiert. Im Allgemeinen besteht dann zwischen den Orten nicht die allergrößte Freundschaft. Für die Katholiken sind die Protestanten »wüstgläubig«.

Eines steht auf jeden Fall fest und ich gebe es als Protestant neidlos zu: Die Stadtfeste in überwiegend katholischen Gemeinden gelten als lustiger. Auch die schwäbisch-alemannische Fastnacht ist in katholischen Ortschaften viel besser vertreten als in evangelischen Landstrichen. Tanzveranstaltungen in katholischen Gemeinden galten als Geheimtipp unter den Jungs von evangelischen Dörfern. Die katholischen Mädchen zierten sich zwar anfänglich etwas mehr als die evangelischen, aber dann mussten sie dem inneren, angestauten Druck nachgeben und Dampf ablassen. Mit katholischen Mädchen lief einfach ein bisschen mehr als mit den evangelischen. Immerhin hatten sie ja auch die Möglichkeit, am nächsten Sonntag alles wegzubeichten!

Im Zuge der zunehmenden Mobilität der Bevölkerung, auch hervorgerufen durch Arbeitsplatzsuche in Städten mit sich entwickelnder Industrialisierung, begannen sich festgefügte konfessionelle Verhältnisse zu verändern. Wie auch durch den Zweiten Weltkrieg und besonders durch die Zuwanderung von Heimatvertriebenen nach 1945, die mehrheitlich katholisch waren. Zu den katholischen und protestantischen Christen kommen christlich orientierte Gläubige, die sich in anderen Glaubensgemeinschaften oder Kirchen als in den beiden großen Konfessionen wiederfinden – Methodisten beispielsweise, Siebenten-Tags-Adventisten, Zeugen Jehovas oder Neuapostolische.

Andere sind aus Glaubens- oder politischen Gründen, manche als Kirchensteuerflüchtige aus der Kirche ausgetreten; Letztere glauben jetzt an ihren Steuerberater.

Die Römisch-Katholischen liegen landesweit mit rund 37 Prozent nur vier Prozentpunkte über den Evangelischen. Die beiden christlichen Großkirchen halten sich in Baden-Württemberg also nahezu die Waage. Eine Tatsache, die in Norddeutschland im Allgemeinen Erstaunen hervorruft. Da denkt man: Je weiter im Süden, desto katholischer. Aber dabei wird Baden-Württemberg entweder mit Bayern oder mit Italien verwechselt.

Werfen wir noch einmal einen Blick auf die Zahlen von Stuttgart. Im Laufe von drei Jahrzehnten sank bis 2004 in der Landeshauptstadt die Zahl der Evangelischen um 130 000, die der Katholiken um 53 000. Ein Beleg mehr, dass der Volksmund recht hat, wenn er meint, dass der katholische Glauben »besser und länger hebt wie jeder Bäpp«. Die Zahl der »Sonstigen« stieg in derselben Zeit um 132 000.

42 Prozent der Stuttgarter mit deutscher Staatsangehörigkeit sind heute weder evangelisch noch katholisch. Wobei diese Zahl leicht zu korrigieren wäre: Viele der jüngsten Stuttgarter gehören formal nicht den großen christlichen Kirchen an, weil es Mode geworden ist, die Kinder erst nach ein bis zwei Lebensjahren, oft erst nach dem

fünften Geburtstag taufen zu lassen – oder gar nicht. Dies mit dem Gedanken, dass sie ihre Taufe und ihren Beitritt zur Kirche als Erwachsene selbst entscheiden können. Keine Frage: Das »hätte es früher nicht gegeben!«

Allerdings ist auch nicht jeder Schwund ein Austritt. So zogen in der genannten Zeitspanne Kirchenmitglieder auch ganz einfach weg. Ein weiteres Kriterium bildet die so genannte Tauf- und Beerdigungsbilanz. Zum Beispiel verliert die evangelische Kirche Mitglieder allein dadurch, dass mehr sterben, als Kinder geboren werden. Es sieht so aus, als ob sich hier die unterschiedliche Auffassung zur Verhütung niederschlägt.

Und doch geht allen Bemühungen aus dem Vatikan zum Trotz der Trend auch bei jungen katholischen Familien in einer wohnraumknappen Großstadt bei unsicherem Arbeitsmarkt eben nicht zur Großfamilie. Egal, was die grauhaarigen Theoretiker der katholischen Kirche auch predigen.

Berücksichtigt man Taufverhalten, Wanderungsbewegung, Altersstruktur und Konfessionszugehörigkeit, sieht die Tendenz für das Jahr 2020 für die christlichen Religionsgemeinschaften in Baden-Württemberg eher mau aus. Der Anteil der Evangelischen an der Gesamtbevölkerung dürfte 2020 nur noch halb so hoch sein wie 50 Jahre zuvor; bei den Katholiken wird die Entwicklung wohl weniger dramatisch ausfallen.

Sichtbares Zeichen für eine christliche Gemeinde ist ihre Kirche. Möglichst mit weit sichtbarem Turm. Wenn es ein moderner Architekt war, dann vielleicht ohne Turm, aber bitte mit Uhr und Glockengeläut.

Als in Fellbach Anfang der Sechzigerjahre in einem neuen Siedlungsgebiet auch eine neue, ganz moderne Kirche gebaut wurde, erhielt sie den letzten Schrei, nämlich elektronische Glocken. Die hatten aber eine Frequenz, die in der Nachbarschaft die Türschlösser von Garagen aktivierte. Wenn die Glocken läuteten, gingen in der Umgebung die Garagentore hoch. Macht hoch die Tür, die Tor macht weit!

Eigenartigerweise liegen in den Kirchenbänken noch Gesangbücher aus, obwohl die Technik für Public Viewing schon längst erfunden ist. Christlicher Glaube hängt nun mal am Gewohnten. Dies liegt aber vielleicht in der Natur eines jeden Glaubens.

Schalom, ihr Einwanderer!

Die Israelitische Religionsgemeinschaft hat in Baden-Württemberg rund 8270 Mitglieder. Vor der NS-»Machtergreifung« waren es noch über 31 000! Während des NS-Regimes wurden die meisten Juden vertrieben oder in Konzentrationslagern ermordet.

Es gehört zu den Mysterien des Alltags, warum bei Rothaarigen, Zwillingen oder Anthroposophen niemand nach der Staatsangehörigkeit fragt, bei Juden aber sehr oft unterstellt wird, sie seien keine Deutschen. Die Nazis hatten die Juden zwar mit dem Reichsbürgergesetz von 1935 zu Staatsbürgern zweiter Klasse degradiert, aber grundsätzlich blieben Juden selbst in diesen drangvollen Zeiten Deutsche. Selbstverständlich war zum Beispiel Albert Einstein, der von einer alteingesessenen schwäbisch-jüdischen Familie abstammte, ein Deutscher – zumindest so lange, bis die Nazis den Nobelpreisträger, der seit 1901 zusätzlich einen Schweizer Pass hatte und sich ab 1933 in den USA aufhielt, im März 1934 »strafausbürgerten«.

Es ist also schlicht und einfach Quatsch, einen Gegensatz zwischen Deutschen und Juden zu konstruieren. Eine Jüdin oder ein Jude ist auch nicht automatisch israelischer Staatsbürger, so wenig wie ein Katholik automatisch die vatikanische Staatsangehörigkeit hat.

Viele Juden sind nach dem Fall des Eisernen Vorhangs aus den Nachfolgestaaten der Sowjetunion oder anderen östlichen Ländern eingewandert. Sie vergrößerten nicht unwesentlich die jüdische Glaubensgemeinschaft in Baden-Württemberg. Etliche dieser so genannten Kontingentflüchtlinge sind allerdings säkulare oder sogar atheistische Juden.

Die Entdeckung der jüdischen Kultur durch modern denkende Nichtjuden gipfelt gerne im Besuch eines Konzertes mit Klezmer-Musik, die eine Art veraltete Tanzmusik darstellt. In kaum einer CD-Sammlung des toleranten, gebildeten Jungbürgertums fehlt davon eine Scheibe.

Es gibt die Scherzfrage, was in Deutschland der Unterschied zwischen einer jüdischen und einer nichtjüdischen Familie ist? Antwort: In der nichtjüdischen Familie läuft Klezmer.

Synagogen jüdischer Glaubensgemeinschaften, die wie Kirchen zum Stadtbild gehörten, wurden bei den Novemberpogromen 1938 durch die Nazis nicht zum ersten Mal zerstört. Schon im Mittelalter hat man in Deutschland Juden verfolgt und ihre Gotteshäuser zerstört oder an ihrer Stelle Kirchen errichtet. Vor dem 9. November 1938 belief sich die Anzahl der Synagogen in Baden, Hohenzollern und Württemberg auf rund 255. Seit Ende des Krieges wurden laut des Synagogen Internet Archivs der Technischen Universität Darmstadt, Fachbereich Architektur, wieder 16 neue Synagogen erbaut.

Ganz Stuttgart muslimisch

Von der »Schwäbischen Türkei« und dem »Türkischen Schwabenland« haben wir's schon gehabt. Von manchen wird heute befürchtet, dass das christliche Abendland in Gefahr sei, weil die heutigen Muslime über Wien hinausgekommen sind und es geschafft haben, mitten unter uns zu leben. Doch sollte man die Moschee im Dorf lassen. Wenn man sie verbietet, geht es einem wie der Schweiz, der Libyens Revolutionsführer Muammar al-Gaddafi nach dem Referendum gegen Minarette einen Heiligen Krieg aufbrummen wollte.

Das hat mich übrigens nicht überrascht. Ich bin in Waiblingen, gleich neben Winnenden, groß geworden und habe viel Zeit in Winnenden verbracht, weil es da in den Siebzigerjahren das beste Eis der Welt zu kaufen gab. Die italienische Eisdiele lag nur wenige hundert Meter neben dem Psychiatrischen Landeskrankenhaus – ich habe, eislutschend, schon vor Jahrzehnten mit mehreren Gaddafis über die Auslöschung der Schweiz debattiert. Und schon damals war klar: Nur in Ruhe und mit Toleranz kann sich ein vertrautes Zusammenleben entwickeln. Immerhin sind dieses Mal die Türken nicht von alleine gekommen, sondern sie wurden vor Jahren von uns angefragt, ob sie bei uns arbeiten wollten, wir würden sie brauchen.

Und heute erfreuen sie uns mit Döner, Köfte und farbenprächtigen Obst- und Gemüseläden. Das möchten wir ja auch nicht mehr missen.

Dennoch wird befürchtet, dass das Christentum im badisch-württembergischen Ländle eine religiös-feindliche Übernahme befürchten muss, gegen die es machtlos ist.

Steht die Islamisierung von Schwarzwald, Schwäbischer Alb und dem Unterland bevor? Müssen badische, fränkische und württembergische Weinprinzessinnen bald Kopftuch tragen? Heißt der Landtag in nicht allzu langer Zeit »Baden-württembergischer Wächterrat«? Gibt es im Restaurant oben auf dem Feldberg bald geschächtete Dampfnudeln? Sagt der feine Herr alter Schule zur Dame nicht mehr »Küss die Hand!« sondern: »Mach Kuskus!«? Oder versammeln sich in alten Burgruinen auf der Schwäbischen Alb geheimbündlerische Neo-Kreuzritter, lassen sich rote Bärte wie Barbarossa wachsen und rüsten zum Kreuzzug im eigenen Land?

Ja – die größte Gruppe nichtchristlicher Glaubensanhänger bilden bei uns die Muslime. Wobei es unter den Muslimen unterschiedliche Richtungen gibt. Nur von Muslimen zu sprechen, bedeutet, sehr stark zu pauschalisieren. Aber es hilft ein wenig, denn der Islam ist ein Baum mit vielen Ästen und Zweigen.

Schätzungen gehen davon aus, dass rund 600 000 Muslime in Baden-Württemberg leben. Das wären rund 5,6 Prozent der Gesamtbevölkerung. Oder: ganz Stuttgart. Muslime türkischer Herkunft bilden die größte Gruppe, andere kommen aus Bürgerkriegsländern des Balkans, aus Asien, aus anderen Erdteilen oder sind konvertierte Deutsche. Dagegen fallen die Vertreter der anderen großen Weltreligionen und Glaubensrichtungen zahlenmäßig kaum ins Gewicht. Natürlich gibt es auch sie in Baden-Württemberg, die Buddhisten und Hinduisten und Taoisten und Shintoisten, die Sikhs, Konfuzianisten oder Bahá'í.

Da kann es schon sein, dass es einem als Christ etwas mulmig wird. Doch keine Angst, liebe Leute! Seit Jahren ist in Baden-Württemberg die CDU an der Regierung;

sie stellt Bürgermeister und hat jede Menge Mehrheiten in Gemeinderäten, da wird schon höllisch aufgepasst, dass das Christentum nicht verdrängt wird. Wer die ganze Welt missionieren konnte, kann auch vor der eigenen Tür kehren. Und in Sachen Kehrwoche sind wir immerhin Weltmeister!

Bis 2015 könnte nach einer Hochrechnung die Zahl der Muslime in Baden-Württemberg sogar auf etwa 750 000 steigen. Absehbar ist, dass im Ländle die Zahl der Muslime mit deutscher Staatsangehörigkeit jene der türkischen Staatsbürger in wenigen Jahren übersteigen wird. Eine Zunahme der Muslime ist nicht in erster Linie aus Zuwanderungsgründen zu erwarten, sondern ganz einfach deswegen, weil muslimische Eltern mehr Kinder bekommen als die christlichen Baden-Württemberger. Dass inzwischen mehr als jedes zehnte Kind im Land muslimische Eltern hat, erklärt sich aus dem deutlich niedrigeren Durchschnittsalter der muslimischen Bevölkerungsgruppe und der höheren Geburtenrate türkischer und generell religiös geprägter Familien.

Der Kirchenbau bekundet eine zehn Jahrhunderte alte Architektur- und Kunstgeschichte, die zusammen mit klerikaler Kunst jeglicher Gattung einen Kern unseres kulturellen Selbstverständnisses bildet. Umso schwerer haben es in unserem Land religiöse Bauten anderer Glaubensrichtungen. Am Auffälligsten stechen dabei Moscheen ins Auge. Je mehr Muslime in unserer Gesellschaft integriert werden – und dies ist ja Aufgabe und Ziel aller zeitgemäßen Einwanderungspolitik –, desto mehr wird der Wunsch nach einer eigenen, sichtbaren Moschee bekundet.

Obwohl die Zahl der Moscheen in Baden-Württemberg auf rund 300 geschätzt wird, treten bisher im Stadtbild nur eine Handvoll Neubauten in Erscheinung, die als eigenständiges Gebäude errichtet wurden. Vermutlich sind es im Ganzen kaum mehr als zehn neu erbaute Moscheen. Doch die Medien erweckten den Anschein, als ob das Land mittlerweile voller Moscheen sei.

Doch die meisten der Moscheen und Gebetshäuser sind öffentlich kaum wahrnehmbar, weil sie sich in Hinterhöfen befinden. Wie übrigens auch die meisten buddhistischen oder hinduistischen Zentren.

Ungefähr zehn Moscheen dürften da kaum auf- und ins Gewicht fallen. Und doch regt sich meist Widerstand der Nachbarn. Vielleicht, weil hinter jedem Tor zu einer Moschee ein potentielles Terroristenausbildungslager vermutet wird. Doch Anschläge auf Kirchen gab es in Baden-Württemberg noch nicht, dagegen schon Brandanschläge auf Moscheen.

Dass zugewanderte Menschen aus anderen Kulturen und Religionsgemeinschaften nicht nur die geistige Auseinandersetzung und Toleranz fördern, sondern auch die kulinarische Seite bereichern, ist nicht erst seit Pizza, Capuccino, Döner, Frühlingsrolle und Grünkohl mit Pinkel bekannt.

Schon nach 1698 bildeten sich nach der Vertreibung der protestantischen Waldenser und Hugenotten aus dem Piemont auch in Gegenden des heutigen Baden-Württembergs waldensische Gemeinden. Sie hingen einer reformierten Glaubensrichtung an und gingen im 19. Jahrhundert in der evangelisch-lutherischen Landeskirche auf. Unter der Leitung des Pfarrers Henri Arnaud besiedelten die Vertriebenen eine abgelegene, menschenarme Gegend im Nordwesten des Herzogtums Württemberg, nahe dem Ort Ötisheim im jetzigen Ortsteil Schönenberg. Weitere Ansiedlungen bildeten sich unter anderen in der Nähe von Pforzheim mit so seltsamen Ortsnamen wie Corres, Perouse, Pinache oder Serres.

Die Waldenser pflanzten bei ihrer Ankunft auch Kartoffeln an, die bis dahin von den Einheimischen nicht genutzt wurden. Wie man weiß, versuchte man in Deutschland erst, die giftigen grünen Früchte zu essen, die der Kartoffelblüte folgen. Die Wurzelknolle in der Erde missachtete man lange. Doch die waldensischen Einwanderer wussten es besser. Somit hängt die Niederlassung der Waldenser in Süddeutschland unmittelbar mit der Verbreitung der Kartoffel im Ländle zusammen. Wer schwäbische Kartoffeln und den aus ihnen hergestellten sensationellen Salat mag, sollte sich an die Waldenser erinnern.

Die Moral von dem Gericht: Wer Döner und Falafel isst, sollte auch Moscheen akzeptieren. Mahlzeit.

128

Was fehlt, wird nicht gekauft, sondern erfunden

SchwäBadische Schaffer, Tüftler und Erfinder

Wenn es eine schwäbische Eigenart gibt, die außerhalb Baden-Württembergs belächelt wird, dann ist es neben einem Hang zur Besserwisserei ein gewisser Drang zum Herausstellen eigener Leistungen. Ich möchte eines klarstellen: Es handelt sich hier nicht um die Auswirkungen eines übersteigerten Selbstbewusstseins, sondern viel eher um die Kompensierung eines schwäbischen Minderwertigkeitsgefühls. Vielleicht sogar die Auswirkung eines kollektiven Sieben-Schwaben-Traumas.

Wir beteiligen uns gerne und lautstark an Gesprächen, für die wir nicht wirklich vorbereitet sind, und wir benutzen Fremdwörter auch mal nur der Spur nach.

Als in den Achtzigerjahren die postmoderne Stuttgarter Staatsgalerie eröffnet worden war – seinerzeit eine Architektursensation –, traf sich die Architekten-, Designer- und Künstlerwelt im Restaurant Fresko in der Staatsgalerie. Bei einer Diskussion über postmoderne Architektur, damals das aktuellste Thema, entrüstete sich eine Dame aus einem Vorort: »Ach, hört mir bloß mit postmoderner Architektur auf, man muss sich ja nur mal die neuen Postgebäude angucken!«

Nach kurzem Erstarren ging die Unterhaltung weiter. Was wirklich geäußert worden war, wenn auch im falschen Zusammenhang, war die durchaus berechtigte Kritik an »modernen« Gebäuden in Ortskernsanierungen und Fußgängerzonen in Dörfern und Kleinstädten.

Jeder Politiker aus Baden-Württemberg, besonders wenn er zu einer Regierungspartei gehört, kann mühelos eine Leier ablaufen lassen, wie niedrig die Arbeitslosenquote ist und welche großen Erfindungen aus Baden-Württemberg stammen, ohne die

die Welt schlicht und einfach aufhören würde sich zu drehen. Immer wieder wird betont, dass ohne die Genies aus dem Ländle nichts vorangehen würde.

Was allerdings noch nicht erfunden wurde, ist eine Bezeichnung der Einwohner des »Ländles«. Sprachlich wäre »der Ländler« richtig, aber dies ist ein Volksmusikstil. Man hört schon einen Politiker im Wahlkampf sagen: »Liabe Ländlerinnen ond Ländler!«

Wer so viel denkt, kommt auf Ideen

Man kann die Augen nicht davor verschließen, dass viele Erfindungen und Patente aus dem tüfteligen Land im Südwesten Deutschlands stammen, das seinen Hang zum Verbessern und Besser-Machen-als-der-Nachbar früher aus Not und Armut hervorbrachte, heute oft aus nerviger Rechthaberei aufrechtzuerhalten vermag.

Doch neben Sauberkeit, bei der jederzeit unangemeldet Besuch kommen und in die stets blitzblanke Küche gucken kann oder in die kleine aufgeräumte Werkstatt im Souterrain, wo die Werkzeuge an der Werkzeugwandtafel exakt in Reih und Glied hängen, bildet das Tüftler-Erfinderische einen weiteren Stolz der nach innen hin eigentlich bescheidenen schwäbischen Seele. Die jedoch immer auf dem Sprung ist, über die Haltung »Mir fei aber au« und »Net emmer bloß dia andere« ihre Geltungsbedürftigkeit zu offenbaren.

Was im Ländle erfunden wurde und worauf wir stolz sein können, ist oft selbst für Einheimische eine Überraschung. Deshalb nun ein bisschen Aufklärungsarbeit als Balsam für die schwäbisch-alemannische Seele.

Alle Erfindungen und Patente aufzuführen, die in Baden-Württemberg angemeldet wurden, sprengt natürlich den Rahmen dieses Buches. Die meisten neuen sind auch nicht mehr zu erklären oder zu beschreiben, und wenn schon, dann in Form von kaum verständlichen Expertisen, denn sie liegen heute in komplizierten wissenschaftlichen, chemischen oder technologischen Bereichen. Die Zeiten, in denen praktische »Appa-

130

rätle« erfunden wurden, die vorführbar waren, sind nahezu vorbei. An einem Fischerdübel, einem Spätzleshobel oder einer Handbohrmaschine leuchtet das sogenannte »Patente« sofort ein.

In Deutschland steht Baden-Württemberg mit rund 48 000 Patentanmeldungen pro Jahr an der Spitze. Es kann im Schnitt auf 125 Patent-Anmeldungen je 100 000 Einwohner stolz sein. Der Bundesdurchschnitt der Länder liegt »nur« bei 58 Patent-Anmeldungen pro 100 000 Einwohner; für die 15 Bundesländer ohne Baden-Württemberg beträgt er sogar nur 48. Ha komm, des isch doch äbbes! Fairerweise soll hier gesagt werden, dass hie und da auch mal Bayern knapp die Nase vorne haben kann. Aber die bayrischen Patente sind natürlich lang nicht so nachhaltig wie unsere, logisch!

Natürlich ist es ein schönes Gefühl, dass es in Sachen Erfindungsreichtum ein klares Süd-Nord-Gefälle gibt. Und natürlich tut die Interperation gegenüber all diesen kühlen Nordlichtern, denen wir uns schon beim Maulaufmachen so schmerzhaft unterlegen fühlen, gut, dass wir hier im Süden halt einfach viel klüger und einfallsreicher sind als die. In Wahrheit liegt natürlich ein Hauptgrund darin, dass viele Konzerne mit großer Forschungstätigkeit in Süddeutschland ihren Sitz haben.

Der Anteil der Einzelerfinder liegt bei rund 10 Prozent aller Patent-Anmeldungen. Das sind diejenigen, die jahrelang ihre Familie und Ehefrauen mit einer fixen Idee nerven, die sie im Geräteschuppen hinterm Haus zusammenbasteln.

Doch nicht nur die Unternehmen Baden-Württembergs gehören zu den kreativsten und innovativsten Deutschlands. Auch auf die Forscher der Südwest-Hochschulen entfallen seit Jahren die höchsten Zahlen von Patentanmeldungen.

In Baden-Württemberg tritt die etwas abgelegene Wirtschaftsregion Ostwürttemberg aus der Menge hervor. Sie weist eine höhere Patentdichte als München oder das Rhein-Main-Gebiet vor und liegt bei bundesweit 97 Regionen auf Platz zwei hinter Stuttgart. Bedingt durch Branchenvielfalt, verarbeitendes Gewerbe, standorttreue Unternehmen, aufgeweckte Mittelstandsbetriebe, qualifizierte Fachkräfte und eine effektive Bildungslandschaft entstand zwischen Aalen, Ellwangen, Giengen, Heidenheim und Schwäbisch Gmünd ein Humus, der offensichtlich Erfindergeist besonders sprießen lässt.

Die Wirtschaftsregion Ostwürttemberg gab sich den Slogan »Land der Talente und Patente«, der sich leicht auf ganz Baden-Württemberg übertragen lässt, weil die beschriebene Mischung in ähnlicher Form auch in anderen Landesteilen zu finden ist. Sie ist wie ein Markenzeichen für Baden-Württemberg.

Dies zeigt, dass heutzutage neben der Tüftler-Mentalität auch eine gute Vernetzung von Wissenschaft, Forschung und Wirtschaft dazugehört. Das Bild des Erfinders, der im Gartenhäuschen an einer Weltneuheit herumbastelt, ist zwar weitgehend überholt – aber doch vor allem in Baden-Württemberg nicht verschwunden. Schon eher sitzt der Erfinder heute in einem Startup-Unternehmen oder in einem Forschungszentrum an seinem Laptop und süffelt Powerdrinks.

Helle Köpfe gab es viele

Nachfolgend eine subjektive Auswahl bekannter Erfinder und Erfindungen aus dem Ländle.

➤ Johannes Kepler (1571, Weil der Stadt – 1630, Regensburg) erfand das astronomische Fernrohr.
➤ Wilhelm Schickard (1592, Herrenberg – 1635, Tübingen) erfand die Rechenmaschine.
➤ Johann Jakob Hemmer (1733, Horbach – 1790, Mannheim) erfand einen besonders wirksamen Blitzableiter, außerdem baute er ein europaweites Netz von Wetterstationen auf und verfasste Standardwerke zur deutschen Grammatik und Rechtschreibung.
➤ Louis Leitz (1846, Großingersheim, heute ein Ortsteil von Ingersheim – 1918, Stuttgart) erfand den Hebelordner, kurz: Leitz-Ordner.

132

➤ Der Kaufmann August Müller erfand 1903 das Pfefferminzbonbon und brachte es unter dem Namen »Vivil« auf den Markt.

➤ Der Chemiker Dr. Rolf Hein erfand 1948 in Kilchberg bei Tübingen die gebrauchsfertige Seifenblasenflüssigkeit im Röhrchen mit Blasring und nannte sie »Pustefix«.

➤ Andreas Stihl (1896, Zürich – 1973, Rohrbronn) erfand in Stuttgart die Kettensäge.

➤ 1921 erfand der Stuttgarter Apothekenmöbelhersteller Karl Mayer das Fußballbrettspiel »Tipp-Kick«.

➤ Aenne Burda (1909, Offenburg – 2005, Offenburg) erfand die Modezeitschrift mit beiliegendem Schnittmuster-Bogen (»Burda Moden«).

➤ Heinz H. Engler (1928, Biberach an der Riß – 1986, Biberach an der Riß) erfand das Systemgeschirr für die Massenverpflegung; in Kantinen oder Krankenhäusern ist es heute weltweit verbreitet.

Man sieht: Helle Köpfe, die praktische Sachen hinterlassen haben, gab es viele im Ländle. Ein großer Teil des schwäbisch-alemannischen Rufes, tüftelig und erfinderisch zu sein, geht auf sie zurück. Darunter waren auch wirkliche schwäbische Visionäre, die seinerzeit belächelt wurden, wie zum Beispiel der Schneider von Ulm.

Albrecht Ludwig Berblinger (1770, Ulm – 1829, Ulm) war ein Schneider, der eigentlich gerne Uhrmacher geworden wäre, weil ihn die Mechanik interessierte. Er entwickelte neben seiner Schneiderarbeit orthopädische Hilfsmittel, wie 1808 eine »Fußmaschine«, die nach Fußamputationen eingesetzt werden konnte. Es war wohl die weltweit erste Beinprothese mit Gelenk. In Zeiten, in denen kriegerische Konflikte in Europa die Regel waren, konnte der Produktion einer guten Beinprothese die Zukunft gehören.

Doch für seinen Traum, einen Flugapparat zu bauen, gab er sozusagen alles und jede Prothese hin. Er erfand einen Hängegleiter, welcher ihm den Gleitflug ermöglichen sollte. Bei einer wahrscheinlich ersten öffentlichen Flugvorführung 1811, bei der Herzog Heinrich, der Bruder des Königs, und die württembergischen Kronprinzen anwesend waren, stürzte er ins Wasser. Es heißt, ein Gendarm hätte ihn geschubst, weil die Leute ungeduldig wurden. Der Schneider von Ulm hatte wegen der schwierigen Windverhältnisse noch gar nicht losfliegen wollen.

Noch heute ist der Spottvers bekannt: »Dr Schneider von Ulm hot's Fliaga probiert, no hot'n dr Deifel en Donau neigführt!« Flugversuche mit einem Nachbau zeigten, dass sein Fluggerät an geeigneten Hängen durchaus flugtauglich war, aber wegen der thermischen Verhältnisse nicht über einer großen Wasserfläche. Der Schneider von Ulm war ein echter schwäbischer Flugpionier. Hätte man ihm damals eine reelle Chance gegeben, hätte sich vielleicht die Luftfahrt von Ulm aus entwickelt.

Dagegen ist der Luftschiffkonstrukteur Ferdinand Graf von Zeppelin (1838, Konstanz – 1917, Berlin) noch in bester Erinnerung. Seine militärische Laufbahn brachte ihn in den Achtzigerjahren des 19. Jahrhunderts zu der Beschäftigung mit dem Problem eines »lenkbaren Ballons«. 1899 begann er mit dem Bau des ersten lenkbaren Starrluftschiffs, das er 1900 zu drei Aufstiegen über dem Bodensee nutzte. Nach militärischer Nutzung wurden die Zeppeline, wie die Luftschiffe bald genannt wurden, auch in der zivilen Luftfahrt eingesetzt. Das katastrophale Unglück des Zeppelins »Hindenburg« 1937 bei der Landung im amerikanischen Lakehurst bedeutete das Ende der »Silbernen Zigarren«.

Claude Dornier (1884, Kempten – 1969, Zug/Schweiz) war in jungen Jahren Mitarbeiter von Graf Zeppelin und erfand die drehbare Zeppelinhalle. Dann konstruierte er militärische und zivile Flugzeuge, Flugboote und Wasserflugzeuge. 1932 übernahm er das Zeppelin-Werk für Flugzeugbau. Nach dem Zweiten Weltkrieg entwickelte er vor allem Kurz- und Senkrechtstartflugzeuge. Dorniers Söhne verkauften das Unternehmen 1985 an Daimler-Benz, wo es einen der Grundpfeiler für EADS und ihre Tochter Airbus bildete.

Ernst Heinkel (1888, Grunbach, heute ein Ortsteil von Remshalden – 1958, Stuttgart) war einer der bekanntesten deutschen Flugbauingenieure. Als Student erlebte er das Zeppelinunglück vom 5. August 1908 in Echterdingen bei Stuttgart. Da war für ihn

134

klar, dass die Zukunft der Luftfahrt in Flugzeugen bestand. 1910 baute Heinkel sein erstes eigenes Flugzeug. Es folgten unzählige Flugversuche auf dem Cannstatter Wasen, die er fast mit seinem Leben bezahlte: Am 19. Juli 1911 stürzte Heinkel aus 40 Meter Höhe über Untertürkheim ab und verletzte sich schwer.

Heinkel entwickelte verschiedene Flugzeugtypen. Schließlich startete am 27. August 1939 das erste Düsenflugzeug, die He 178, der Heinkel Flugzeugwerke auf dem Flughafen Rostock-Marienehe. Nach dem Zweiten Weltkrieg begann der Neubeginn mit Heinkel-Motorrollern und später kam der Heinkel Kabinenroller dazu. Mit dem »flog« die schwäbische Familie mit achtzig Sachen über die Landstraße.

Auf geht's! SchwaBadener sorgen fürs Vorwärtskommen

Zur Fortbewegung auf der Erde haben verschiedene badische und schwäbische Erfinder Fahrzeuge entwickelt, die noch heute unser Leben und auch unsere Lebensbedingungen mitbestimmen.

Einer der ersten war der Forstmann Karl Freiherr von Drais (1785, Karlsruhe – 1851, Karlsruhe). Bekannt wurde er mit der Erfindung des Zweiradprinzips. Seine »Laufmaschine«, die nach ihm benannte Draisine, war die Urform des Fahrrads und damit auch der Vorläufer von Motorrad und Roller. Was fehlte, war ein Tretlager mit Pedalen; stattdessen stieß man sich mit den Füßen am Boden ab.

Drais erfand neben dem Personenlaufrad außerdem die Kochkiste, einen Klavierrekorder, der Tastendrücke auf Papierband aufzeichnete, und 1821 die erste Tastenschreibmaschine für 25 Buchstaben, die er 1829 zur Schnellschreibmaschine mit 16 Tasten sowie erstmals mit Lochstreifen weiterentwickelte.

Weltweit wurden Daimler, Benz und Maybach bekannt, stehen sie doch für viele Konstruktionen und Weiterentwicklungen im weiten Feld von Verbrennungsmotoren. Sie erfanden das Auto, das Motorrad, das Motorboot, die motorbetriebene Straßenbahn, den Lastkraftwagen, das Taxi und den Omnibus. Was das Auto angeht, bestreiten dies allerdings manche, weil zu der damaligen Zeit noch weitere Erfinder an ähnlichen Ideen arbeiteten. Das Auto als Bodenfahrzeug lag damals sozusagen in der Luft.

Gottlieb Daimler (1834, Schorndorf – 1900, Cannstatt, heute als Bad Cannstatt ein Stadtteil von Stuttgart), Carl Benz (1844, Mühlburg, heute ein Stadtteil von Karlsruhe – 1929, Ladenburg), Wilhelm Maybach (1846, Heilbronn – 1929, Stuttgart-Cannstatt) und Mercedes, die Tochter des Geschäftsmannes Emil Jellinek, der mit Daimler-Fahrzeugen handelte, gingen in die Automobilgeschichte ein. Ab 1899 nahm Jellinek unter dem Pseudonym Mercedes, angelehnt an den Namen seiner Tochter Mercédès Jellinek (1889–1929), an Rennen teil. Mit der Zeit verband sich das Pseudonym des Fahrers mit den Motoren und den Autos zu »Daimler-Mercedes«.

Heute sind viele überrascht, wenn sie zum Beispiel in Spanien Frauen treffen, die Mercedes heißen, da es für Deutsche unüblich ist, Kinder nach Automarken zu taufen. Aber Mercedes ist in Spanien ein gängiger Mädchenvorname. Man stelle sich vor, man säße an einem schwäbischen Spielplatz und hörte nicht: »Luuuhkass! Scharrlodde! Tschenniffor!« sondern: »Golf, komm her, i muss dei Nas butza!«

Ein weiterer Motorenerfinder war Felix Wankel (1902, Lahr – 1988, Heidelberg), der den nach ihm benannten Wankelmotor erfand, auch Rundkolbenmotor genannt. Dabei übernimmt eine Art Drehscheibe die Kolbenfunktion. In den Sechzigerjahren wurde mit dieser Technologie die legendäre Limousine Ro 80 von NSU bekannt.

Wie auch heute, brachte die Motoren- und Fahrzeugentwicklung schon in den Anfängen Zulieferbetriebe hervor, in denen mal die Inhaber, mal Heere von Ingenieuren an Funktionsverbesserungen der Motoren und Vehikel herumdokterten. Oft entwickelten sich dann die Firmen noch zusätzlich in andere Produktionszweige.

Erwähnt seien Robert Bosch (1861, Albeck, heute ein Stadtteil von Langenau – 1942, Stuttgart) für die elektrischen Elemente, die Brüder Ernst und Hermann Mahle mit dem Mahle-Konzern in Stuttgart-Bad Cannstatt für die Kolbenfertigung, die Familie Freudenberg in Weinheim für Dichtungen und die Geschwister Wilhelm und Al-

136

bert Reutter mit ihrer Firma »Reutter Carosserie«, abgekürzt Recaro, erst in Stuttgart, heute in Kirchheim unter Teck, für Wagenaufbauten und dann vor allem Fahrzeugsitze. Unternehmen wie diese halten »Unmengen« von Patenten und erfinden am laufenden Band. Manchmal erfinden sie auch das laufende Band.

Ideen für den Alltag

Viele Geistesblitze aus dem badischen und württembergischen Raum, die sich nicht so sehr im großen industriellen Kontext wiederfinden, bereichern unser Alltagsleben.

So gilt Friedrich Kammerer (1796, Ehningen – 1857, Ludwigsburg) als Erfinder des selbstzündenden Phosphorstreichholzes. In Weiterentwicklungen wurde die Erfindung später als »Sicherheitszündhölzer« oder »Schwedenhölzer« bekannt. Man kann sagen, ein Schwabe hat das Streichholz erfunden. Wobei es ein alter Witz ist, dass die schwäbischen Einwohner von Dummsdorf zum Streichen von Decken und Wänden ein Streichholz nehmen würden.

Streichhölzer waren uns Kindern das Lieblingsspielzeug. Wir klauten sie der Mama aus dem Vorratsschrank und zündelten mit ihnen am liebsten auf der Bühne oder im großen Holzlager meines Opas. Unvorstellbar, welche Freiheit wir damals hatten und fast schon unfassbar das große Glück, dass nie etwas Schlimmes passiert ist.

Karl Ludwig Nessler (1872, Todtnau – 1951, Harrington Park, New Jersey/USA) war Friseur und erfand die Dauerwelle.

August Fischer (1868, Bad Buchau – 1940, Bühl [Baden]) übernahm als Apotheker im badischen Bühl 1905 die Chemische Fabrik Ludwig Hörth, die Tinten, Stempelkissen, Farben und Klebstoffe produzierte. Um vom bis dahin üblichen Knochenleim wegzukommen, entwickelte er 1932 den ersten Kunstharzkleber der Welt und nannte ihn UHU.

Wer kennt sie nicht? Vor allem nach der Verfilmung ihres Lebens in einem Fernsehfilm? Margarete Steiff (1847, Giengen an der Brenz – 1909, Giengen an der Brenz) war die Gründerin der weltweit bekannten, gleichnamigen Spielwarenfabrik. Ihr wird die Erfindung des Teddy-Bären, des süßen kleinen Plüschbärs mit beweglichen Gliedern, zugeschrieben.

Baden-Württemberg war auch ein Land der Textil- und Wäscheherstellung. Ein Schwabe hat den modernen Büstenhalter erfunden. Der Korsettmacher Wilhelm Meyer-Ilschen aus Cannstatt entwickelte 1904 seine »Bruststütze ohne Unterteil«, also ohne Korsett. Sigmund Lindauer, ebenfalls aus Cannstatt, ließ 1912 den ersten Büstenhalter in Serienfertigung gehen. Er hatte ein kaiserliches Patent auf den ersten BH ohne Längs- und Querstützen aus Bein und Knochen erhalten. Lindauers »Hautana« machte rund um den Globus Karriere.

Gottlob Bauknecht (1892, Neckartenzlingen – 1976, Stuttgart) richtete sich in Tailfingen (heute Albstadt) eine kleine Elektrowerkstatt ein und erfand dort die elektrische Nähmaschine und in den Zwanzigerjahren einen Universal-Elektromotor, den er auf den schönen Namen »Landfreund« taufte. Daraus entwickelte sich ein riesiges Unternehmen für elektrische Haushaltsgeräte wie Waschmaschinen, Küchenherde, Dunstabzugshauben, Geschirrspülmaschinen, Gefriergeräte oder, gleich nach dem Zweiten Weltkrieg, die elektrische Rührhilfe »Allfix«.

Das Unternehmen Märklin wurde 1859 von Theodor Friedrich Wilhelm Märklin (1817, Tieringen, heute ein Stadtteil von Meßstetten – 1866, Göppingen) gegründet. Er begann zunächst mit der Herstellung von Puppenküchen. Seine Frau Caroline soll die erste weibliche Handelsreisende ihrer Zeit gewesen sein. 1891 präsentierten seine Söhne, die Gebrüder Märklin, auf der Leipziger Frühjahrsmesse erstmalig eine Eisenbahn als Uhrwerkbahn mit Schienenanlage in Form einer Acht. Es folgten neben Eisenbahnen verschiedene Dampfmaschinenmodelle, das Puppenstuben- und Küchenzubehör, Karussells, Autos, Flugzeuge, Schiffe, Kreisel und Metallbaukästen. Ab 1926 wurde die elektrische Bahn mit 20 Volt Wechselstrom eingeführt, die ohne die Laufzeitbeschränkung der Uhrwerke oder Spiritus-Brennzeit kontinuierlichen Spielbetrieb erlaubte. Es war der Beginn eines Modelleisenbahn-Mythos.

Conrad Dietrich Magirus (1824, Ulm – 1895, Ulm) erfand die fahrbare Feuerwehrleiter. Als Feuerwehrmann war er Feuer und Flamme für die Entwicklung und Verbesserung von Feuerlöschgeräten, zum Beispiel bei der Entwicklung der ersten fahr- und drehbaren, freistehenden Zweirad-Schiebeleiter. Im Prinzip wird sie noch heute verwendet.

Man könnte sagen, wer sich zum Jäger mausern möchte, braucht ein Mauser-Gewehr aus Oberndorf am Neckar. Wilhelm Mauser (1834, Oberndorf am Neckar – 1882, Oberndorf am Neckar) war der Gründer der weltberühmten Waffenschmiede in dem beschaulichen Ort am Neckar, die immer wieder für neue Erfindungen steht. Zahlreiche Waffenklassiker für Sport und Jagd sowie Militärwaffen kommen von Mauser.

Doch einen weltweit größeren Waffenlieferanten gründeten nach dem Zweiten Weltkrieg die drei Ingenieure Edmund Heckler (1906–1960), Theodor Koch (1905–1976) und Alex Seidel (1909–1989). Ihre Tätigkeit in den Mauserwerken noch gut in Erinnerung, legten sie ebenfalls in Oberndorf am Neckar 1949 mit einer Fabrik für Nähmaschinen und Werkzeuge den Grundstein für eine der modernsten Waffenschmieden der Welt. Heckler & Koch gehört zu den größten Herstellern von Gewehren und Pistolen weltweit.

Ohne Wilhelm Emil Fein (1842, Ludwigsburg – 1898, Stuttgart) sähe es in schwäbischen Bastelhaushalten und Handwerksbetrieben schlimm aus, denn er gilt als Erfinder der elektrischen Handbohrmaschine im Jahr 1895. Zwei Jahre später folgte, konstruiert von seinem Sohn Emil Fein, die erste elektrische Tischbohrmaschine. 1879 hatte Fein auch ein Patent für ein Telefon mit Hufeisenmagnet erhalten und 1885 eines für ein Militärtelefon – dieses war das erste tragbare Telefon der Welt, ein Vorläufer des Handys.

Einer der ruhelosesten und vielseitigsten Erfinder ist ganz sicher Artur Fischer (geboren 1919 in Tumlingen, heute ein Ortsteil von Waldachtal). Er ist der älteste Sohn eines Schneiders, gelernter Kunstschlosser. 1848 gründete er eine kleine Werkstatt, in der er 1949 ein Blitzlicht für Fotoapparate erfand, das zur Zusammenarbeit mit Agfa führte. Er entwickelte das Blitzlicht weiter zu einer Mehrfachblitzlampe.

Als seine wichtigste Erfindung zählt der nach ihm benannte Fischer-Dübel aus dem Kunststoff Polyamid, der 1958 auf den Markt kam. Er wurde x-mal weiterentwickelt und den unterschiedlichen Bedürfnissen angepasst. Selbst einen Dübel zur Verschraubung von Knochenbrüchen gibt es inzwischen.

Vielen ist aus der Kindheit auch noch der Fischer-Baukasten bekannt, der 1964 auf den Markt kam. Artur Fischer, der Ende 2003 bereits 1080 Patente und 5867 Schutzrechte hielt, gilt als einer der erfolgreichsten Erfinder weltweit. Allerdings drehen sich die allermeisten seiner Patente ums Bohren und Dübeln.

Wieder andere erfinden außer Landes, aber ganz sicher im gleichen Stil, als ob sie im Ländle wären.

Anfang des Jahres 1938 gelang es dem gebürtigen Stuttgarter Paul Schlack (1897, Stuttgart – 1987, Leinfelden-Echterdingen) in einem Labor in Berlin eine konkurrenzfähige Kunstfaser zum vorher schon in Amerika erfundenen Nylon zu entdecken. Er nannte die Faser Perlon.

In Amerika, wohin ja viele Badener und Schwaben ausgewandert sind, fällt der ganz und gar schwäbisch klingende Name Carl Laemmle (1867, Laupheim – 1939, Beverly Hills/USA) auf. Carl Laemmle wurde als Karl Lämmle im oberschwäbischen Laupheim geboren, Sohn eines jüdischen Viehhändlers. Er absolvierte eine Lehre als Kaufmann und wanderte 1884 im Alter von 17 Jahren in die USA aus, wo er sich 1906 mit einem Kino selbständig machte und 1910 seine erste Filmfirma gründete. Laemmle war Gründer und Vorsitzender der Universal Studios und gehörte zu den mächtigsten Studiobossen seiner Zeit. Er gilt als Gründer – und in gewissem Sinne Erfinder – der Filmstadt Hollywood.

Ein anderer Auswanderer wäre noch zu nennen. Der Uhrmacher Ottmar Mergenthaler (1854, Hachtel, heute ein Stadtteil von Bad Mergentheim – 1899, Baltimore/USA) ist der Erfinder der Linotype-Zeilensetzmaschine. Nach Schule und Ausbildung wanderte er 1872 nach Amerika aus. In dieser Zeit entstand ein großer Bedarf nach einer brauchbaren Setzmaschine, denn Drucksachen, vor allem Zeitungen, wurden noch von Hand gesetzt. 1884 konstruierte Mergenthaler eine Matrizenstabsetzmaschine mit Schreibmaschinentastatur. Am 3. Juli 1886 wurde dann die erste Maschine mit frei umlaufenden Messingmatrizen fertiggestellt und bei der »New York Tribune« vorgestellt. Die Matrizen einer Zeile wurden mit flüssigem Blei ausgegossen, was die Handhabung ungemein erleichterte. Der Herausgeber Whitelaw Reid soll bei der Inbetriebnahme ausgerufen haben: »A line of types!«. Damit war der Name für diese Maschine gefunden: »Linotype«. In der damaligen Zeit kam die Setzmaschine mit Tastatur einer technischen Revolution gleich, ähnlich wie Jahrzehnte später Fotosatz und Computersatz, der die »Linotype« verdrängte.

Und nun, lahst batt nott liehst: Max Eyth (1836, Kirchheim unter Teck – 1906, Ulm). Max Eyth war Erfinder, Ingenieur, genialer Tüftler, Bastler und Schriftsteller. Er studierte Maschinenbau am Polytechnikum in Stuttgart, machte sich stark für den Einsatz von dampfmaschinengetriebenen Pflügen in der Landwirtschaft und kümmerte sich um die Seilschifffahrt auf dem Rhein. Er war in Ägypten und schrieb die letzten Lebensjahre, in Ulm bei seiner Mutter wohnend, erzählende Bücher.

An dieser Stelle möchte ich mir erlauben, aus meinem eigenen Vorwort für dieses Buch zu zitieren: »Es ist ein ewiges Sich-Herausstellen, ein ununterbrochenes Aufzählen der Bestmarken und Sich-nach-vorne-Loben. Und genau dies möchte dieses Buch ... natürlich auch machen. Was denn sonst? Wer kann schon über seinen Schatten springen? Ich als Schwabe kann es nicht!«

Ich möchte mal in aller Bescheidenheit ein paar Parallelen ziehen: Max Eyth war Diplom-Ingenieur. Der Autor dieses Buches ist es auch. Max Eyth schrieb Bücher. Dies hier ist mein elftes. Max Eyth meldete viele Patente beim Patentamt an. Ich auch, wobei ich zugeben muss, dass ich meine Erfindungen selten sehr ernst nehme. Der Max-Eyth-See in Stuttgart war vom Umkippen bedroht, ich habe mit vielen Unterstützern und meiner Stiphtung (www.stiphtung.tv) damit begonnen, dem See aus einer nahegelegen, ungenützten Quelle Frischwasser zuzuführen und ihn so vor dem Umkippen zu retten.

Und jetzt kommt's: Erst kürzlich habe ich erfahren, dass ich just in dem Haus jenes Mannes wohne, der den Max-Eyth-See zwischen 1920 und 1935 ausgebaggert hat. Wer glaubt da noch an Zufälle? Zumal viele der in diesem Kapitel genannten Erfinder in Bad Cannstatt wirkten. Der Autor von »Deutschland deine Schwaben«, Thaddäus Troll, stammte aus Cannstatt. Dort lebt auch der Autor des vorliegenden Buches. Jedenfalls kann ich an der Stelle schon sagen: Gute Idee vom Verleger, mich mit diesem Buch zu beauftragen.

So, und jetzt ist aber wieder Schluss mit der ganzen Selbstloberei, schließlich sind wir Schwaben dem Wesen nach bescheiden und demütig, gell?

Meim Bruder seim Auto sein Kiahler soicht

Dichten – Denken – Dialekt: literarisch ums Eck rum direkt

Wer in Deutschland Karriere machen möchte, sollte schleunigst seinen Dialekt vergessen. Dialekt und Topmanager, vor allem -managerinnen, scheinen nicht zusammenzupassen. Eine attraktive Frau hat Hochdeutsch zu sprechen, eine gebildete sowieso. Wo gutes Aussehen und Bildung zusammenkommen, wird akzentfreies Hochdeutsch zur Akzeptanzvoraussetzung. Dialekt ist der Kratzer im Lack. Heidi Klum auf Münsinger-Alb-Schwäbisch würde nicht gehen. Und das ist nicht gegen die Münsinger Alb gerichtet.

Bei Männern kann es toleranter zugehen, bei ihnen kann Dialektfärbung als Bodenständigkeit gutgeschrieben werden. Vor allem bei Politikern, egal was sie wieder mal versprechen. Ich werde nie vergessen, wie es 1987 zu einer ersten Begegnung zwischen mir und Alfred Biolek kam. Einiges verband uns: Mein Zahnarzt in Waiblingen war sein bester Freund, mein Onkel Oscar war sein Schulkamerad, der Alfred oft nach der Schule mit heimgebracht hatte und meine Oma hatte dann aufgetischt.

So war es kein Wunder, dass Alfred Biolek von meinen ersten kabarettistischen Schritten Wind bekam und mich nach Köln in sein Haus zu einem Sondierungsgespräch eingeladen hatte, wie er mir auf meinem Weg helfen könnte. »Tja«, sagte Bio damals, »ich mach' für den Bayerischen Rundfunk gerade die Sendung ›Mensch Maier‹, da passt Kabarett gar nicht rein. Leider. Aber ich werde sicher auch mal wieder andere Fernsehformate machen. Ganz wichtig für eine große Karriere ist, dass du hochdeutsch sprichst!«

In diesem Moment hatte ich gespürt, dass nicht nur ein echter, sondern auch ein rebellischer Schwabe in mir steckt. »Das haben Gerhard Polt in den Anfangsjahren sicher auch viele geraten, und er hat sich zu Recht nicht daran gehalten. Ich schaff das auch mit Schwäbisch!« Kann sein, dass ich auf Hochdeutsch umgeschwenkt hätte, wenn Bio es mir nicht geraten hätte. Aber so ...

Schon in der Schule sind Dialekt sprechende Kinder benachteiligt, vor allem in Klassen, in denen Hochdeutsch sprechende Schüler überwiegen. Bei Klassen, in denen türkische und russische Schüler die Mehrheit bilden, ist es egal. Kurz: In den meisten deutschen Klassen dürfte es egal sein. Regionale Beschäftigung und Vertiefung des eigenen Dialekts kommt nicht vor, obwohl alle Schul- und Bildungspolitiker im Wahlkampf heimatliche Volkstümlichkeit demonstrieren.

Was ist Kraftnahrung fürs Sprachzentrum? Buchstabensuppe!

Die Regelung, dass in deutschen Schulen Hochdeutsch gelernt und gesprochen wird, kann baden-württembergischen Kindern das Gefühl geben, als ob ihre Schule die Exklave eines deutschsprachigen Auslands wäre. Falls sie später in Norddeutschland studieren oder arbeiten – was aber gemäß den Arbeitslosen- und Beschäftigungsstatistiken eher unwahrscheinlich ist –, wird sich wieder das Gefühl einstellen, im deutschsprachigen Ausland zu leben.

Doch gibt es auch Theorien, dass Dialekt sprechende Kinder, die in der Schule mit der Pflicht konfrontiert sind, das so genannte Hoch- oder Standarddeutsch zu sprechen und vor allem auch zu schreiben, einen Vorteil genießen. Sie realisieren sehr früh den Unterschied zwischen gesprochener und geschriebener Sprache. Ein Vorteil, der später beim Erlernen einer weiteren Fremdsprache zum Tragen kommen kann, denn erste Fremdsprache ist in diesem Fall Hochdeutsch.

Für Dialektkinder beginnt sozusagen ab der Einschulung die Zweisprachigkeit. Dennoch sind sprachlich bedingte Konflikte seitens Dialekt sprechender Schüler fast immer vorprogrammiert. Sprachliche und meist auch soziale Schwierigkeiten sind eine häufige Folge.

Unauslöschlich im Gedächtnis bleibt mein Versuch, bei der jungen Lehrerin Fräulein Reustle Eindruck zu machen, die mit uns die ersten unregelmäßigen Verben übte. Streberisch kritzelte ich ungelenk ein Verb hin, das sie noch nicht besprochen hatte, das ich aber als typisch unregelmäßig erkannte. Ich schrieb: ziegen – zog – gezogen. Noch heute bin ich der Meinung, dass es richtig ist.

In der Satzung des Fördervereins Schwäbischer Dialekt e. V. mit Sitz in Tübingen heißt es, dass der Zweck des Vereins die Förderung von Wissenschaft, Forschung, Bildung und Erziehung in Bezug auf den schwäbischen Dialekt sei. Dann wird aufgezählt, in welchen Bereichen der Verein tätig wird, wie zum Beispiel in der Dialektforschung, der Dialektdokumentation, Mundartpädagogik und allen möglichen kulturellen Erscheinungsformen des schwäbischen Dialekts. Frühere Tonaufnahmen von schwäbisch sprechenden Personen werden digitalisiert, um Vokabular und Aussprachen hörbar zu archivieren.

In dialektfreien, vor allem norddeutschen Gefilden stößt die Erwähnung, dass es einen Verein zur Förderung des schwäbischen Dialektes gibt, auf fröhliches Lachen. Es wird als Witz empfunden. Der Norddeutsche pflegt die Ansicht, einen Dialekt wie den unseren sollte man nicht fördern, sondern möglichst schnell verlieren.

Tumbe hochdeutsch sprechende Toren, herzlose! Ich werde nie vergessen, wie ich so einen mal in Waiblingen an der Kasse eines Ladengeschäftes bemerkt habe. Er wartete geduldig darauf, bis die Kassiererin ihr Schwätzle mit der Vorkundin beendet haben würde. Aber es ging um die gemeinsame Lehrerin der Kinder und um die ungerechte Benotung bei der letzten Mathearbeit, man war sich zu einig, ein Gesprächsende nicht in Sicht. Um dem Norddeutschen zu bedeuten, dass es in absehbarer Zeit weitergehe, unterbrach die Kassiererin kurz das Gespräch, nickte dem Norddeutschen zu, blickte auf die Waren in seiner Hand und sagte: »Leget Se's dohanda na!« (legen Sie es hier ab!) Sie wollte weitertratschen, aber sein »Wie bitte?« zeigte ihr, dass er vom anderen Sprachraum kommt. Also gab sie sich größte Mühe, hochdeutsch zu sprechen, und sagte: »Legen Sie es dahanden hinan!«

Die Arrgoanz der Standardsprache

Den schwäbisch, alemannisch oder fränkisch sprechenden Baden-Württemberger vereint mit allen anderen Dialektsprechern in Deutschland die Tatsache, dass sie unter dem Hochmut und dem Diktat des Hochdeutschen leiden, welches über die Medien als das »gute« Deutsch vermittelt wird und in das allgemeine Bewusstsein dringt.

Auch in ganz normalen Jobs haben Dialektsprecher außerhalb ihres Sprachraums unter beruflichen Nachteilen zu leiden (wenn sie ihr Geld nicht gerade mit Mundartkabarett verdienen). Meiner Meinung nach steht dies im Widerspruch zum heutigen Anspruch der Berufswelt, dass zum beruflichen Erfolg die Bereitschaft zur Flexibilität gehört. Wer Flexibilität möchte, darf den Dialekt nicht unterdrücken.

Doch gerade die höhere Flexibilität – sei es durch Studium, Karriere oder Migration innerhalb Deutschlands – bringt den Dialekt in Gefahr. Denn seine Regionalität wird aufgehoben und in seine sprachliche Heimat dringen fremde sprachliche Einflüsse. Ich meine damit zum Beispiel Anglizismen, die sowohl im Hochdeutschen als auch im Schwäbischen den Wortschatz verändern, wobei die Wörter, die schon ins Deutsche eingeflossen sind, im Dialekt lediglich mit Akzent ausgesprochen werden. Wie zum Beispiel daunglaudet, abdeided, Bäggab (downgeloadet, upgedatet, Backup).

Das heißt nicht, dass Dialektsprecher außerhalb ihrer Sprachheimat keine Karriere machen können. Es gibt genügend Schauspieler und Schauspielerinnen, Manager oder Politiker, die entweder gelernt haben, dialektfrei zu sprechen oder wenigstens mit kaum merklichem Akzent, oder bei denen gerade ihr Akzent zu einer Unverwechselbarkeit führen. Bundestrainer Jogi Löw sei hier erwähnt, der in Interviews mit seinem deutlich erkennbaren badischen Akzent viel zur Akzeptanz von Dialekt beigetragen hat. Er kann halt nicht anders.

In der Beliebtheit von Dialekten rangiert nach den meisten Umfragen Sächsisch ganz unten, gefolgt von Pfälzisch oder Schwäbisch. Wobei die meisten das Südfränkische (»Badisch«), wie man es etwa in Karlsruhe spricht, ohnehin nicht vom Rheinfränkischen unterscheiden können, zu dem beispielsweise das Kurpfälzische zählt. Manche meinen sogar, das wäre Hessisch.

Dass südwestdeutscher Dialekt eher negativ ankommt, zeigt auch die Enttäuschung von so manchem Kavalier, wenn er ein hübsches Mädchen anspricht und dieses ihm in breitestem Schwäbisch antwortet.

Schönheit und Dialekt scheinen sich zu widersprechen – eine weiteres Indiz einer Vorprägung von Werten und Meinungen durch Presse, Film und Fernsehen.

Muss Schwäbisch auf die Rote Liste?

Werden Dialekte, auch mit Hilfe der Schule, in Deutschland so stark zurückgedrängt, dass sie sich irgendwann in Luft auflösen? Damit verschwände ein reiches und unersetzliches Kulturerbe der deutschen Sprache. In den akustischen Medien – Radio, Musik, Film, Podcasts und vor allem Fernsehen – wird fast nur noch aalglattes Hochdeutsch gesprochen, Dialekt wird abgedrängt in Klamauk, Bauerntheater und Folklore.

Dass die Tätigkeit des Fördervereins Schwäbischer Dialekt e. V. seine Berechtigung hat, zeigt die letzte Veröffentlichung der Unesco von 2009. Die Kulturorganisation der Vereinten Nationen hat in Deutschland 13 bedrohte Sprachen ausgemacht. Neben Romani, Saterfriesisch, Sorbisch, Südjütländisch oder Jiddisch befinden sich darunter auch Alemannisch und Rheinfränkisch. Beide werden als »vulnerable«, also gefährdet, eingestuft.

Zum Rheinfränkischen zählt nicht nur das Kurpfälzische, das man im Norden von Baden-Württemberg spricht. Vielmehr umfasst es auch die anderen pfälzischen Mundarten, das Hessische und das wirklich aussterbende Lothringisch.

Und wo werden alemannische Dialekte gesprochen? Die Unesco zählt folgende Regionen auf:

147

➤ in der deutschsprachigen Schweiz,
➤ im mittleren und südlichen Baden-Württemberg,
➤ in Bayerisch-Schwaben,
➤ in Vorarlberg,
➤ in Teilen des Tiroler Bezirks Reutte,
➤ im Fürstentum Liechtenstein,
➤ im größten Teil des Elsass,
➤ in Italien in Teilen des Aostatals und des Nordpiemonts;
➤ das Alemán Coloneiro, das auf dem Alemannischen beruht, wird in Colonia Tovar in Venezuela gesprochen.

Wie kam das Alemannisch-Badische nach Venezuela? Am 18. Dezember 1842 wanderten 391 Bürger aus der Gegend des Kaiserstuhls, vornehmlich aus Endingen, Forchheim, Wyhl und Oberbergen, über Le Havre nach Venezuela aus. Nach einer Flussfahrt auf dem Rhein bis Straßburg begann eine dreiwöchige Wanderung mit allem Gepäck durch das kalte und winterliche Frankreich nach Le Havre. In Le Havre legten die Emigranten am 19. Januar 1843 ab. Als sie am 4. März in Venezuela ankamen, wurde das Schiff fast vier Wochen unter Quarantäne gestellt. Am 31. März setzten die 80 Familien die mühsame Reise zu Fuß und mit Maultieren fort, bis sie nach Tagen in ihrem neuen, abgeschiedenen Siedlungsgebiet ankamen. Bis heute pflegen die Nachkommen ihre Sprache im alemannischen Dialekt und ihre Traditionen bis hin zur alemannischen Fastnacht. Das Dorf zeigt sich mit schmucken Fachwerkhäusern und einer Fachwerkkirche.

Wann gilt nun eine Sprache als gefährdet? Zunächst einmal, wenn ihre Sprecher weniger werden oder wenn ihre Sprecher immer mehr zu einer anderen Sprache umschwenken. Dies ist bei den schwäbisch-alemannischen Dialekten sowohl demographisch der Fall – immer weniger Kinder werden geboren – als auch dadurch, dass in den Medien und der Schule Hochdeutsch dominiert. Wobei sich, so nebenbei bemerkt, ein neues Kauderwelsch unter Gymnasiasten entwickelt, das weder Hochdeutsch noch Schwäbisch ist, sondern beides gleichzeitig – ähnlich wie Türkisch-Deutsch, das eher als Kiez-Deutsch zu bezeichnen wäre, weil es auch nichttürkische Jugendliche sprechen.

Hinzu kommt ein abgeschliffener Dialekt in den Städten, der sich über die Randgebiete weiter aufs Land verbreitet. Dialekt wird in bildungsbürgerlichen Familien immer weniger oder vereinfacht – das heißt dem Hochdeutschen angepasst – gesprochen. Dabei findet eine Abgrenzung zu starken Dialektsprechern aus bildungsferneren Schichten statt. Zwischen den Generationen verringert sich die Weitergabe der Mundart, nicht nur insgesamt, sondern auch im Detail, etwa, was den Reichtum des Wortschatzes oder die grammatikalischen Eigenheiten angeht. Übrig bleiben im besten Falle Dokumentation, Tonarchivierung und Folklore.

Obwohl sie das definitiv nicht von mir haben können, sprechen meine beiden Kinder geschliffenes Hochdeutsch, das wie ein paar Edelsteine ein paar schwäbische Solitärwörter (Einzelfalschbetonungen und schwäbische Tonmelodie) in sich trägt. Wenn sie zärtlich zu mir sein wollen, weil zum Beispiel ihr Geburtstag ansteht, sprechen sie mich auf Schwäbisch an, welches ähnlich gekünstelt klingt, wie wenn Erwin Teufel versuchte, hochdeutsch zu reden.

Doch bäumt sich der Dialekt auch auf, wie in den Achtzigerjahren das Aufkommen des regionalen Dialektrocks zeigt. Erinnert sei an den unvergleichlichen Wolle Kriwanek oder an die Rockbands Schwoißfuaß und Grachmusikoff, die in Baden-Württemberg über den engen schwäbischen Sprachraum hinaus bekannt wurden. Die heutige bundesweite Comedy-Welle wäre ohne Dialekt nicht vorstellbar. Und 2010 hat beispielsweise die 28-jährige Wendlinger Autorin Melanie Fritz, die unter dem Kürzel M. C. Fritz schreibt, ihren furiosen Trash-Roman »Weltmeister im Handtuchwerfen« vorgelegt, der in Stuttgart spielt und in dem sich Jugendliche und junge Erwachsene von der ersten bis zur letzten Seite in breitem Schwäbisch unterhalten.

Man spricht von einer Art »Dialektrenaissance«. In der Freude am eigenen Dialekt und damit einer regionalen Identität wird einer unüberschaubaren Pluralität eine überschaubare Welt gegenübergestellt. Im positiven Sinn hat die deutsche Sprache für diesen Umstand das ihr eigene, nicht übersetzbare Wort Heimat.

Es ist ein Begriff, in dem auch das Wort »Heim« steckt, das gute und schlechte Assoziationen wecken kann. Aber im Dialekt, so auch im Schwäbischen, sind positive Verwandtschaften zu entdecken.

»I gang hoim« meint »Ich gehe nach Hause«. »Hoim« lässt aber viel mehr Heimatgefühl mitschwingen, als es ein »Haus« tun kann. In »Dr'hoim« wird ein viel breiterer Umfang an Gefühl und Raum spürbar, als in »zu Hause«.

Honoratiorenschwäbisch

Von Hochdeutsch Sprechenden werden Dialekte gerne als eine Abart des Hochdeutschen gesehen. So kommt es im Film rüber, wenn Dialoge auf Hochdeutsch geschrieben und dann ins Schwäbische übertragen werden. Das ist dann kein Schwäbisch als Dialekt, sondern Hochdeutsch mit starkem Akzent. So wie Schwaben am Telefon mit einem Hamburger sprechen. Dagegen ist jeder Dialekt als eigenes Sprachsystem zu verstehen, mit eigener Grammatik, eigenem Vokabular und eigenen Bedeutungsinhalten.

In Wahrheit ist eher das heutige Hochdeutsch eine Entwicklung niederdeutscher Dialekte, denn das eigentliche Hochdeutsch sprach man in SchwaBaden. Die Klassifizierung orientiert sich nämlich an der Geografie Deutschlands, nämlich Hoch- wie Berge und Nieder- wie flaches Land. Die Wertung – Hochdeutsch im Sinne von höheres Deutsch gegenüber dem »niederen« Dialekt – ist eine neuere umgangssprachliche Entwicklung, die viel eher mit der Verbreitung von Radio und Fernsehen und einem flexiblen Arbeitsmarkt in Verbindung zu bringen ist.

Beruhigend ist, dass zwei nicht ganz unbedeutende deutsche Dichter Dialektsprecher waren. Goethe sprach Hessisch und Schiller astreines Schwäbisch. Schwäbischen Singsang und schwäbische Aussprache konnte er nicht ablegen.

Eine Scherzfrage lautet: Was sagte der große Dichter und Dramatiker Friedrich Schiller, als er zu seinem dreißigsten Geburtstag einen Blumenstrauß mit nur neunundzwanzig Rosen geschenkt bekam? Antwort: »So ebbes!«

Die Hochsprache, wenn man so möchte, war die Sprache, die am Hof gesprochen wurde, und das war üblicherweise Französisch. Als Sprache der Medien, wie Zeitung und Theater, machte sich im aufkommenden Bürgertum mehr und mehr ein Deutsch breit, das sich dann zu unserem heutigen Hochdeutsch entwickelte. Etwas verkürzt erklärt, Sprachforscher und Germanisten mögen verzeihen.

Jede Sprache und jeder Dialekt spiegeln eigene Weltsicht, eigenes Wertesystem, eigene Philosophie und eigenen kulturellen Reichtum wider. Verlorene Sprachen bedeuten untergegangenes Wissen, denn nicht alles kann niedergeschrieben werden. Viel Kultur ereignet sich just im Moment der sprachlichen Kommunikation. So sei hier zum Schutz der alemannisch-schwäbischen und fränkischen Dialekte in Baden-Württemberg aufgerufen. Rettet die schwäbischen Mundartfärbungen und die Dialekte Badens und des Frankenlands!

Wie wäre es, wenn unsere Landespolitiker in Zukunft nur noch in wirklichem Dialekt Interviews gäben? Und nicht mehr nur mit Akzent? Auswirkungen würde dies nicht haben, denn verstanden hat man sie auch bislang nicht – oder man ist bei ihren Antworten weggenickt.

Auch der schwäbisch-alemannische Dialekt hat seine Eigenarten und Feinheiten in Wortschatz und Grammatik. Die Art und Weise, Themen anzuschlagen und ein Gespräch zu beginnen oder zu führen, ist von der Struktur eines Dialekts abhängig, der einen Spiegel der Menschen in einem Landstrich darstellt.

Unvergessen, wie es für mich als Kind war, wenn Omas Freundin zu Besuch kam. Die hieß eigenartigerweise »Frau Neidhart« und wenn ich mich recht erinnere, nannte auch meine Oma sie so. Frau Neidhart hatte einen wirklich klitzekleinen Bauernhof in der drei Kilometer entfernten Ortschaft Beinstein. Wenn ihre Hühner genug Eier gelegt hatten und wenn genug Salat reif war, packte sie alles in einen Korb und fuhr mit ihrem Moped, ein Kopftuch auf dem grauen Dutt, knatternd ein paar Bekannte ab, die nicht bestellt und gefragt hatten, sondern abnehmen mussten, was es gab und dies auch gerne taten. Jeder Verkaufskontakt nahm eine gute Stunde in Beschlag, denn es wurde nicht nur ausgeliefert und kassiert, sondern auch Kaffee getrunken und geratscht. Frau Neidhart wohnte, wie erwähnt, gerade mal drei Kilometer weg von Waiblingen und hatte doch einen völlig anderen Dialekt, wie mir als Kind schien: Sie benutzte andere Worte, eine andere Grammatik und hatte eine andere Sprachmelodie aufzuweisen. Unglaublich! Solche Vielfalt ist rettungslos verloren, leider. Man könnte heulen.

Kitschle, Bädschle und Tschaule

Eine folkloristische Verballhornung des schwäbisch-alemannischen Dialekts ist es, an jedes Substantiv ein »-le« anzuhängen. Das ist nicht Schwäbisch, sondern Kitsch. Wer den Dialekt auf Häusle, Mäusle, Kätzle, Spätzle reduziert, hat ihn nicht verstanden. Ein »-le« macht so wenig Schwäbisch wie eine Schwalbe einen verhagelten Sommer.

Gleichwohl kann man im schwäbischen Dialekt die Verkleinerungsform »-le« (im alemannischen »-li«) auch an Wörter hängen, bei denen es in anderen Sprachen nicht geht. Zum Beispiel: Adele, Tschüssle, Tschaueli, Grüß Gottle, Ach du liabs Herrgöttle, des Mädele/Maideli.

Es sei hier auf die Feinheit hingewiesen, dass es im Schwäbischen mehrere Verkleinerungsformen gibt, nämlich »-le«, »-la« und »–ele«. Beispiel: des Häusle, dia Häusla – das Häuschen, die Häuschen. Aber auch Verben können verkleinert werden, wie zum Beispiel beim Lob eines Kindes am Tisch: Dua duasch abr guhd essala – du isst mit großem Appetit.

Das »-le« ist zwar der Form nach eine Verkleinerung, gemeint ist es aber in den meisten Fällen als Amativ, das heißt als Liebesform. Ein Häusle kann ein kleines oder ein großes Gebäude sein – es ist auf jeden Fall ein Objekt der Zuneigung. »Weib« oder

»Wiib« sagt man zur Frau, »Weible« oder »Wiibli« schließt die Umarmung mit ein. Und wie schlimm wäre es, wenn Spätzle wirklich kleine Spatzen wären!

Das Lächeln über den Schwaben, der als Märchen- und Schwankfigur seit Aufkommen der Geschichte von den Sieben Schwaben den dummen August geben musste, hat eine lange Tradition der Verunsicherung hervorgebracht. Sie schlug sich nicht nur in der panischen Angst nieder, unter Deutschen sprachlich nicht verstanden zu werden, sondern auch in Mustern, sich zu äußern.

Ob Entrüstung oder verdeckte Aufforderung – der Schwabe wird mit hoher Wahrscheinlichkeit eine rhetorische Frage stellen. Möchte er in einer Bürgerversammlung darauf drängen, dass der Plastikmüll künftig in Abfalltonnen statt Gelben Säcke entsorgt werden, damit die Straßen der Gemeinde nicht tagelang von Gelbe-Säcke-Bergen verunziert werden, macht er seiner Verärgerung Luft, indem er sagt: »Dia Gelbe Säck, ja, muaß des denn sei?«

Oder beim sonntäglichen Mittagessen sagt der Vater beiläufig: »Gibt's heut koi Salz?« Sofort springt Mutter auf und holt den Salzstreuer aus der Küche.

Eine Spezialität ist der Konjunktiv, der im Schwäbischen mit Hilfsverb gebildet wird. Insbesondere mit »wär« oder mit »tätest« beziehungsweise »dätsch«, das an die Stelle von »würdest du« rückt. Beispiel: »Dätsch amol dei Maul halda!« – Würdest du bitte still sein!

Die Mutter ist schon auf halbem Weg in die Küche, da hört sie vom Tisch die Frage: »Wenn du grad scho dr'bei wärsch, dätsch na au glei dr Pfeffer mitbrenga?«

Auch Tatsachen, die schon stattfinden, wie hier der Gang der Mutter in die Küche, können im Schwäbischen in der Möglichkeitsform gesagt werden. Dies ist einerseits eine Höflichkeitsform, weil etwas nicht deutlich ausgesprochen, sondern nur angesprochen wird, anderseits könnte es ja auch sein, dass Mutter entgegen aller Gewohnheit was anderes macht, dann hätte der Vater sicherheitshalber mit seiner Möglichkeitsform Recht behalten. Und Recht behalten ist ganz wichtig für den Schwaben. Er weiß alles besser und kann es besser, deswegen werden hierzuland so viele Patente angemeldet.

Einer meiner Freunde pflegt zu seiner am Tisch sitzenden Frau zu sagen: »Schatz, wenn du scho stohsch, dädsch mir no a Bier brenga?«

Eine andere Situation der in die Zukunft gedachten Möglichkeit zeigt in manchen Gegenden der Abschiedsgruß am Stammtisch, indem man mit den Knöcheln auf die Tischplatte klopft und sagt: »I wär no ganga!«, also »Ich wäre dann gegangen!« Das meint: Ich gehe jetzt; falls aber jemand fragen sollte, nachdem ich gegangen bin, ob ich auch am Tisch sitzen würde, könnt ihr ihm sagen, dass er mich deshalb nicht sieht, weil ich schon gegangen bin.

Das nennt man im Schwäbischen »hinterschefür«.

Oder beim Sommerschlussverkauf: »Was dät no die Blus koschta?« Auf deutsch: »Was würde die Bluse kosten, wenn ich mich entschließen würde, sie zu kaufen?« Antwort der Verkäuferin: »Dia dät auf – lasset Se mi grad mol gucka – also dia wär no au rag'setzt von 40 auf 20 Euro!« Antwort: »I dät's mir dann nomol überlega.«

Der Schwabe hat eine große Lust an Wortspielereien, die mit dem schwäbischen Dialekt zu tun haben. Mit der Verballhornung seines Dialekts kann er sich gegen ihn wehren und ihn gleichzeitig lieb gewinnen. Dieses »Sowohl-als-auch«-Verhalten und die dazugehörige Denkweise wurden oft beschrieben. Manche sehen darin die Keimzelle der Hegel'schen Dialektik, andere den Ausgangspunkt einer konservativ-liberalen politischen Haltung im Land.

Vielleicht hat auch der einstmalige politische und konfessionelle Flickenteppich, aus dem letztendlich das Land Baden-Württemberg hervorging, zu so einer konservativen, aber offenen »Sowohl-als-auch«-Mentalität geführt.

Das kostet ein Lächeln, das sparen wir uns

Warum heißt das Handy eigentlich Handy? Mit den ersten Mobiltelefonen kam auch diese Scherzfrage auf. Antwort: »Mr frogt sich: *Hen die* koi Kabel?« Auf Deutsch: »Man wundert sich: Haben die kein Kabel?« Hier wird im Wortspiel Schwäbisch mit einem Englisch verquickt, das eine Düsseldorfer Werbeagentur erfunden hat und im Ausland, vor allem in England und Amerika, keine Sau versteht. Schon in der Deutschschweiz heißt das Handy nicht Handy, sondern Natel.

Ein neueres Beispiel gibt eine Antwort auf die Frage, was ein Hedgefond sei: »Hättsch dei Geld net im Hedgefond, no hättsch's no.«

Wesentliche Eigenart von Mensch und Sprache ist der Humor, der zum Ausdruck kommt. Für die meisten Ignoranten haben Schwaben keinen Humor. Es gibt zwar die Gogenwitze, die im Tübinger Spannungsverhältnis zwischen Weingärtner und Akademiker angesiedelt sind, aber die versteht sprachlich kein Norddeutscher, und wenn man ihm den Witz erklärt, versteht er ihn inhaltlich nicht. Dabei ist es nicht schwer. Vielleicht liegt es aber auch am Norddeutschen. Gogenwitze sind regional angesiedelt. Wenn der Witz dann im Sprachlichen liegt, also der Dialekt mit sich selbst Scherze treibt, ist für einen Nichtschwaben sowieso der Ofen aus.

Ist aber nicht schlimm, liebe Leute, wir sind ja schließlich keine Klinkenputzer des schwäbischen Humors, sondern wir lassen ihn täglich entstehen, hier und überall, aber nur wir verstehen ihn. Damit andere nicht merken, dass es gerade lustig war, schmunzeln wir mit ernstem Gesicht in uns hinein und abends gehen wir zum Lachen in den Keller, nicht ohne dabei ein Krügle Moscht abzufüllen, wenn wir schon dabei wären.

Doppelte Deutungsmöglichkeiten reizen den Schwaben. Als Beispiel ein Gogenwitz. Zwei Gogen versuchen am Stammtisch sich der Bedeutung von »relativ« zu nähern. Erklärt der eine: »Agnomma, du stecksch dei Nas en mein Arsch nei, no hosch du a Nas em Arsch ond i han a Nas em Arsch. Aber i bin relativ besser dra.«

Im Dialekt haben ja oft Wörter und Bedeutungen überlebt, die in der Hochsprache entweder abgeschliffen wurden oder untergegangen sind. Ein »doppeltes« Wort ist für den Schwaben beispielsweise »Mensch«. Üblicherweise heißt es »der Mensch«, aber Schwäbisch kennt auch »das Mensch«. »Das Mensch« wird als Schimpfwort benutzt für eine liederliche Frauensperson. Die Mehrzahlform wird sehr schwäbisch mit »-er« gebildet: »die Menscher«. Es gibt Steigerungen wie »das Saumensch« oder »das Lumpenmensch«. Wird das Mensch aber mit »-le« verniedlicht zu »das Menschle«, wandelt sich das Schimpfwort zu einer schnuckeligen Sehnsuchtsprojektion älterer Männer, vor allem, wenn es sich um ein nettes Menschle handelt. Dann befindet sich das Menschle ganz in der Nähe von einer sauberen Metz. So sagt man im Schwäbisch Gmünder Raum zu einem hübschen Mädchen. Dort gab es früher das Metzen- und das Bubengymnasium. Nur in dieser Gegend wird ein Mädchen im positiven Sinne noch als eine Metz bezeichnet, woanders hat sich die Bedeutung zu »Dirne« gewandelt.

Im 15. Jahrhundert kam schon neben der Form »der Mensch« die Form »das Mensch« auf, im positiven Sinne für junge Frau, Mädchen oder Magd. Vor allem in Süddeutschland, wie es bis heute im schwäbischen Dialekt der Fall ist. Erst im 18. Jahrhundert wird das Wort abwertend gebraucht, außer im Schwäbischen. Da bleibt das Mensch ein guter Mensch.

Oder auch nicht, es kommt auf den Kontext an.

Zwei Freunde unterhalten sich: »I glaub, mei Weib wird so langsam a Drecksau.«

»Wir kommsch denn da drauf?«, entgegnet der andere.

»Woisch, geschtern Nacht bin i so gega zwölfe von dr Wirtschaft hoimkomma, ond wia jeden Abend möcht i no, bevor i ens Bett gang, en dr Spülstoi soicha.«

»Ond?«

»Was ond? Stoht doch do nachts no 's dreckete Kaffeeg'schirr, wo des Mensch dr ganze Tag net abg'spült hot.«

Vermutlich ist die derbe Ironie die Seele des schwäbischen Humors. Kein Wunder, dass ihn niemand außerhalb Baden-Württembergs versteht. Da fällt mir noch einer ein:

Sagt der Schwabe am Tresen gedankenverloren zu seinem Kumpel: »I glaub, mei Frau isch gstorbe!«

Der Kumpel erschrickt: »Um Gottes wille, wie kommsch denn da drauf?«

»Ha«, seufzt der erste, »im Bett isch's wie immer – aber die Küche sieht aus!«

Wir setzen uns humorvoll mit den absoluten Katastrophen auseinander, damit sie uns, wenn sie eintreten, bekannt vorkommen und nicht lähmen und vom Schaffen abhalten können. Das fängt schon ganz früh an. Erzählt der Zweitklässer der Lehrerin: »Geschtern hemmor d'Oma in Keller gschickt zum Kartoffle hole, no isch se ausgrutscht und gstorbe!«

»Herrje!« sagt die Lehrerin erbleichend, »was habt ihr dann gemacht?«

»In Gott's Name Reis!«

Oft wird sich mit insiderischem Augenzwinkern an den Feinheiten des Dialekts ergötzt oder typische Verhaltensweisen werden durch den Kakao gezogen – bei uns Schwaben sagt man: »auf d' Schipp g'nomma«.

Als ironische Redensart und Parodie gleichermaßen kann der oft gehörte Ausspruch gelten: »I schmeiß dir dann au amol an Stoi en Garten.« Auf Deutsch: »Ich werfe dir dann auch einmal einen Stein in deinen Garten.« Das geht zurück auf die Redensart »bei jemandem einen Stein im Brett haben«. Gemeint ist ursprünglich ein Spielstein in einem Brettspiel. Mit der Redensart wird angekündigt, dass ich jemandem, der mir einen Gefallen getan hat, gelegentlich ebenfalls etwas Gutes tue.

Im Dialekt wird aus dem Spielstein ein echter Stein. Auf der Schwäbischen Alb wird dies kaum jemanden beeindrucken, denn dort liegen die Gärten schon immer voller Steine. In allen anderen Gegenden jedoch bedeutet, einem anzudrohen, ihm einen Stein in den Garten zu werfen, ihm zu schaden, ihm zumindest unnötige Arbeit zu verschaffen. Gemeint ist das ironisch, denn in Wirklichkeit möchte ich ja sagen, dass mein Gegenüber sicher sein kann, dass ich ihm einmal wohlwollend entgegenkommen und ihm helfen werde. Aber so offen und direkt würden wir Schwaben so etwas niemals sagen. Vorher machen wir uns einen Knoten in die Zunge und versinken bis zum Hals im Erdbeerbeet, dass der knallrot angelaufene Kopf mit einem überreifen Brestling verwechselt wird.

Schwäbisch-alemannisches Regelwerk

Neben all dem bestimmen, wie bei jedem Dialekt, einige grammatikalische Eigenheiten den schwäbisch-alemannischen Dialekt. Nachfolgend eine Auswahl:

Der Dativ wird verwendet, wo im Hochdeutschen ein Genetiv käme. Dies ist aber auch in anderen Mundarten der Fall. Zum Beispiel: Meines Bruders Moped – »Meim Bruder sei Moped«. Dies gibt es auch als doppelten Genetiv: Meines Bruders Autos Kühler ist undicht – »Meim Bruder seim Auto sein Kiahler soicht.«

Bei manchen Verben wird auch das Dativ- statt des Akkusativobjekts verwendet: »I leit dr a« – hochdeutsch: Ich läute dir an – statt: Ich läute dich an – gemeint ist: Ich rufe dich an.

Das Präteritum, also die klassische Erzählvergangenheitsform – Beispiel: Ich sagte – klingt für einen südwestdeutschen Dialektsprecher, als ob das Gesagte nichts mit seinem Leben zu tun hätte. Das ist ganz einfach zu vage, lieber geht man davon aus, dass etwas vollendet ist, von einer Tatsache. Hier zeigt sich im schwäbischen Dialekt ein bodenständiger Realitätssinn. Im schwäbischen-alemannischen Sprachraum wird deshalb zum Berichten der Vergangenheit fast ausschließlich das Perfekt (lat.: »vollendet«) verwendet, wie zum Beispiel: »I han gsait« – Ich habe gesagt.

Statt Plusquamperfekt (wörtlich: »mehr als vollendet«) wird das doppelte Perfekt verwendet. Beispiel: Nachdem ich die Wiese gemäht hatte, nahm ich einen Imbiss zu mir. Der erste Teilsatz greift in eine weiter zurückliegende Vergangenheit und steht im Plusquamperfekt, darauf folgt eine Aussage im Präteritum. Auf Schwäbisch: »Wo e s'Wiasle gmäht ghet han, hanne gvespert.« Das doppelte Perfekt ist im süddeutschen Sprachgebiet entstanden, um Vorzeitigkeit auszudrücken, wenn im Perfekt erzählt wird. Sein Gebrauch gilt in der Schriftsprache bislang als grammatisch falsch.

»Wo« wird als unveränderliches Relativpronomen verwendet. Auch zum Beispiel im Fränkischen. Es steht an Stelle von »der«, »die«, »das«, »welcher«, »welche«, »welches«. Beispiel: »Der wo dr Ball hot, muass gucka, wo oiner freistoht, der wo aspielbar isch ond dem wo er dr Ball zuaspiala ka.« – Wer den Ball hat, muss sehen, ob einer frei steht, der anspielbar ist und dem er den Ball zuspielen kann.

Oft fällt die Vorsilbe »ge-« bei den Partizipien von Verben auf -g, -k, -b, -p, -d und -t weg: »ganga«, »komma«, »brochd«, »butzd«, »donnerd«, »drongga« (gegangen, gekommen, gebracht, geputzt, gedonnert, getrunken). Bei den Partizipien, die mit anderen Buchstaben beginnen, reicht uns Süddeutschen ein »g-«, wo die Norddeutschen mit »ge-« eine ganze Silbe benötigen: »ghet«, »gnomma«, »gessa« (gehabt, genommen, gegessen). Ein Beispiel im Stuttgarter Schwäbisch: »Wo dia Finanzblos platzt isch, hädded mir womeglich au Geld verlora, wenn mr onser Häusle net scho abzahlt ghet häddet, aber domols hot meira Frau ihr Vadder ons a bissle ebbes geba.« – Als die Finanzblase platzte, hätten wir vielleicht auch Geld verloren, wenn unsere Immobilie nicht schon abbezahlt gewesen wäre; damals unterstützte uns mein Schwiegervater.

Die schwäbische Ansage der Uhrzeiten wird oft als besonderes Merkmal des Dialekts beschrieben, jedoch so ist es nicht. Denn »vierdl viere« oder »drei vierdl fembfe« an Stelle von Viertel nach drei oder Viertel vor fünf wird beispielsweise auch in Berlin, Sachsen und Sachsen-Anhalt gesagt und verstanden. »Sieba noch drei vierdl faife« – also sieben Minuten nach dreiviertel fünf Uhr – dagegen eher nicht, denn da sagt man woanders: acht Minuten vor fünf Uhr – oder: sechzehn Uhr zweiundfünfzig.

Halten heißt heba, heben heißt lupfa

Wie zu erwarten war, werden im schwäbisch-alemannischen Dialekt gegenüber dem Hochdeutschen ein paar Artikel anders gesetzt – der Butter statt die Butter – und es gibt abweichende Bedeutungen von Bezeichnungen, wie wir das bei »der Mensch« und »das Mensch« schon hatten. Bekannt ist der Fuß, der im Schwäbischen das ganze Bein meint. Nur so ist die Antwort des schwäbischen Fußballnationalspielers Guido Buchwald zu verstehen, als er nach einer Verletzung gefragt wurde: »Ich habe eine Oberschenkelzerrung im linken Fuß.«

Was üblicherweise beim Menschen als Rücken bezeichnet wird, ist beim Schwaben »s'Kreuz«. Rückenschmerzen sind »Kreuzschmerzen«. Ein »Kittel« ist eine Jacke, ein »Karton« eine schwäbische Schachtel. Kinder sammeln Maikäfer in einem »Schuhkarton« mit Löchern.

Eine Stubenfliege (Musca domestica) heißt im Schwäbischen »Mugg« von Mücke (oder auch »Fluig« von Fliege), eine Mücke beziehungsweise Stechmücke (Culicidae) wird als »Schnog« (Schnake) bezeichnet.

Ein »Muggaseggele« ist etwas sehr Kleines, es ist ganz wenig. Als Beispiel für eine kleine Maßeinheit dient hier das Geschlechtsteil einer männlichen Fliege, das auch noch sprachlich verkleinert wird. Kleiner geht es nur noch im Nano-Bereich oder in der Quantenphysik zu. Kleiner als ein Muggaseggele» ist eigentlich gar nichts mehr, höchstens noch ein Teil davon, also ein »Muggaseggelesbreggale«.

»Ganga« (gehen) wird nur benutzt, um den Ortswechsel zu beschreiben – zum Beispiel: »Wenn dia koin Caipi me ausschenkat, no ganga mr!« – Wenn in diesem Lokal kein Caipirinha mehr ausgeschenkt wird, dann gehen wir.

Ein weiteres Beispiel und zugleich ein marderalter, aber immer noch schöner Witz: Ein Bauer von der Schwäbischen Alb fährt zum ersten Mal mit seinem Auto in eine Waschstraße. Nach einigen Minuten kommt das Auto ohne Fahrer zum Vorschein und dahinter drückt es den Bauer zwischen den nassen Walzen hervor. Erschrocken sagt der Tankwart: »Was isch denn bassiert?« Antwortet der Bauer: »Do war a Schild, do isch gstanda: Gang raus!«

Für Fremde gewohnheitsbedürftig, sagt man »laufa« für gehen, »springa« für laufen, und »hopfa« (hüpfen) für springen. Für schnelles Laufen, aber auch für schnelles Fahren, gibt es dann mehrere Ausdrücke, wie zum Beispiel »jucka«, »saua«, »reifla«, »brettra«, »brezla«.

Halten heißt im Schwäbischen »heba« (heben). Heben heißt »lupfa«. Kleben heißt »bäppa«, Klebstoff heißt »Bäpp«. Beispiel: »Der Sekundabäpp do hanna hebt besser wia dr katholische Glauba, mit dem könnscht au grad an Henkel an en Elefanta nabäppa, damit en besser en dr erschte Stock nufflupfa kennsch.« – Dieser Sekundenklebstoff hält stärker als der katholische Glauben, man könnte mit ihm auch einen Handgriff an einen Elefanten kleben, um ihn einfacher in den ersten Stock hochheben zu können.

Ein Schwabe arbeitet nicht, sondern er »schafft«. Er geht nicht zur Arbeit, sondern ins Geschäft. Redensart: »Schaffa isch a Gschäft.«

Ein »Gschäftle« macht ein Kind ins »Töpfle«.

Als »Teppich« wird auch eine (Woll-)Decke bezeichnet, die zum Zudecken geeignet ist oder im Freibad oder am See zum Draufliegen.

Jedem Stadtteil seine eigene Dialektgruppe

Ein klischeehaft vereinfachtes Schwäbisch oder Alemannisch wird den vielen Variationen und Lautverschiebungen nicht gerecht, die sich aus unterschiedlichsten Gründen – beispielsweise geografischen Bedingungen wie Bergen, Tälern oder Flüssen oder Einflüsse durch fremde Herrschaften oder Besatzungstruppen – in der Sprachregion Baden-Württemberg gebildet haben.

Dabei entstanden linguistisch gesehen folgende schwäbisch-alemannische Dialektgruppen und Unterscheidungen in und rund um Baden-Württemberg; innerhalb jeder Gruppe gibt es natürlich weitere Differenzierungen:

➤ Niederschwäbisch (Neckarschwäbisch) im oberen und mittleren Neckartal, auch Stuttgarter Raum, und den angrenzenden Gebieten (Schwäbische Alb, Ostschwarzwald),

➤ Oberschwäbisch in Baden-Württemberg südlich der Donau und in Teilen des bayerischen Regierungsbezirks Schwaben,

➤ Ostschwäbisch in der Region Ostwürttemberg, auf der Ostalb und im bayerischen Landkreis Donau-Ries, also etwa zwischen Ulm, Donauwörth, Dinkelsbühl und Schwäbisch Gmünd; Niederschwäbisch mit Übergang zu Oberschwäbisch,

➤ Rieser Schwäbisch – eine Dialektform, die deutliche Anklänge an das Neckarschwäbische zeigt, jedoch ebenso deutlich davon verschieden ist; so sagt der Rieser nicht »Do hanna«, sondern »do dranna«, wenn er »da, dort« meint,

- Bayrisch-Schwäbisch im Brenz-Iller-Lech-Raum,
- Allgäuerisch (Tiroler Schwäbisch) im Unter- und Ost-Allgäu, auch verwendet in angrenzenden Gebieten Tirols (Lechtal, Außerfern) sowie in Vorarlberg und Oberbayern (Lechrain); klar getrennt vom niederalemannischen Allgäuerisch, das man im Ober- und Westallgäu spricht, durch die Wiib-Weib-Linie,
- Niederalemannisch: Südbadisch (Oberrheinalemannisch), Ortenauer Dialekte, Breisgauer Dialekte, Schwarzwälder Dialekte,
- Hochalemannisch: »Alemannisch« in Südbaden, Markgräflerisch, Hotzenwälderisch, Hochrhein-Alemannisch,
- Höchstalemannisch: Walliserdeutsch,
- Bodensee-Alemannisch,
- Vorarlbergisch/Liechtensteinisch,
- Elsässisch,
- (Süd-)Sundgauisch,
- Schweizerdeutsch mit zahlreichen regionalen Unterscheidungen.

Die fränkischen Dialekte, die im nördlichen Teil Baden-Württembergs gesprochen werden, sind:

- Rheinfränkisch: Pfälzisch und Kurpfälzisch in der Kurpfalz in Baden-Württemberg um Mannheim und Heidelberg.
- Ostfränkisch ist aus der Verschmelzung fränkischer, thüringischer und bairischer Dialekte entstanden. In Baden-Württemberg spricht man es in regional unterschiedlichen Ausprägungen im Hohenloher Land um Crailsheim und Künzelsau sowie im Taubergrund um Tauberbischofsheim und Wertheim. Das Ostfränkische entspricht der Mundart, die man heute allgemein unter »Fränkisch« versteht.
- Südfränkisch ist eine Gruppe uneinheitlicher Übergangsdialekte des nördlichen Baden-Württembergs, im Grenzgebiet zwischen ober- und mitteldeutschem

Sprachraum. Sie entstanden im Spannungsfeld zwischen Schwäbisch-Alemannisch, Rheinfränkisch und Ostfränkisch. Die diversen Idiome sind räumlich eng begrenzt und werden um die Zentren Karlsruhe, Pforzheim und Heilbronn sowie im Kraichgau gesprochen. Im Enztal südlich von Pforzheim, wo Fränkisch und Schwäbisch aufeinanderstoßen, spricht man Enztalfränkisch oder Enztalschwäbisch.

Über Dialekt in Baden-Württemberg zu schreiben, ist ein schwieriges Unterfangen. Neben den groben Einteilungen existieren unzählige Strömungen. Oft gibt es Unterschiede von Dorf zu Dorf – man erinnere sich an Omas Freundin Frau Neidhart aus Beinstein. Manchmal läuft sogar zwischen Ortschaften eine Sprachgrenze hindurch, dann spricht das eine Dorf Schwäbisch und das andere Fränkisch beziehungsweise Hohelohisch. In Baden wird Alemannisch, Kurpfälzisch und Fränkisch gesprochen, im württembergischen Teil Schwäbisch, Alemannisch und ebenfalls Fränkisch. Jede Region könnte eigene Begriffe und Verben aufzählen, die woanders nicht mehr gesprochen und verstanden werden. Baden-Württemberg ist ein echt multikulturelles und mehrsprachiges Land.

Ich spreche übrigens Stuttgarter Schwäbisch, weil ich in Waiblingen geboren wurde, das zum Stuttgarter Sprachraum zählt.

Das ist bei uns die Regel, das fällt uns gar nicht auf

Bei so einem vielseitigen Spektrum an Sprachmöglichkeiten und damit auch unterschiedlichen Denk- und Ausdrucksweisen kann es nicht verwundern, wenn das Ländle als das Land der Dichter und Denker bezeichnet wird.

Aus dem Mund eines SchwaBadeners kommt eine solche Charakterisierung natürlich nur en passant und neben anderen Attributen wie Land der Erfinder, Land der geringsten Arbeitslosenquote, Land der meisten Patentanmeldungen, Land der schöns-

163

ten Landschaft, Land des besten Weines, Land des schmackhaftesten Bieres, Land der vorzüglichsten Küche, Land der erfolgreichsten Sportler, Land der saubersten Flüsse, Land der besten Autos, Land mit der besten Werbekampagne, Land mit den besten Politikern an der Regierung, Land mit den sportlich-schlankesten Ministerpräsidenten und so weiter.

Tatsächlich werden stolz namhafte Dichter und Denker genannt, die jedoch oft in Gefängnisse gesteckt oder außer Landes vertrieben wurden oder die woanders größere berufliche Chancen sahen und der Enge einer fürsorglichen Heimat, bei der jeder in der Nachbarschaft auf einen aufpasst, entweichen wollten.

Eine Vollzähligkeit kann hier nicht erreicht werden, sie soll es auch nicht. Denn in die übliche Lobhudelei darüber, wen oder was die SchwaBadener hervorgebracht haben, obwohl sie körperlich eher klein und gedrungen, sprachlich eher unverständlich, vom Wesen eher gewöhnungsbedürftig und kommunikativ weder umgänglich noch zugänglich, sondern weggänglich wirken, soll wenigstens in diesem Kapitel ausnahmsweise nicht eingestimmt werden.

Erwähnen möchte man höchstens, jetzt nur mal so nebenbei, dass Georg Wilhelm Friedrich Hegel, Friedrich Schelling, Philipp Melanchthon, Martin Heidegger, Max Horkheimer, Johannes Reuchlin, Peter Sloterdijk oder auch der marxistisch orientierte Philosoph Wolfgang Fritz Haug aus Baden-Württemberg kommen. Ernst Bloch, Eduard Spranger, Hans-Georg Gadamer, Hugo Kükelhaus, Edmund Husserl und Max Bense haben hier das Zeitliche gesegnet.

Bei den Dichtern dürfte es mehr geben als bei den Denkern. Bevor wir denken, dichten wir, davon zeugt jede Ansprache bei einer Familienfeier. Beim Förderkreis Deutscher Schriftsteller in Baden-Württemberg e. V. sind rund 300 lebende, noch nicht etablierte Schriftsteller und Schriftstellerinnen eingetragen, der Verband deutscher Schriftsteller (VS) Baden-Württemberg hat mehr als 300 Mitglieder. Dabei dürfte es Überschneidungen geben. Dass es in Baden-Württemberg aber mehr als nur 300 Schriftsteller und Schriftstellerinnen geben wird, ist sehr wahrscheinlich. Wer von den Einheimischen in diesem Land – also gemeint sind Deutsche, nein: Schwaben und Badener und auch Baden-Württemberger mit Migrationshintergrund – auch Mitbürger mit Hintergrund fremder Kulturen – das heißt, so fremd sind sie nicht, wir kennen sie ja vom Urlaub, also, wer von, ach, das wird heutzutage immer schwieriger, zu sagen, wer ein badischer oder schwäbischer Literat ist, aber Sie wissen ja, wer gemeint ist, oder? Also, wer von den »sogenannten« Schwaben und Badenern schreibt und dichtet eigentlich nicht?

An erster Stelle einer kleinen Auswahl sei unser Friedrich von Schiller genannt, so etwas wie der Ahnherr der schwäbischen Dichtkunst und der Dramatik, wobei an dieser Stelle erwähnt werden darf, dass dem Schwaben generell auch das Dramatische sehr im Blut liegt. Sein schwäbisches Geschwisterkind ist das Melancholische, alle drei Sachen zusammen ergeben schwäbische Gemütlichkeit mit einem Trollinger.

Gerne erwähne ich auch Justinus Kerner, Christoph Martin Wieland, Friedrich Hölderlin, Christian Friedrich Daniel Schubart, Hermann Hesse, Eduard Mörike, Bertolt Brecht (Augsburg), Thaddäus Troll, Arnold Stadler; Sibylle Lewitscharoff, Wilhelm Genazino und Felix Huby, der uns den Bienzle geschenkt hat und in Berlin wohnt und mit dem ich mal zusammen mit Dietz-Werner Steck einen sehr lustigen und sehr langen Abend in Waiblingen in einem Restaurant versessen habe. Danach hatte Huby Stoff für einen neuen »Tatort« und Dietz-Werner einen weiteren Drehauftrag. Alle anderen Huby-Krimis kennen Sie ja schon, die haben Sie doch alle schon gelesen. Oder?

Dass der Schwabe zur Dichtkunst ein eher einfaches Verhältnis haben kann, zeigt der nächtliche schwäbische Dichterwettstreit zweier Weinstubenbesucher auf der Neckarbrücke in Tübingen.

Beginnt der eine: »I stand uff dr Brick, ond spuck de Fisch ens Gnick.«

Das war für den anderen schwer zu überbieten. Nach einer kurzen Denkpause sagte er: »Ond i stand uff dr Brick ond steck mein Fenger en Arsch.«

»Aber des reimt sich doch gar net«, eiferte sich der Frieder.

Karle: »Aber dichta tuats.«

P. S.: Vielleicht ist es auch so, dass das Dramatische, das Melancholische und der Trollinger die nötigen Zutaten zur Dichtkunst sind. Den Trollinger haben die Römer ins Land gebracht, also gab's alle drei Ingredienzien auch im 12. Jahrhundert schon. Das würde erklären, warum es im Mittelalter bei uns so viele Minnesänger gab, beispielsweise Gottfried von Neuffen, Reinmar von Zweter, Meinloh von Sevelingen, Hugo von Werenwag, Albrecht von Haigerloch, Heinrich von Rugge, Bernger von Horheim, von Wissenlo (ein Namenloser aus Wiesloch), Heinrich von Tettingen, Konrad von Kirchberg, Burkhard von Hohenfels, »Der Schenk von Limburg«, »Der Schulmeister von Esslingen«, Rumelant von Swaben, Bruno von Hornberg, Ulrich von Buwenburg, Brunwart von Augheim oder Hermann von Sachsenheim.

P. P. S.: Ich habe – Beispiele, alles Beispiele! – weniger Dichter als Philosophen aufgezählt. Das kann so natürlich nicht stehenbleiben. Drum sollen hier ein paar Poetinnen und Poeten zusätzlich erwähnt werden, schön durcheinander: Martin Walser, Ludwig Uhland, Peter Härtling, Berthold Auerbach, Alfred Andersch, der 1955 bis 1958 in Stuttgart gelebt hat, Wilhelm Hauff, Reinhold Schneider, Joseph Victor von Scheffel, Heinrich Hansjakob, Ludwig Pfau, Hans Jakob Christoffel von Grimmelshausen, Hermann Lenz, Maria Beig, Martin Andersen Nexö, der die Jahre 1923 bis 1930 in Allensbach am Bodensee verbracht hat, Friedrich Theodor Vischer, Gerd Gaiser, Margarete Hannsmann, Hermann Kurz und seine Tochter Isolde Kurz, Wilhelm Raabe, Werner Bergengruen, Ernst Jünger, Annette von Droste-Hülshoff, Albrecht Goes, Walahfried Strabo, Karoline von Günderrode, Jacob Picard, Rahel Varnhagen von Ense, die von 1816 bis 1819 in Karlsruhe gewohnt und dort einen literarischen Salon betrieben hat, Wilhelm Waiblinger, Reinhard Döhl, Marie Luise Kaschnitz, Johann Peter Hebel, Hermann Kasack, Helmut Heißenbüttel, Georg Herwegh, Gustav Schwab, René Schickele, Peter Huchel, der seine letzten Lebensjahre – 1972 bis 1981 – in Staufen im Breisgau verbracht hat, Sophie von La Roche, Michael Ende.

Manche singen, manche lassen singen, und wenn das Ballett nicht tanzt, dann tanzen die Puppen

Noch mehr Kultur

Kein anderer hat der Welt so nachhaltig gezeigt, was schwäbisches Singen ist, wie Gotthilf Fischer. Der gebürtige Plochinger, weitgereist, hoch geehrt, ist der bekannteste Chorleiter aus Baden-Württemberg. Kaum ein anderer kann ihm das Wasser reichen, was seine Vitalität – mittlerweile ist er über achtzig –, seine Geschäftstüchtigkeit, seine Selbstdarstellungslust, seinen Hunger nach neuen, auch bewusstseinserweiternden Erfahrungen (wie bei seiner Teilnahme an der Love Parade in Berlin) und die Chorleiterqualitäten eines Autodidakten anbelangt. Kaum ein anderer Schwabe hat mehr Witze auf der Abschussrampe als er. Er gilt als wandelndes Gag-Lexikon.

Die Fischer-Chöre sind ein Zusammenschluss selbstständiger Chöre mit rund 1000 Sängern und Sängerinnen, von denen Scherze verbreitet werden wie der, dass mal eine Tournee ausfiel, weil ein Sänger krank wurde. Oder wie der, dass ein Mitglied aus dem Chor ausgeschlossen wurde, weil sich herausgestellt hat: Es konnte singen! Nicht unwesentlich tragen die Fischer-Chöre zur großen kulturellen Landschaft Baden-Württembergs bei, in der keine Stadt ohne Konzert-, Mehrzweck- oder Kongresshalle auskommen kann. Kaum ein Dorf, in dem nicht eine alte Scheune, eine Mühle oder ein stillgelegter Bahnhof zu einem Kulturzentrum umgewandelt wurde. In ganz Baden-Württemberg hat sich flächendeckend eine rege Veranstaltungs- und Kulturlandschaft entwickelt.

Es scheint, als ob uns SchwaBadenern das Singen sowieso, aber auch das Theaterspielen Spaß machen würde, besonders der Schwank im Dialekt. Unzählige Theatergruppen von Vereinen nähen Kostüme und üben und proben das ganze Jahr für die Aufführung bei der Weihnachtsfeier. Wenn mehrere Vereine im Ort aktiv sind, fegt in der Adventszeit über die Bürger eine regelrechte Schwanklawine hinweg. Wegen großem Erfolg wird sowieso jede Aufführung wiederholt. Das reicht dann wieder für ein ganzes Jahr, nach Stuttgart ins Staatstheater muss man dann nicht mehr. Das Geld kann man sich sparen.

Oft entwickeln sich die Initiativen weiter und mit der Zeit kommen dabei hervorragende Leistungen zum Vorschein, wie zum Beispiel beim Kolping-Musiktheater von Schwäbisch Gmünd, das jedes Jahr mit einer großen Operetten- oder Musicalproduktion glänzt, die die Konkurrenz von etablierten Häusern nicht zu scheuen braucht.

Vielerorts haben sich aus kommunalen Initiativen überregional beachtete Theateroder Musikfestivals entwickelt. Die bekanntesten dürften sein: Schlossfestspiele Ettlingen, Opernfestspiele Heidenheim, Rossini Festspiele Wildbad, Burgfestspiele Jagsthausen, Volksschauspiele Ötigheim, Freilichtspiele Schwäbisch Hall, Schwetzinger Festspiele, Internationales Bodenseefestival, Ludwigsburger Schlossfestspiele, Zeltmusikfestival Freiburg, Theatersommer im Cluss-Garten Ludwigsburg, Isny Oper, Theater in der Orgelfabrik (Karlsruhe-Durlach), Kammeroper im Rathaushof Konstanz, Schlossfestspiele Zwingenberg, Tübinger Theatersommer, Händel-Festspiele Karlsruhe, Donaueschinger Musiktage, Musikfest Stuttgart und Europäische Kulturtage Karlsruhe.

In Baden-Württemberg haben sich nicht wenige freie Theater etabliert, teils mit, teils ohne feste Spielstätte. Um ihre Interessen im kultur- und sozialpolitischen Bereich zu bündeln, gründete sich 1991 der Landesverband Freier Theater Baden-Württemberg. In dem Verband sind zurzeit über 90 freie Theatergruppen und Solokünstler aus dem Land zusammengeschlossen. Seit 1993 wird er vom Ministerium für Wissenschaft, Forschung und Kunst Baden-Württemberg gefördert. Dies ist doch mal eine lobenswerte politische Idee und sinnvolle Maßnahme!

Denn neben den großen Bühnen hat Baden-Württemberg eine lebendige Kleintheaterszene, die aber Großes zu spielen weiß.

Wer professionell mit Puppen spielen möchte – nicht mit Barbie oder Käthe Kruse, sondern mit Stabpuppen oder Marionetten –, kann in Deutschland nur in Berlin an der Hochschule für Schauspielkunst »Ernst Busch« Puppenspielkunst studieren oder an der Staatlichen Hochschule für Musik und Darstellende Kunst in Stuttgart, wo das Studium des Figurentheaters zum Diplom führt. Viele Puppenspieler bleiben danach in Baden-Württemberg hängen. Der Kalauer hängt in der Luft und scheint unvermeidbar: In Stuttgart tanzen die Puppen!

Die bekanntesten Theatergruppen in Baden-Württemberg, die das Salz und die Würze im Theaterleben ausmachen und teilweise als Kinder- und Jugendtheater eine wichtige Rolle spielen, sind Gruppen wie das Figurentheater Baden-Württemberg, Eppinger Figurentheater, Marotte Figurentheater (Karlsruhe), Theater Ted Moré (Künzelsau), Mannheimer Puppenspiele, Knurps Puppentheater (Möckmühl), Figurentheater Raphael Mürle (Pforzheim), Figuren Theater Phoenix (Schorndorf), Gerhards Marionettentheater (Schwäbisch Hall), Gustaf und sein Ensemble (Stuttgart), Materialtheater (Stuttgart), Kleines Spectaculum (Rudersberg-Asperglen), Theater in der Badewanne (Stuttgart), Theater am Faden (Stuttgart), Theater Herrlingen (Blaustein), Deutsche Kammerschauspiele (Endingen), Kabarett Galgenstricke (Esslingen am Neckar), Theater im Marienbad – Freiburger Kinder- und Jugendtheater, Wallgrabentheater (Freiburg im Breisgau), Zimmertheater (Heidelberg), Sandkorntheater (Karlsruhe), Kammertheater Karlsruhe, Kabarett »Dusche« (Mannheim), BAAL novo (Offenburg und Straßburg), Theater Ravensburg e.V., Reutlinger Theater »Die Tonne«, Zimmertheater Rottweil, Altes Schauspielhaus und Komödie im Marquardt (Stuttgart), Theater der Altstadt (Stuttgart), Junges Ensemble (Stuttgart), Theater

Rampe (Stuttgart), Renitenztheater (Stuttgart), Eurythmeum (Stuttgart), Theater »tri-Bühne« (Stuttgart), Theaterhaus TIG 7 (Mannheim), Ensemble des Theaterhauses Stuttgart, Kabarett »Die Spiegelfechter« (Karlsruhe), Theaterschiff Heilbronn, Aktionstheater Pan.Optikum (Freiburg im Breisgau), Die Schönen der Nacht (Freiburg im Breisgau), Theater Radelrutsch (Heilbronn), Theater in der Westentasche (Ulm), Zimmertheater Tübingen, Unterwegstheater (Heidelberg), Die Färbe und die Gems in Singen, Akademietheater Ulm oder die Ulmer Spielschachtel.

Dies ist schon eine ordentliche Anzahl und liest sich fast wie der Tourplan eines Künstlers, der den Kleinkunstpreis Baden-Württemberg gewonnen hat. Und doch könnten es mehr sein. Und die Kinder- und Jugendtheater, die es gibt, könnten wesentlich mehr an Förderung und Subvention vertragen – in einem Land, in dem seit Menschengedenken eine Regierung am Schalthebel sitzt, welche aus christlichen Gründen nichts dagegen hat, wenn in einer Familie so viele Kinder wie möglich geboren werden! Mit einem Oberbürgermeister, der die Landeshauptstadt Stuttgart bereits im Frühjahr 2003 als »Kinderfreundliches Stuttgart« ausgerufen hat! Denn gerade das Kinder- und Jugendtheater kann bedeutend zur sprachlichen und kulturellen Entwicklung und Integration beitragen.

Stuttgart soll übrigens seit 2003 die kinderfreundlichste Stadt in Deutschland werden. Schon bemerkt?

Auch in Baden-Württemberg werden zuerst die repräsentativen Leuchttürme geschmiert, damit die ordentlich weit blinken können, während für eine Straßenbeleuchtung für Kinder und Jugendliche im theatralen Sinne auch ein Dämmerlicht genügen soll.

Leuchttürme mit Bühnenscheinwerfern

Wer auf hohem Niveau jammern darf, sind die Badische Landesbühne Bruchsal, die Württembergische Landesbühne Esslingen am Neckar und das Landestheater Württemberg-Hohenzollern Tübingen Reutlingen. Sie zählen schon zu den erwünschten baden-württembergischen Leuchttürmen.

Eine außergewöhnliche Stellung nimmt das Theater Lindenhof im Burladinger Stadtteil Melchingen auf der Zollernalb ein: Es ist Deutschlands erstes und einziges Regionaltheater. Seit 30 Jahren kommt hier professionelles, kritisches Theater rund ums Thema »Heimat« auf die Bretter mit vielen selbst geschriebenen Stücken, aber auch solchen, die etwa Peter Härtling oder Felix Huby eigens für die Melchinger verfasst haben. In Melchingen wird nichts idealisiert; »Heimat« hat hier wirklich mit »daheim« zu tun und nicht mit Schwabenklischees. Berühmt sind die vielfach ausgezeichneten Theatermacher auch für ihre Freiluftinszenierungen, mal auf einer Neckarinsel, mal im fahrenden Zug, mal bei Spaziergängen über Land.

Am hellsten aber strahlen das Staatstheater Stuttgart und das Badische Staatstheater Karlsruhe. Allerdings darf man dabei nicht Äpfel mit Birnen vergleichen – das Drei-Sparten-Theater in Karlsruhe wird von Stadt und Land mit 35 Millionen Euro im Jahr bezuschusst, Stuttgart sogar mit mehr als 70 Millionen.

Das Staatstheater Stuttgart gilt als größtes Drei-Sparten-Theater der Welt mit Schauspiel, Oper und Ballett.

Man möchte den Satz gerne wiederholen, denn Superlative mögen wir doch sehr: In Stuttgart steht das größte Drei-Sparten-Theater, und zwar nicht von Baden-Württemberg, nicht Deutschlands, auch nicht Europas, sondern der ganzen Welt! Sodele. Do henner's!

Dass die Oper in Stuttgart, in einer Stadt, die im nördlichen Deutschland als gar nicht existent empfunden wird, von der Kritik im Jahr 2006 zur »Oper des Jahres« – übrigens zum sechsten Mal –, das Schauspiel zum »Theater des Jahres« und der Staatsopernchor zum besten Opernchor Deutschlands – und das bereits zum siebten Mal – gewählt wurden, lief uns Schwaben wie Öl hinunter. Zumindest denjenigen, die auch die Häuser besuchen. Die meisten aber bleiben ja sowieso zuhause, weil sie zweimal in den Theaterabend bei der Vereinsweihnachtsfeier gehen. Das reicht.

171

Eine besondere Rolle spielen die Kongress- und Konzerthallen, die in den Siebziger- und Achtzigerjahren in den baden-württembergischen Städten wie die Pilze aus dem Gemeindeboden schossen. Sie sind Spielstätten von Tourneetheatern, bei denen man das bekannte Fernsehgesicht auf der Bühne inmitten sonst ziemlich unbekannter Schauspieler und Schauspielerinnen erleben kann, zu Weihnachten eine brasilianische Tanzgruppe, bei der besonders die sparsam bekleideten Tänzerinnen angenehm auffallen, weil dem Schwaben das Sparsame gefällt, und die Konzertreihen von anfänglich drei, dann fünf, dann zehn Tenören auch mal durch das Konzert eines bulgarischen Frauenchors in volkstümlichen Trachten aufgelockert wird.

Eine Besonderheit stellt das Theaterhaus in Stuttgart dar, das in einer renovierten und umgebauten Fabrik die sogenannte Off-Kultur zeigt. Auch das Theaterhaus ist ein Drei-Sparten-Haus, mit dem Unterschied zum Staatstheater, dass es das Sprechtheater in Richtung Kabarett und Comedy erweitert. Zudem dient es als Konzert- und als Literaturhaus. Es gehört in seiner Art und Ausrichtung zu den erfolgreichsten in Europa, von Deutschland sowieso.

Das Theaterhaus Stuttgart ist das größte alternative Drei-Sparten-Haus in Europa! Ach was, der Welt!

Das sei zum Schluss in aller Bescheidenheit und zurückhaltender Demut gesagt. Wir wollen ja schließlich nicht aufschneiden. So soll die Information, dass ich dort regelmässig mit meinen Programmen auftrete, ganz unter den Tisch fallen. Man will ja nicht angeben, wie stohsch do!

172

Kein keusches Kloster

Sex im Ländle

Von der fleißigen Produktivkraft der Schwaben und der Badener hängt es ab, ob in einigen Jahren noch genügend Einwohner im Land leben, die das soziokulturelle Gut begreifen, welches das Land im Innersten zusammenhält. Kehrwoche, Maultaschen und Linsen mit Spätzle oder ein badisches Menü mit beispielsweise Schneckensüpple, Schäufele auf feinem Sauerkraut mit Brägeldi und zum Abschluss Kirschenplotzer, dazu zwei, drei Viertel Kaiserstühler – das ist der kulturelle Bäpp Baden-Württembergs.

Doch wenn in den Betten weiterhin mehr geübt als produziert wird und der Trend der leicht sinkenden Geburtenquote sich fortsetzt, sind auch schwäBadische Traditionen in Gefahr. Mit immer weniger Kindern in Baden-Württemberg! Die einzig gute Nachricht: Sie werden immer dicker – wenigstens die Gesamtkindermasse bleibt gleich. Ja, aber möchten wir denn, dass Kulturelemente in Zukunft im Völkerkundemuseum zu besichtigen sind? Dass uns Museumsaufseher kurz vor dem Rentenalter zu bestimmten Tageszeiten die Schwäbische Kehrwoche vorführen?

Dass trotz sinkender schwäbischer Geburtenquote der stolze Stamm der Schwaben noch nicht ausgestorben ist, ist der beste Beweis, dass auch die Schafferle unter den deutschen Stämmen, die nie die Hände in den Schoß legen können, doch gelegentlich Zeit finden, um »es« zu tun.

Dabei erscheint für viele »Schwabe« und »Sex« wie ein Widerspruch in sich, wie es zum Beispiel »fleißiger Fischkopf« oder »fauler Schwabe« wäre. In einem Land, wo der Pietismus zu Hause ist und es zu den wichtigsten Tugenden zählt, dass man Tag und Nacht »sei Sach schafft« und nach Feierabend in den Verein geht, kann das Wort »Sex« doch gar nicht existieren. Denn in dem Wort »Sex« schwingt mehr mit als die Vereinigung von Mann und Frau. Sex hat was mit Spaß zu tun. Dass sich in einem Land, in dem sich christlich-fundamentalistische Gruppen mit der Botschaft von reduzierter Fleisches-, aber dafür mehr Schaffenslust bilden konnten, ein phantasievolles Sexualleben entwickelt habe, wird den Schwaben ganz einfach nicht zugetraut.

Aber es muss Sex oder so etwas Ähnliches ja offensichtlich auch bei Schwaben geben, sonst wäre der Fortbestand des Stammes gefährdet, was ja nicht der Fall ist, es kommen ja immer neue Schwaben nach. Allein mit künstlicher Befruchtung ist diese Menge nicht zu schaffen. Gemeint ist nicht ein nächtliches Fruchtbarkeitsritual, das Mann schwabenmäßig wegschaffen könnte, sondern das lustvolle Miteinander, das sogar etwas Zeit dauern kann, obwohl in dieser Zeit im Grunde nichts Brauchbares geschieht. Es wird weder geputzt noch gekehrt, gehämmert, gespült, gesägt oder das Bett zum Fenster hinausgeschüttelt und zum Lüften über den Sims gebauscht.

Aber auch auf diesem äußerst menschlichen Gebiet arbeitet der Schwabe lieber im Stillen, so dass ihm nicht wirklich der Ruf vorauseilt, ein feuriger Liebhaber zu sein, wie es zum Beispiel seit jeher unserem französischen Nachbarn zugeschrieben wird. Bei einem Vergleich tut sich der Schwabe schwer.

Kennen Sie den? In einem Zugabteil erzählt ein Franzose von der Liebeskunst in Frankreich. Mit leuchtenden Augen schwärmt er: »Und dann übergieße isch meine Frau mit dem teuersten Champagner und lecke sie ab, besonders schlürfe isch alles aus dem Bauchnabel heraus!«

Fragt der Schwabe: »Goht des au mit Apfelschorle?«

Doch nicht nur der schwäbische Casanova, so er als rechtschaffener Mann diese Bezeichnung überhaupt verdient, sondern auch die erfahrungshungrige Schwäbin neigt dazu, beim Seitensprung nicht über ihren Schatten springen zu können.

Was sagt eine Französin, wenn es einem Schwaben doch einmal gelingt, ein Exemplar des weiblichen Geschlechts aus der Partnerstadt zu verführen? Sie sagt am nächsten Morgen: »Oh, mon Chéri, was bist du für ein guter Liebhaber!« Die Schwäbin aus dem Nachbardorf dagegen fragt nach dem Aufwachen: »Isch des a Eigentumswohnung?«

So wie jeder Dampfkochtopf ein Überdruckventil benötigt, um nicht zu explodieren, muss sich auch der Schwabe bei Hochdruck erleichtern. Oder wie der Volksmund sagt: »Man kann's net durch d'Rippa schwitza.«

Darüber, wie es in so einer spannungsreichen Situation der Schwäbin ergeht, wird nicht gesprochen. Doch auch für sie wurden Sommerfeste, Faschingsbälle in Vereinsgaststätten, Abteilungsausflüge in Besenwirtschaften oder aufs Volksfest, Hocketse, Handwerkersex und Diskotheken erfunden. Da kann immer etwas gehen. Trotz vordergründiger Prüderie, Zurückhaltung und christlicher Anständigkeit gleicht das Schwabenland in keinster Weise einem keuschen Kloster.

Wenn »es« drückt, finden auch die Schwaben Möglichkeiten, entsprechende Interessen zu bekunden. Doch ganz ihrer Natur entsprechend, werden sie nicht direkt aufs Ziel zusteuern, sondern zweideutig agieren.

Nach einem langen Tag am Stand seiner Firma auf der Stuttgarter Messe trinkt ein Schwabe an der Hotelbar noch einen Absacker. Als er sich umdrehen möchte, um neu zu bestellen, stößt er mit dem Ellenbogen versehentlich einer Dame, die er nicht bemerkt hatte, an die Brust. Er stammelt erschrocken: »Entschuldigung, tuat mir leid.« Da bemerkt er, wie attraktiv die Dame ist, und wird charmant. »Wenn Ihr Herz so woich isch wie Ihr Brüschdle, dann verzeihet Sie mir sicher meine Ungeschicklichkeit.«

»Nadierlich«, antwortet die Schwäbin. »Und wenn Ihr Schnäpperle so hart isch wie Ihr Ellaboga, dann han i Zimmer 273.«

Das Praktische und Kritische bricht sich beim Schwaben wie bei der Schwäbin immer wieder Bahn. Etwas einfach sein zu lassen, wie es ist, und sich dem Augenblick hinzugeben, fällt in einem Land, in dem die Sorge um Hab und Gut und Häusle und Gärtle und Autole schon Tradition hat und zum kulturellen Hintergrund zählt, sehr

175

schwer. Der christlich motivierte Auftrag, ohne zu klagen Tag und Nacht zu arbeiten, tut ein Übriges. Eine andere Verhaltensweise überlässt man lieber Menschen, die dem Buddhismus, Islam oder Hinduismus anhängen. Wie in diesen Ländern die Häuser aussehen und wie der Schmutz in den Straßen liegt, das weiß man ja vom Fernsehen oder von Flügen im Sonderangebot in asiatische Länder, die auch schwäbische Männergruppen vom Kegelverein nur zum Besuch bekannter Tempel buchen, mitunter auch Sextempel.

Der kritische schwäbische Blick macht in keiner Lage halt. So soll eine Schwäbin beim Geschlechtsverkehr, als sich ihr Gatte in der Missionarsstellung abmühte, ihren Blick aufmerksam nach oben gerichtet und unvermittelt gesagt haben: »Du, dr Plafond sodd mr au mol wiader streicha.« »Plafond« ist die Zimmerdecke.

Dessous aus Feinripp

Schleicht sich im Geschlechtsleben Routine ein – und im schwäbischen Geschlechtsleben kann dies sehr schnell gehen, im Grunde ist es von Anfang an Routine –, sorgt für Abwechslung ganz sicher nicht eine Eheberatung in mehreren Sitzungen, denn wie sollte man dies den Nachbarn erklären? Die Ausrede, in einen neuen Verein zu gehen, wird nicht ziehen, denn über das Vereinsleben weiß jeder und jede im Dorf Bescheid. Auch von den Vereinen im Nachbardorf ist so ziemlich alles bekannt, man hat ja schließlich den letzten Faschingsball besucht und hautnah ganz enge Kontakte geknüpft. Weiter weg gelegene Vereine sind unglaubwürdig, sofort wird vermutet, dass etwas anderes dahintersteckt. Und das können ja doch nur Eheprobleme sein. Also geht man gleich gar nicht zur Eheberatung.

Da greift die schwäbische Hausfrau für einen Ehewiederbelebungsversuch viel lieber auf die baden-württembergische Wäscheproduktion zurück und lässt sich über ein Versandhaus raffinierte Reizwäsche mit Strapsen schicken. Denn zum Anprobieren hätte sie keine Zeit gehabt, außerdem hätte sie sowieso keinen Laden gewusst.

176

Der Dialog, wenn der Mann abends nach einem langen Arbeitstag mit Überstunden zum Wohnzimmer hereinkommt und fragt, ob »scho z'Essa nag'richtet isch«, und sie in voller und meist auch fülliger Pracht auf dem »Schessloh« flackt und haucht: »Kocht hanne heut nix, aber guck amol, wia i do liag«, führt in einer schwäbischen Ehe mit größter Wahrscheinlichkeit zu keinem sexuellen, innerehelichen Überfall, sondern zu der Bemerkung: »Z'erscht wird gessa, ond wenn's gschmeckt hot, sehmor weiter!«

Sehr dienlich in dieser Hinsicht ist auch folgender Witz, der Uli Keuler zugeschrieben wird: Der Schwabe kommt müde heim von der Arbeit, seine Frau öffnet ihm erwartungsvoll die Tür und trägt knappe, dunkle Reizwäsche. Des Schwaben erste erschrockene Reaktion: »Um Gottes Willa, isch ebbes mit dr Oma?«

Dass eine Schwäbin keinen String-Tanga trägt, weil sie davon später keinen »Putzlompa« machen kann, ist natürlich ein Gerücht. Putzlumpen werden nämlich aus langen Feinripp-Unterhosen für Männer gerissen.

Das ist eine typische Hausfrauenarbeit. Denn nur die Hausfrau weiß um den Zustand der Unterwäsche ihres Mannes. Er achtet nicht darauf, sondern zieht die Unterwäsche, die Socken, das Hemd und die Hose, die von seiner fleißigen und verständnisvollen Gattin morgens auf die Kommode im Schlafzimmer gelegt werden, die gleich neben dem Kleiderschrank steht, wortlos und widerspruchsfrei an. Nur die Krawatte sucht er selbst aus, wenn er als Angestellter im Büro arbeitet. Das lässt er sich nicht nehmen, denn an ihr hängt seine Männlichkeit. Zu den anderen Kleidungsstücken hat er im Normalfall auch keine persönliche Beziehung, weil er sie gar nicht selbst gekauft hat.

Ein schwäbisches Ehegespräch am Samstag, Spätnachmittag, im Wohnzimmer: »Guck amol, dia zwoi Hemda do hanna, dia waret heut im Sommerschlussverkauf, do hanna glei denkt, dia wäret ebbes für di. So von dr Farb her. Blau, des hot dir doch emmer guat g'standa, oder?«

»Mmmh.«

»No hanna glei dia Socka no kauft!«

»Mmmh.«

»Ond dia Onterhosa, deine andere nehm e na zom Putza.«

»Isch reacht. Könnsch jetzt aus em Bild ganga?«

Was putzt eine schwäbische Hausfrau eigentlich mit Feinrippunterhosen und Feinrippunterhemden? Im Allgemeinen ist eine schwäbische Hausfrau mit Putzutensilien und Reinigungsmitteln so gut ausgerüstet wie die NASA in Sachen Weltraumfahrt. Im Grunde muss sie keine alten Unterhosen mehr zerreißen. Zum einen kann sie aber nichts wegwerfen, ohne dass es mindestens noch einmal verwertet wird oder restliche Lebensmittel mindestens noch einmal in anderer Form aufgekocht werden, wie bei den Maultaschen, bei denen die »Rösteverwertung« von vornherein eingeplant ist. Zum anderen ist der Feinripp mit seiner rauen Oberfläche bestens geeignet zu sorgfältiger Schmutzaufnahme und Reinigung.

Meine Tante war stolz darauf, dass sie in regelmäßigen Abständen bei sämtlichen Bilderrahmen mit zerrissenen Unterhosen ihres Mannes ohne chemische Mittel einen »Wasserglanz« hinpolierte, der aus Kosten- und Umweltschutzgründen allen Putzfanatikerinnen ans weichgroße Herz gelegt wird. Nicht der chemische Duft macht sauber, sondern Ausdauer, Gründlichkeit.

Ein Schlafzimmer, das das ganze Jahr über in unerträglicher Weise penetrant nach Aprilfrische duftet, trägt unter Umständen wenig zur Verbesserung der Einwohnerzahl in Baden-Württemberg bei. Ebensowenig wie die Wohnzimmeruhr mit Big-Ben-Schlag, die bei der Mutter eines Freundes seit der Erbschaft einer neueren, moderneren Uhr auf dem Kleiderschrank im Schlafzimmer stand, weil zwei Uhren im Wohnzimmer wie Angeberei wirken würden und die alte Uhr zu schade zum Wegwerfen war, weil sie ja noch pünktlich lief.

Hat die versuchte Einflussnahme der Kirche in Schlafzimmer schon lange Tradition, so versucht es die Politik ebenfalls mit unterschiedlichen Methoden. Je nach demografischer Prognose erhöht sie zum Beispiel das Kindergeld, zumindest verspricht sie es. Doch ein schwäbisches Ehepaar lässt sich nicht beeinflussen. Denn nur weil das

178

Kindergeld angehoben wird, bricht auch in Baden-Württemberg nicht plötzlich eine landesweite Sexorgie in den Schlafzimmern junger Paare aus.

Gibt es Vorbilder in der baden-württembergischen Politik? Nicht gemünzt auf Sexorgien – das gibt's bei uns gar nicht –, sondern auf Anstrengungen im Nachwuchsbereich? So wie zum Beispiel Bundesarbeits- und -sozialministerin Ursula von der Leyen, eine Niedersächsin, Mutter von sieben Kindern ist? Der baden-württembergische Altministerpräsident Erwin Teufel kann auf vier Kinder verweisen. Immerhin hat Ministerpräsident Stefan Mappus zwei Kinder. Sein Vorgänger Günther Oettinger hat einen Sohn und – aufgemerkt, ihr Frauen! – er hatte auf seiner Webseite festgestellt: »Deutschland und Baden-Württemberg brauchen mehr Kinder. Ich will Baden-Württemberg zum Kinderland machen.« Inwieweit er sich da aus dem Brüsseler Exil heraus selbst engagiert und frau sich bei ihm melden kann, lässt er offen.

Auf zur Brautschau in die Fachwerkdörfer!

Die Nachricht, dass in Baden-Württemberg mehr Frauen als Männer leben, könnte auf den ersten Blick zu der Annahme führen, dass Männer in Scharen nach Baden-Württemberg zögen, wenn sie dies erführen.

Kaum vorstellbar ist, dass junge Männer aus anderen Bundesländern sich flächendeckend im Schwarzwald, auf der Schwäbischen Alb oder über das Hohenloher Land verteilen möchten, um auf Brautschau zu gehen und in kleinen, schmucken Fachwerkdörfern das Abenteuer einer lebenslangen Zweisamkeit einzugehen. Es ist anzunehmen, dass Männer mit Eremitenbedürfnis gleich in eine Höhle auf der Schwäbischen Alb einziehen werden.

Diese Paarungshoffnung geht zudem von einem herkömmlichen Paarungsverhalten aus. Nach neuester Forschung werben zwar die Männchen, aber die Frauen wählen ihren Partner aus. Es könnte ja auch sein, dass baden-württembergische Frauen sich ihre Männer aus anderen Bundesländern herholen oder dass sie moderner geworden sind und von monogamer Lebensweise genauso wenig halten wie ihre Gatten.

Die das am wenigsten wissen dürften, sind die Ehemänner. Von der eigenen Erfahrung als Liebhaber könnten sie etwas ahnen, aber ihre Eitelkeit verhindert Rückschlüsse. Oft auch ihre Naivität. Umfragen zufolge gehen 42 Prozent aller verheirateten deutschen Frauen fremd. Das freut den Mann, wenn er berufsbedingt für drei Tage verreisen muss und abends an der Hotelbar seinen Bauch einzieht. Dass seine daheimgebliebene Frau gefälligst zu den anderen 58 Prozent zu zählen hat, setzt er dabei stillschweigend – und sicher auch von Fall zu Fall fälschlich – voraus.

Bei näherer Betrachtung stellt sich heraus, dass sich der leicht höhere Frauenanteil in den meisten Gemeinden Baden-Württembergs besonders in der höheren Lebenserwartung der Frauen begründet. Frauen leben in Baden-Württemberg durchschnittlich rund fünf Jahre länger als Männer. Spötter sagen, es werden ihnen einfach am Schluss die Jahre gutgeschrieben, die sie zuvor im Bad verplempert haben.

Bei den Altersjahrgängen ab dem 65. Lebensjahr liegt die Zahl der Frauen um insgesamt rund 310 000 höher. Oder anders gesagt: Es fehlt in Baden-Württemberg an älteren Männern. Rüstige Rentner aller Bundesländer, vereinigt euch – im Schwabenland!

Dies nährt die Vermutung, dass das Ländle weniger für junge Burschen als für »Witwentröster« zu empfehlen sei. Doch trösten alleine wird nicht reichen, liebe Männer aus anderen Ländern, es gibt außer der Trösterei immer viel im Haushalt und ums Haus herum zu schaffen!

Andererseits heißt es unter wissenden Schwaben, dass nicht nur Witwen, sondern auch andere Vertreterinnen des weiblichen Geschlechts in Sachen Sex »en a dankbars Alter kommet«. Also jeder hat seine Chance.

Vor Jahren kam ich in einer Besenwirtschaft in Untertürkheim mit einem schwäbischen Rentner ins Geplauder, der sich beim Thema Frauen sehr kenntnisreich und erfahren zeigte. Immer wieder betonte er die Vorzüge älterer Damen. »Buaba, i sage euch jetzt ois, ond des müsst ihr euch merka«, hob er mit erhobenem Zeigefinger an. »Alte Schuira brenned besser wia die jonge!«

Kurz: Der Frauenüberschuss in Baden-Württemberg findet in einem Altersbereich statt, in welchem Geschlechtsverkehr jederzeit gefahrlos ohne Verhütungsmittel abspielen kann.

In anderen Altersgruppen herrscht dagegen Männerüberschuss. Den baden-württembergischen Männern zwischen 35 und 50 Jahren stehen beispielsweise rund 60 000 weniger Frauen in ihrer Altergruppe gegenüber. Der Zuzug aus den neuen Bundesländern reiche nicht aus. Es fehlt in Baden-Württemberg an jungen Frauen! Also kommet zuhauf!

In einer Weinstube möchte ein Norddeutscher mit einem Schwaben ins Gespräch kommen, indem er launig versucht, den Schwaben ein wenig auf den Arm nehmen. »Stimmt es, dass ihr Schwaben nur unter euch heiratet?«, fragt der Norddeutsche.

»Kommt vor.«

Der Norddeutsche lässt nicht locker. »Aber die schwäbischen Mädchen sind doch alle klein und ziemlich pummelig«, sagt er lachend.

»Scho.«

»Würde da eine große, schlanke Blonde aus dem Norden nicht etwas Abwechslung bringen?«

Der Schwabe antwortet nachdenklich: »Ja no, en dr Not frisst dr Teifel Mucka.«

Eine Hoffnung auf Nachwuchsförderung liegt in der Osterweiterung der Europäischen Union, einer gesteigerten Reisefreudigkeit innerhalb der EU und Erleichterungen für junge Ausländerinnen, was Aufenthaltsgenehmigung und Einbürgerung anbelangt.

Im Hinblick auf Mischehen liegt Baden-Württemberg schon voll im Trend. Der Anteil deutsch-ausländischer Paare ist in Baden-Württemberg inzwischen auf acht Prozent aller Paargemeinschaften gestiegen. In etwa jedes zwölfte Paar in Baden-Württemberg besteht also aus einer ausländischen und einer deutschen Hälfte. Allen

Paaren sei von Herzen gewünscht, dass sich ihre Ehe in völliger Harmonie entwickelt.

Es soll nicht so gehen wie bei dem »schwäbisch-schwäbischen« Ehepaar, das zu später Abendstunde weiche Kissen über das Balkongeländer gelegt hatte, um sich bequemer auflehnen zu können. Viel war so spät nicht mehr los. Doch plötzlich sehen die beiden den Sohn des Nachbarn, wie er sich mit einem Mädchen trifft. Da stupst die Frau ihren Mann mit dem Ellenbogen und sagt: »Guck, do onda schwätzt dr Marco vom Nachbar mit ema Mädle. Hoffentlich macht der koin Blödsinn. Komm, pfeif em doch amol zur Sicherheit nonter.«

Darauf antwortet der Ehemann: »Worom soll's dem Kerle anders ganga? Bei mir hot doch au koiner pfiffa!«

Schwule Achse

Als weitere Paarbildungsmöglichkeit wäre die gleichgeschlechtliche Lebensgemeinschaft zu nennen. Doch da in der Regel bei diesen Paaren Nachwuchs nicht zu erwarten ist, ist die Unterstützung der Politik für Homo-Ehen ziemlich verhalten. Obwohl – mittlerweile wird auch in Baden-Württemberg immer mehr Homosexualität in der Öffentlichkeit akzeptiert. Mitgeholfen haben dabei bekannte Personen aus den Medien, Politiker oder Schauspieler und Sänger, die ihre Homosexualität nicht mehr verstecken, sondern sich zu ihr bekennen.

Dass wir im Prozess des Wandels sind, zeigt auch die Oberbürgermeisterwahl 2009 in der hauptsächlich katholischen ehemaligen Reichsstadt Schwäbisch Gmünd, die im ersten Wahlgang der CDU-Politiker Richard Arnold gewann, der mit seinem Lebenspartner in einem eingemeindeten Vorort lebt. Der meistgehörte Kommentar unter der Bevölkerung war: »Des hätt's fei früher net geba!« Richard Arnold sagte mir kurz nach seiner Wahl: »Jetzt haben wir Schwule die Achse Berlin–Gmünd–Konstanz geschafft, als nächstes ist Stuttgart dran!«

Wie viele gleichgeschlechtliche Paare es in Baden-Württemberg gibt, ist nicht bekannt. Nicht einmal über die Zahl der Eingetragenen Lebenspartnerschaften wird eine landesweite Statistik geführt. Aber wenn geschätzt wird, dass ungefähr zehn Prozent Menschen mit gleichgeschlechtlicher Identität unter uns leben, dürfte bundesweit der Prozentsatz der Paare nur wenig darunter liegen. Es wird jedoch davon ausgegangen, dass die Lebensform einer gleichgeschlechtlichen Lebensgemeinschaft in Baden-Württemberg im Vergleich zu anderen Bundesländern oder den Stadtstaaten eine seltene Lebensform ist, weil sie mehr versteckt wird. Aber dies ändert sich deutlich!

Warum es Man(n)ager und nicht Frauager heißt

Wo gibt es hingegen im gesellschaftlichen Geschlechterverhältnis nur eine schleichende Entwicklung? Beim Anteil der Frauen in leitenden Positionen. Steht eine Frau an der Spitze eines größeren Betriebs, handelt es sich oft um die Witwe, Tochter oder Enkelin des Firmengründers. Mit Ehe und Familie ist eine gute Managementposition selten vereinbar. Können Männer sich darauf verlassen, dass sie ihre Frau als Backgroundspielerin zuhause haben, bleibt eine Managerin oft Single mit Lebensabschnittpartner, der im Allgemeinen aber nicht den gemeinsamen Haushalt schafft. Sexuelle Kontakte werden vereinbart und im Timer vorausgeplant. In gewissem Sinn ist es eine moderne Form der Ehe- und Familienplanung.

Frauen als Managerinnen sind auch in Baden-Württemberg nicht wirklich vorgesehen, auch wenn bei Stellenanzeigen als Alternative zu Männern Frauen mit gleicher Qualifikation bevorzugt werden. Ebenso wie Behinderte. Seltsamerweise begegnet man in Führungspositionen ganz selten behinderten Frauen. Hat dann die Qualifikation gefehlt?

Obwohl der Frauenanteil unter den Studierenden gestiegen ist – im Sommersemerster 2010 betrug er an der Uni Tübingen beispielsweise 60 Prozent –, schaffen es Frauen selten in die Führungsetage: An den Hochschulen im Ländle gibt es nur rund

15 Prozent Professorinnen. Das ist nicht viel. Die gebildeten Herren Professoren halten in Sachen festgefügter Rollenverteilung fachbereichsübergreifend zusammen. Lieber wissen sie ihre Ehegattinnen zu Hause als in der Hochschule. Dies garantiert ein gepflegtes, entspannendes Ambiente daheim, welches der überarbeitete Wissenschaftler, der sich den ganzen Tag mit jungen Studentinnen rumschlagen muss, zu schätzen weiß.

Einfache Gemüter vermuten dennoch im akademischen Betrieb die ständige Bereitschaft, Konventionen zu brechen und eher ein lockeres Leben zu führen.

Als ein Gog, also ein Tübinger Weingärtner, mit einem Professor ins Gespräch kam, beklagte er sich über seine harte Arbeit, die er jeden Tag von früh morgens bis in die Nacht hinein verrichten müsse. Er beneide den Herrn Professor, der es an der Universität doch sicher wesentlicher angenehmer habe.

»Nun ja«, antwortete der Professor, »auch ich habe viel zu tun.« Er schilderte seinen Tagesablauf mit all den Vorlesungen und Seminaren. »Doch eine Erholung gönne ich mir«, schmunzelte er. »Nach dem Mittagessen zu Hause lege ich mich gerne ein Stündchen auf meine Veranda.«

Überrascht antwortete der Wengerter: »Ihr Frau hat aber en schöna Name!«

Das Flatrate-Bordell

Überproportional vertreten sind die Frauen auch in Baden-Württemberg in der Prostitution, was auch auf den zweiten Blick nicht verwundert. Wie viele sich der Gewerbsunzucht widmen, wie das eingedeutschte Juristenwort für Prostitution heißt, ist wegen einer hohen Dunkelziffer schwer festzustellen. Zumal in wirtschaftlichen Krisenzeiten, die auch Baden-Württemberg heimsuchen, sich so manche Hausfrau, oft in der Not, zu dieser Art von Nebenverdienst entscheidet. So wie in Baden-Württemberg viele Nebenerwerbs-Landwirte vorkommen, so gibt es halt auch eine gute Anzahl Nebenerwerbs-Hausfrauen.

184

Schon im Mittelalter existierten Frauenhäuser in städtischem Eigentum, die ein Frauenwirt betrieb, der sich um die Damen in der bordellähnlichen Einrichtung kümmerte. Daran scheinen sich die Stadtväter von Stuttgart in den Nachkriegsjahren erinnert haben, als Frauen zwischen den Ruinen in Stuttgart auf alt erprobte Weise die Haushaltskasse aufbesserten. Die Beamten erteilten die Baugenehmigung für ein fünfstöckiges Dirnenwohnheim in der Mitte von Stuttgart, zwischen Rathaus und Königstraße, das wegen seiner drei unterschiedlich angestrichenen Fassadenteile bald als das Dreifarbenhaus bekannt wurde. Am 17. Februar 1957 zogen 71 Prostituierte in die Zimmerchen, um ihre Dienste weg von der Straße und geschützt vor Zuhältern anbieten zu können. Die Stuttgarter Innenstadt wurde zum Sperrgebiet für Straßenprostitution. Bei der Eröffnung und in den Jahren des Wirtschaftswunders sollen sich vor den Türen Schlangen sexhungriger Schwaben gebildet haben.

Ähnliches hat sich 2009 in Fellbach abgespielt. Dort hatte im Industriegebiet der Pussy-Club als »Flatrate-Bordell« aufgemacht – nach dem Motto: »All you can schnaksel«. Die Prostituierten anderer Häuser regten sich furchtbar auf, weil dieses Geschäftsmodell angeblich die Preise verdorben häbe. Offenbar fürchteten sie, dass es dann vorbei sein könnte mit »anschaffe, anschaffe, Häusle baue«. Augenzeugen berichten, dass sich an den ersten Tagen dort viele Männer vor dem Eingang gedrängelt hätten, weil jeder als erster vor der ganzen Damenauswahl zu stehen kommen wollte. Mir kommt so etwas immer noch vor wie im All-Inclusive-Club-Urlaub: Dickbäuchige, schwitzende Männer gehen grunzend das Buffet ab, vom Salat über den Fisch zum Fleisch und den Suppen – um zu bemerken, dass sie nach dem ersten fettigen Schnitzel gar nicht mehr können. Brave Fellbacher haben das Ding dann zugemacht. Man wird sie vereinzelt hin und wieder in den traditionellen Puffs des Kreises treffen können.

Doch von so einem »Hype« wie 2009 in Fellbach und 1957 im wohl ältesten Laufhaus des Landes können die Damen heute nur noch träumen. Der neugierige Spanner hat im Dreifarbenhaus dem fachkundigen Freier den Rang abgelaufen. Gucken kostet nichts. Die Wirtschaftskrise, aber auch der etwas biedere, nostalgische Touch der Fünfzigerjahre mögen dazu beitragen haben, denn wer eine rotplüschige Lounge, Whirl-pool oder Champagnerbad erwartet, wird enttäuscht. Hier geht es rechtschaffen zu, ohne diesen modischen Firlefanz.

Als nach der Eröffnung in den Fünfzigerjahren das Dreifarbenhaus zu einer beliebten Adresse für Soldaten der Besatzungsmächte wurde und die Mädchen so großen Zuspruch fanden, dass es ihnen etwas zu viel wurde, soll sich die Chefin des Etablissements beim amerikanischen Stadtkommandanten mit den Worten beschwert haben: »Sia, meine Mädla send fei a ruhigs Schaffa gwöhnt!«

Hat der Schwabe zwar den Ruf, bieder, bodenständig und konservativ zu sein, so ist er doch an allem sehr interessiert. Neugierde entspringt auch einer gewissen Eingeschränktheit. Wobei die jüngere Generation sehr locker und selbstbewusst mit sich, ihren Reizen und dem gegenseitigen Austausch von Körperflüssigkeiten umgehen kann. Wer jemals an einem Montag (!) einen Abend in der Stuttgarter Kultdiscothek »Boa« verbracht hat, es dort bis 3 Uhr (!) ausgehalten hat und sich danach noch mit dem nicht unerheblichen Rest, der immer noch nicht schlafen gehen will, ins nahe »Sinatra« hat treiben lassen, der weiß, wenn er dann Dienstag früh (!) um 5 Uhr (!) schließlich den Heimweg antritt, dass Stuttgart in Teilen wirklich eine richtige Metropole ist und wird von den Anwesenden nur dann schief angeschaut, wenn er an diesem Abend keinem Mädel unter die Bluse gegriffen hat und schlimmstenfalls allein heimgeht. Wahrscheinlich war's einer, der dieses Erlebnis irgendwann mal in einem Buch aufarbeitet. Kurz: Die schwäbische Verklemmtheit ist Legende, Folklore und vorbei.

Niemand wird behaupten wollen, dass noch nie ein Schwabe den Gang zu einem sogenannten leichten Mädchen gewagt oder eine heimliche Liebschaft gehabt hätte. Im Schwäbischen, das ja von französischen Begriffen durchsetzt ist, wird in so einem Fall von einer »Busaasch« gesprochen, von französisch »poussage«, das wir heute mit »Flirt« ins Deutsche übersetzen würden. Einer, der gerne den Mädchen nachläuft, poussiert gerne, er ist ein Poussierstängel oder schwäbisch ein Weiberschmecker. Also einer, der den Frauen gerne so nahe kommt, dass er sie beschnuppern kann. Oder besser gesagt, er schnuppert ständig, weil er spitz wie Nachbars Lumpi ist.

Doch einer aufmerksamen Schwäbin kann dies nicht verborgen bleiben. Als der Schorsch vom hergebrachten Liebesspiel abwich und seiner Frau im Überschwang zärtlich ins Ohrläppchen biss, fuhr sie hoch und fauchte: »Wo hosch denn des her?«

Oft paart sich beim Schwaben auch das Nützliche mit dem Praktischen. So sitzt ein schwäbisches Paar mittleren Alters beim Therapeuten in Stuttgart. Es ist die erste Sitzung. Der Therapeut, der in Tübingen studiert hat, fragt: »Was kann ich für Sie tun?«

Der Mann antwortet: »Eigentlich net viel, aber wenn Sie ons bitte beim Sex zugucka könntet?«

Der Therapeut ist über den Wunsch erstaunt, stimmt aber schließlich zu, weil es für die Therapie wichtig sein könnte. Als das Paar fertig und wieder angekleidet ist, sieht der Therapeut von seinen Notizen auf und sagt: »Also, Sie können beruhigt sein, ich finde nichts Außergewöhnliches daran, wie Sie miteinander Sex haben.« Er verlangt 80 Euro für die Sitzung und das Paar verabschiedet sich freundlich.

In den darauffolgenden Wochen wiederholt sich das Ganze. Das Paar kommt einmal die Woche, hat Sex, der Therapeut sieht zu, der Mann zahlt 80 Euro und das Paar geht wieder. Nach dem vierten Mal fragt der Therapeut: »Entschuldigen Sie bitte die Frage, aber was genau versuchen Sie eigentlich herauszufinden?«

Da antwortet der Schwabe: »Eigentlich nix! Aber sie isch verheiratet, zu ihr könnet mer net, i bin au verheiratet, zu mir könnet mer also au net. 's Holiday Inn verlangt 150 Euro für oi Zimmer, 's Graf Zeppelin sogar 360 Euro. Wenn mir zu Ihne kommet, dann henn mir erschtens a guat's Alibi, zwoitens koscht's uns bloß 80 Euro und drittens: Die Krankakass' erstattet uns 67,50 Euro zurück.«

Gutedel eiskalt, Trollinger kuhwarm

Winzer, Wengerter und Viertele

Man kann es entweder als Ironie oder als Ausdruck der Vielfalt auffassen, dass Baden-Württemberg sowohl auf seinen Fahrzeugbau als auch auf seinen Weinanbau stolz ist, der im Genießerländle von hervorragenden Bieren und vorzüglichen Bränden komplettiert wird.

Wie leicht vorstellbar ist, kann das gut strukturierte Land auch eine erhebliche Anzahl von Reparaturwerkstätten und Karosseriebetrieben vorweisen. Die 0,5-Promille-Grenze sorgt zudem für kontinuierliche Staatseinnahmen, weshalb Baden-Württemberg deutlich weniger verschuldet ist als die meisten anderen Bundesländer.

Gespräch zwischen zwei Schwaben:

»Geschtern bin i en a Radarfall neig'fahra.«

»Ond, hot's blitzt?«

»Noi, blitzt hot's net, aber g'scheppert.«

Zum Bedauern vieler SchwaBadener hat kein Mitglied der ethnischen Gruppe, die bekanntlich alles außer Hochdeutsch kann, die Weingewinnung erfunden, sondern die Römer haben Rebe und Wissen aus dem Mittelmeerraum mitgebracht.

Man geht davon aus, dass im 2. Jahrhundert unserer Zeitrechnung die Römer auf dem Gebiet des heutigen Baden-Württemberg Wein anbauten. Natürlich nur da, wo sie stationiert waren. Die Grenze bildete in den letzten Jahrzehnten ihres nordeuropäischen Aufpasserdaseins der Limes, dessen Mauern kahl übers Land blickten. Denn den sauren Simsenkrebsler als nordöstliche Hausmauerlage haben badische und schwäbische Bauern erfunden.

Jenseits des Limes saßen die Barbaren um große Kübel und tranken daraus gemeinsam Bier, wie sie es heute wieder aus Eimern auf Mallorca machen, wenn sie sommerweise diese schöne Insel besetzen. Gemeinsames Trinken entsprach der Tradition und Lebensgewohnheit der Germanen. Auch nach der Römerzeit noch: Biertrinken und Herumschweifen waren beispielsweise im frühen Mittelalter die Lieblingstätigkeiten der Sueben, deren Stammesnamen manche Sprachwissenschaftler auf »schweifen« zurückführen.

So gut, wie in Baden-Württemberg der sesshafte Schwabe anzutreffen ist, so gibt es auch heute noch den häufig und weit umherreisenden, sprich schweifenden Schwaben. Man muss sich nur mal in der Welt umsehen: Überall haben sich die Schwaben angesiedelt. Überall waren sie schon vor einem da.

Als eine Reisegruppe auf dem Ätna stand und in den rauchenden, brodelnden Krater des Vulkans schaute, sagte ein Schwabe zu seiner Frau: »Do goht's zua wia en dr Höll!« Ein Badener hörte dies und flüsterte seiner Ehegattin ins Ohr: »Dia Schwowwa waret a scho iwwerall!«

Und noch ein schöner Reisewitz, den mir mein elfjähriger Sohn aus dem Internet gefischt hat. »Ein schwäbisches Ehepaar beschließt, dem Winter in Deutschland zu entfliehen und bucht eine Woche in der Südsee. Leider kann die Frau aus beruflichen Gründen erst einen Tag später als ihr Mann fliegen. Der Ehemann fliegt wie geplant. Dort angekommen bezieht er sein Hotelzimmer und schickt seiner Frau per Laptop sogleich eine Mail. Blöderweise hat er sich beim Eingeben der E-Mail-Adresse vertippt und einen Buchstaben vertauscht. Und so landet die E-Mail bei einer Witwe, die gerade von der Beerdigung ihres Mannes kommt und die Beileidsbekundungen per E-Mail abruft. Als ihr Sohn etwas später das Zimmer betritt, sieht er gerade noch seine Mutter bewusstlos zusammensinken. Sein Blick fällt auf den Bildschirm, wo steht:

AN: Meine zurückgebliebene Frau
VON: Deinem vorgereisten Gatten
BETREFF: Bin gut angekommen

Liebste, bin soeben angekommen. Habe mich hier bereits eingelebt und sehe, dass alles für deine Ankunft schon vorbereitet ist. Wünsche dir eine gute Reise und erwarte dich morgen. In Liebe, dein Mann.

P. S.: Verdammt heiß hier unten!«

Messweinorgien seligen Angedenkens

Zurück zum Wein: Der römische Wein gehörte zu den Alltagsgetränken und wurde meistens mit Wasser verdünnt gegen den Durst getrunken. Als die Zeit der Römer vorbei war und der befestigte Limes verfiel, wurde der Weinbau hauptsächlich von christlichen Klöstern kultiviert. Zu Abendmahlsfeierlichkeiten gehört nun mal Rotwein. In früheren Jahren bildete für junge Ministranten das heimliche Trinken von Messwein die erste Erfahrung mit Alkohol. Heute sind es Limonaden-Wodka-Mixgetränke aus dem Supermarkt.

Es wird geschätzt, dass vor dem Dreißigjährigen Krieg (1618–1648) die Weinanbaufläche in Württemberg 45 000 Hektar betrug. Damals wurde auch in Gegenden Wein kultiviert, die man heutzutage nicht mehr als Weinanbaugebiet für möglich hält, wie zum Beispiel die Hochfläche der Schwäbischen Alb. Mit unseren Geschmacksvorstellungen und moderner Qualität hatte dieser Wein allerdings nichts gemein.

In Baden-Württemberg geht man heute von etwa 16 000 Hektar Rebfläche in Baden und von rund 11 500 Hektar Rebfläche in Württemberg aus, also von insgesamt 27 500 Hektar. Die gesamte Rebfläche in Deutschland wird mit 105 000 Hektar angenommen. Damit entfällt auf Baden-Württemberg ein stolzer Anteil von mehr als einem Viertel.

Industrialisierung, der Wegzug von Menschen in Ballungsgebiete und Krankheiten wie der Befall mit der Reblaus oder schädlichen Pilzen drängte in Baden-Württemberg im 19. Jahrhundert den Weinbau zugunsten des Obstanbaus zurück. Der Most wurde zum Alltagsgetränk, mal pur, mal »g'spritzt«. Darunter ist nicht etwa ein Getränk aus

Äpfeln und Birnen zu verstehen, die mit Schädlingsbekämpfungsmitteln behandelt wurden, sondern Most als Schorle. Erst im 20. Jahrhundert erlebte der Weinbau eine Entwicklung, die zum heutigen Stand führte, hin zu Weinen hoher Qualität.

Der römische Einfluss kommt sprachlich noch zum Tragen. In Baden gibt es Winzer. Der Begriff »Winzer« ist abgeleitet vom lateinisch »vinitor« für Weinleser beziehungsweise von lateinisch »vinum« für Wein. Der Winzer arbeitet im Weinberg. Ein deutlicher Hinweis, dass in Baden der Wein häufig an Hängen angebaut wird, im Gegensatz zu flachen Lagen, die es ja auch gibt. In Württemberg ist der Winzer der Wengerter, abgeleitet von Wengert, welches das schwäbische Wort für Weingarten ist. Der schwäbische Wengerter ist also ein Weingärtner. Auch in Württemberg wächst der Wein hauptsächlich an Hanglagen.

Bocksbeutel aus Baden, Bayernwein aus Württemberg

Wurden zur Landesgründung Baden-Württembergs – als Datum gilt der 25. April 1952 – noch drei Länder zusammengeführt, was dann Jahre später in einem Volksentscheid bestätigt werden musste, so sind die beiden Weinanbaugebiete Baden und Württemberg getrennt geblieben. Da war und ist man »eigen«.

Das Anbaugebiet Baden umfasst als größten Teil einen rund 150 Kilometer langen Streifen entlang des Rheintals – in etwa zwischen Baden-Baden und Basel einschließlich Kaiserstuhl und Tuniberg –, einige Rebflächen am Bodensee, dann im Kraichgau die Gegend um Sulzfeld und Sinsheim, die Bergstraße nördlich und südlich von Heidelberg und schließlich Tauberfranken im Nordosten von Baden-Württemberg, das teilweise allerdings auch zum Weinanbaugebiet Franken zählt. Von der Tauber kommen die Weine in der typisch fränkischen Bocksbeutel-Flasche.

Württemberg weist als Anbaugebiete den Oberen Neckar mit Rottenburg und Tübingen samt dem Albtrauf von Reutlingen über Metzingen und Neuffen bis Weilheim unter Teck auf, den Mittleren Neckar um Stuttgart, das Remstal sowie Bottwar-, Murr-

und Schozachtal rund um Beilstein und Großbottwar. Der größte Teil der Anbaufläche liegt im württembergischen Unterland, und zwar einerseits im Stromberg, Heuchelberg, Zabergäu und Enztal und andererseits im Heilbronner Land und Weinsberger Tal sowie in Hohenlohe bei Öhringen und Neuenstein. Schließlich gehören die Weine aus dem Jagst-, Kocher- und dem südlichen Taubertal ebenfalls zu Württemberg. Und nicht zu vergessen: ein Zipfele am Bodensee um Ravensburg, Langenargen und Kressbronn mit der Besonderheit, dass es dort auch Württemberger Wein vom Bayerischen Bodensee gibt. Die Weingüter um Lindau, Wasserburg und Nonnenhorn, also östlich der Landesgrenze, unterliegen den Württemberger Regelungen und nennen dieses Gebiet kurioserweise auch auf dem Etikett. Der Grund dafür ist vermutlich, dass in Bayern sonst nur noch in Franken Wein angebaut wird, und die Aufschrift »Franken« auf einer Flasche Lindauer Spitalhalde würde noch bizarrer wirken.

Durch die Anbaugebiete führen die Badische Weinstraße von Baden-Baden bis Weil am Rhein und die neue Württemberger Weinstraße von Weikersheim bis Metzingen, in welcher die Schwäbische Weinstraße aufging. Die Weinstraße Kraichgau-Stromberg verbindet mit einem Rundkurs beide Weinbauregionen. Die Fränkische Bocksbeutelstraße berührt mit Wertheim und Freudenberg auch zwei baden-württembergische Städte.

Der Reisende fährt auf all diesen touristischen Straßen größtenteils durch eine wunderschöne Landschaft und landet in heimeligen Dörfern. Die meisten schwäBadischen Weinanbaugebiete können als die Toskana Deutschlands bezeichnet werden. Mal abgesehen von der Großstadt Stuttgart, wo aber dafür in Bad Cannstatt ein Wein mit Namen Zuckerle wächst, der aber nur so süß heißt und herrlich trocken ist.

Das Land Baden-Württemberg unterhält insgesamt drei Staatsweingüter in Freiburg, Weinsberg und Meersburg. Diese bieten qualitativ hochwertige Weine mit regionalem Charakter.

Das Staatweingut Freiburg & Blankenhornsberg ist ein Teil des »Staatlichen Weinbauinstituts Freiburg, Versuchs- und Forschungsanstalt für Weinbau und Weinbehandlung«, Freiburg im Breisgau. Das Staatsweingut Weinsberg gehört zur Staatlichen Lehr- und Versuchsanstalt für Wein- und Obstbau in Weinsberg, Landkreis Heilbronn, der ältesten deutschen Wein- und Obstbauschule. Unterstellt sind beide Weingüter als Landesanstalten dem Ministerium für Ernährung und Ländlicher Raum Baden-Württemberg. Am Bodensee liegt das Staatsweingut Meersburg im Anbaugebiet Baden, Bereich Bodensee. Es ist als ein eigenständiger Landesbetrieb – wie beispielsweise der Stuttgarter Zoo Wilhelma – dem Finanzministerium Baden-Württemberg unterstellt.

Den Besuch eines Reing'schmeckten in einer Stuttgarter Weinstube hat vor langer Zeit der Dichter Joachim Ringelnatz (1883–1934) in Reimen beschrieben:

Stuttgarts Wein- und Bäckerstübchen

Vor dem heißen Ofen balgen
Katzen sich. Wie dumme Jungen.
Auf dem Tisch an kleinen Galgen
Hängen Brezel, schön geschwungen.
Würdebärte schlürfen kräftig
Wichtig diskutierte Weine. –
Links im Laden bückt die kleine
Bäckerstochter sich geschäftig.
Zinn blitzt von der Holz-Fassade,
Zeichnungen an allen Wänden.
(Stumm mit mehlbestaubten Händen
Rückt der Wirt die schiefen gerade.)
Setzte mich so ganz bescheiden hin
Und vergaß auch nicht, sehr laut zu grüßen,
Dennoch ließen Blicke mich leicht büßen,
Dass ich kein Stuttgarter bin.

So schlimm ist es nicht mehr! Auch die Schwaben sind freundlicher geworden, die Badener waren es ja schon immer, automatisch und von selbst, wie sie behaupten. Außerdem ist diese Form von Weinstuben, wie sie Ringelnatz beschrieb, inzwischen zur Rarität geworden. Weinstuben haben heute Restaurantcharakter, ohne ein solches zu sein. Dumpfe Herumhocker findet man in anderen Lokalitäten.

An Ringelnatz' Beispiel ist interessant, dass die Weinstube einer Bäckerei angeschlossen war. Dies war oft der Fall, weil die warme Backstube ein Treffpunkt und ein Versammlungsort war. Man holte das Brot und blieb noch eine Zeit lang sitzen, die Bäckersfrau brachte einen Most oder einen Wein. In Stuttgart-Bad Cannstatt gibt es die traditionelle Weinstube Bäcka-Metzger, welche auf diese Kombination verweist. Das Weinlokal war ganz früher eine Bäckerei mit Namen Metzger.

Eigentlich wird dem, der mit Badenern, Schwaben, Franken oder Kurpfälzern ins Gespräch kommen möchte, die beste Gelegenheit dazu in einer Weinstube geboten. Vor allem, wenn Wein und Essen schmecken, und dies ist bei uns zum Glück immer und überall der Fall.

Denn Baden-Württemberg ist ein Weinanbauland, das in Sachen Wein, Weingüter, Lagen und Jahrgänge so viele klingende Namen hervorgebracht hat, dass hier der Platz nicht ausreichen würde, sie alle zu nennen.

Etwas gewohnheitsbedürftig ist es für viele Fremde, den Wein nicht aus einem Stiel-, sondern aus dem Henkelglas zu trinken, wie es der Tradition in Württemberg entspricht. Aber da gewöhnt man sich schnell dran. Üblicherweise enthält das Henkelglas einen Viertelliter, deswegen trinkt man ein Viertele. Die Hälfte ist dann ein Achtele, das trinken die Frauen und diejenigen, die noch fahren müssen. Aber nur ein einziges, gell! Sonst muss das »Heilixblechle« am anderen Tag in die Werkstatt.

Wenn auch die Verkehrstüchtigkeit im Straßenverkehr leidet, so kann auf der anderen Seite ein guter Tropfen auch die Wegbereitung für eine Verkehrstüchtigkeit mit dem anderen Geschlecht sein. Wein, Weib und Gesang werden nicht zufällig in Zusammenhang gebracht. Die meisten lassen dabei das Singen aus Rationalisierungsgründen weg, außer sie sind Mitglied bei den Fischer-Chören. Dass beides, Wein und Weib, in Maßen genossen der psychischen und männlichen physischen Gesundheit zugute kommt, ist nicht nur das Wissen von Ärzten, sondern es ist schlicht und einfach eine kollektive Erfahrung. Von beidem zu viel, kann aber leicht ins Gegenteil umschlagen.

Ein Arzt liest noch einmal die Laborwerte des lebenslustigen, fünfzigjährigen Schwaben. »Ihr Gesundheitszustand ist sehr bedenklich, das hängt mit Ihrem Lebenswandel zusammen«, sagt der Arzt. »Entweder Sie geben die Frauen oder den Wein auf. Was wollen Sie tun?«

Darauf antwortet der Schwabe: »Des tät i gern von Fall zu Fall entscheide, am beschta nach em Jahrgang.«

Während anderswo die Wirtschaften, in denen Winzer und Weingärtner innerhalb einer begrenzten Zeit im Jahr ihren eigenen Wein ausschenken dürfen, Buschenschank, Heuriger, Heckenwirtschaft, Häckerwirtschaft, Straußwirtschaften oder Kranzwirtschaften heißen, werden sie im Land der Kehrwoche natürlich »Besenwirtschaften« genannt. Eine andere Bezeichnung ist für einen Schwaben offensichtlich nicht vorstellbar. Dementsprechend hängt am Haus des »Wengerters« als Gaststättenzeichen ein Reisigbesen.

In der Regel in höchstens vier Monaten im Jahr, zusammenhängend oder in zwei Zeitabschnitten, darf selbsterzeugter Wein oder Apfelwein – im Schwabenland heißt das »Most« – im eigenen Haus ausgeschenkt werden. In einer Besenwirtschaft dürfen nur kalte und einfach zubereitete warme Speisen verabreicht werden. Mindestens ein nichtalkoholisches Getränk muss angeboten werden, das aber kein »reines Leitungswasser« sein darf, wie es in der »Info Direktvermarktung« des Regierungspräsidiums Stuttgart heißt. Da stellt sich allerdings die Frage, wie verschmutzt das Leitungswasser sein muss, damit es verkauft werden kann.

Zwei Wochen vor Eröffnung muss der Betrieb einer Besenwirtschaft angemeldet und die selbst erzeugte Herkunft des Weines mit Ort und Lage nachgewiesen werden. Bezüglich Lebensmittel, Sauberkeit und Sperrzeiten gelten die üblichen Verordnungen für Gaststätten. Wer Wein nicht selbst anbaut, sondern ihn nur »gewerbsmäßig in den Verkehr bringt«, darf nicht auch noch eine Straußwirtschaft betreiben, das heißt, reine Weinhändler dürfen keinen Besen raushängen. Auch darf die Besenwirtschaft nicht mit einer anderen Schank- oder Speisewirtschaft oder mit einem Beherbergungsbetrieb verbunden sein. Will heißen, wer schon eine Weinstube hat, dem geht es wie dem Weinhändler: Der Besen bleibt im Schuppen.

In einer Besenwirtschaft dürfen höchstens 40 Sitzplätze vorhanden sein. Diese Verordnung scheint der Wirklichkeit Hohn zu sprechen. In einer Besenwirtschaft wird so eng »Arsch an Arsch« gesessen, dass »gefühlt« vom Doppelten ausgegangen werden muss.

Jede gut besuchte Besenwirtschaft, und ein »Besen« ist immer gut besucht, stellt das Klischee vom eigenbrötlerisch am Tisch sitzenden, stumm vor sich hinstierenden Schwaben auf den Kopf. Nirgends geht es geselliger und geschwätziger zu wie in einer Besenwirtschaft. Die beidflankige Tuchfühlung leistet dabei beste Unterstützung. Wer den wahren Schwaben kennenlernen möchte, darf sich nicht bei der »Kehrwoche« aufhalten, sondern muss in einen »Besen« gehen. Wenn ich lese, dass geschätzt zehn Prozent aller Deutschen Kuckuckskinder sind – der leibliche Vater also ein anderer ist als der, der denkt, er wär's –, behaupte ich mal: Daran haben bei uns zu neunzig Prozent die Besenwirtschaften ihre Borsten im Spiel.

196

Übermütig dank Untergärigem

Bier von 190 Brauereien

Der Eindruck könnte entstehen, dass Baden-Württemberg sich vornehmlich dem Weinbau widmet. Aber da werden die germanischen Stämme der Sueben und Alemannen falsch eingeschätzt, so leicht gaben die ihre Gewohnheit des Biertrinkens nicht auf.

Römer hin, Römer her! Auch unsere Sachen schmecken!

Über ganz Baden-Württemberg, auch in Weingegenden, sind rund 190 Brauereien verteilt. Gaststättenbrauereien, die überregional nicht in Erscheinung treten, sorgen für Abwechslung und Überraschungen. Sie brauen ihr Bier für den eigenen Ausschank.

Damit nimmt Baden-Württemberg in der Anzahl von Brauereien nach Bayern den zweiten Platz in der Bundesrepublik ein! Ehrlich: Wer häb au des dengt? Im Vergleich zu bedeutenden biertrinkenden Bundesländern im Norden, die oft nur wenige, aber dafür große Brauereien vorweisen können, versorgen im Süden der Bundesrepublik eher kleinere Gerstensaftmanufakturen die Durstigen.

Gleichwohl leiden alle Brauereien darunter, dass der Bierkonsum seit Jahren zurückgeht. Allerdings auf hohem Niveau: Nur in Tschechien wird mehr Bier getrunken als in Deutschland. Übrigens ist auch der Weinabsatz leicht rückläufig. Alkoholfreie Erfrischungsgetränke und auf der anderen Seite Mixgetränke auf Limonadenbasis mit Hochprozentigem sind im Vormarsch. Demgegenüber wäre die Kultivierung des Genusstrinkens sowohl bei Wein als auch bei Bier – und warum auch nicht von edlen Bränden? – angesagt, wenn man generell dem Alkoholtrinken positiv gegenübersteht.

»Slow-Drink« – in Anlehnung von Slow-Food – könnte die Idee sein, ebenfalls mit dem Anspruch von nachhaltigem Anbau und Ressourcenschonung.

Ein Schoppen Bock

Einen Weg in diese Richtung beschreiten in Baden-Württemberg schon Brauereien, die Dinkelbier brauen. Grundlage bildet das »Schwabenkorn« Dinkel, das nach einer gewissen Verdrängung wieder als typisch schwäbisches Getreide in den Fokus rückt. Ergiebigere und leichter anzubauende Sorten hatten den Dinkel in den Hintergrund gedrängt. Als Getränk könnte das Dinkelbier zum Start einer Slow-Drink-Bewegung werden, vorausgesetzt, man stürzt es nicht hinunter. In den Achtzigerjahren hat mal eine schwäbische Brauerei »Dinkelweizen« angeboten – das war sehr bekömmlich und hatte dabei nur halb so viel Alkohol wie ein normales Weizen. Ich habe damals im Sommer nichts anderes getrunken und rufe die schwäbischen Brauer dazu auf, dieses Bier wieder zu brauen und zu verkaufen!

Den allgemeinen Rückgang des Bierkonsums spüren indes auch Hopfenanbauer und Mälzereien, die Zulieferindustrie der Braubranche.

»Hopfen und Malz, Gott erhalt's!«, zählt den bekanntesten Kurzgebeten der Germanen. Worauf mein Onkel immer antwortete: »Ond Salz ond Pepper lupft dr Schnepper!«

In Baden-Württemberg gilt traditionell die Gegend um Tettnang als Hauptanbaugebiet von Hopfen. Auf 1220 Hektar wird feinster Tettnanger Aromahopfen produziert. Der Hopfen wurde im Jahr 2007 als »Arzneipflanze des Jahres« ausgezeichnet, was den Hinweis beinhaltet, dass die Pflege des Hopfenanbaus nicht nur der Bierherstellung, sondern auch dem pharmazeutischen und medizinischen Bereich dient.

Viele halten ja Bier für eine Art Medizin. Es mag sein, dass Bier in geringen Dosen – wobei jetzt nicht von Dosenbier die Rede ist – bestimmte positive Wirkungen im Organismus hervorrufen kann. Aber es ginge wohl doch zu weit, den Besuch des Volksfestes in Bad Cannstatt – wo es ja auch einen Kursaal gibt – als Kuraufenthalt mit einer individuell zusammengestellten Trinkkur zu bezeichnen.

Im Allgemeinen wird in Baden-Württemberg wie in Bayern untergäriges Bier gebraut. Bei dieser Brauart sinkt die untergärige Hefe nach der Fermentation auf den Boden; sie liegt unten und gärt vor sich hin, daher der Name. Die andere Variante ist obergäriges Bier, bei welchem in dieser Phase der Bierherstellung die Hefe oben schwimmt. Obergärige Biere werden zum Beispiel in Köln getrunken.

Zu den untergärigen Bieren zählen Pils, Export, Bockbier oder Lager. Jeder weiß, dass nach der Bestellung einer »Halben« im Schwabenland ein Halbliterglas mit Exportbier kommt. In neuerer Zeit fasst das vermeintliche Halbliterglas oft bloß noch 0,4 Liter. Die Hälfte der Halben ist kein »Viertel«, was logisch, aber mit Wein zu verwechseln wäre, sondern ein »Gläsle«. Anmut und Klarheit geht hier vor Mathematik.

Ältere Jahrgänge bestellen auch mal noch einen »Schoppen«. Früher war dies die offizielle Bezeichnung für einen halben Liter. Vor Einführung der metrischen Maße in Süddeutschland im Jahr 1872 bezeichnete »Schoppen« das Hohlmaß für 0,375 Liter in Baden und 0,459 Liter in Württemberg.

Untergärige Hefe benötigt eine niedrige Raumtemperatur für die Gärung – so zwischen vier und neun Grad Celsius – und eine längere Gär- und Lagerzeit zur Reife. Untergärige Biersorten sind dafür länger haltbar als obergärige.

Um die Temperatur für die Gärung und Lagerung konstant halten zu können, wurden in früheren Zeiten im Winter Eisblöcke gehauen und in den Brauereien in Eiskellern gelagert. Das waren die harten Winter, als die Seen noch zufroren. Der Bodensee wurde zum Eislieferant für Brauereien.

Als Bierkeller wurden Höhlen in Berge gegraben, die an sich schon für eine konstante Temperatur sorgten, aber mit den Eisklötzen feinreguliert werden konnten. Es ist auch heute noch zu beobachten, dass viele Brauereien an einer Hanglage liegen.

Untergäriges Brauen entwickelte sich verstärkt in Baden-Württemberg und Bayern, wo es früher sehr kalte und lange Winter gab. Heute ist diese Braumethode die am weitesten verbreitete in Deutschland, die elektrische Kühltechnologie macht es möglich.

An Gaststätten wurden in vorelektrischen Zeiten zusammen mit den Bierfässern auch Eisblocks geliefert. Damit die Bierkeller nicht der prallen Sonne ausgesetzt waren, pflanzte man über die Keller, die oft eine Art Terrasse bildeten, Kastanien, weil sie ein breitblättriges und dichtes Laubwerk haben. Darunter stellte man Tische und Bänke. So entstanden in Baden-Württemberg die schattigen Biergärten.

Die Bierschlacht am Neckarstrand

Baden-Württemberg kann mit Stolz darauf verweisen, dass es mit dem Cannstatter Volksfest nach dem Münchner Oktoberfest das größte Volksfest der Welt feiert. Manche zählen zu den Volksfesten auch den brasilianischen Karneval dazu, der dann bei dieser Berechnung nicht nur die Nasenspitze, sondern trotz üppiger Dirndl-Manie in den Festzelten die Brustspitze vorn hätte. Tanga schlägt Dirndl.

In der letzten September- und der ersten Oktoberwoche strömen dann zirka vier bis fünf Millionen Besucher auf den Cannstatter Wasen und trinken mindestens ebenso viele Liter Bier. Das schafft der brasilianische Karneval wiederum nicht. Auch im sparsamen Schwabenland ist es erstaunlich, denn mit Euro 8,20 pro Liter (Stand: 2010) ist das Bier auf dem Volksfest deutlich teurer als in den meisten Stuttgarter Gaststätten.

Einst 1818 als Landwirtschaftliches Hauptfest ins Leben gerufen, um den Württembergern nach Not und Missernten ein positives Signal, ein Zeichen der Hoffnung zu geben, werden heute mit Bier literweise die Wirtschafts-, Globalisierungs- und Finanzkrisen der Welt den Hals hinunter- und auf großen Sammeltoiletten ins Vergessen gespült.

Damit dies gut funktioniert, wird für die zweieinhalb Wochen auf dem 35 Hektar großen Gelände Beträchtliches geleistet. Neben Fahrgeschäften, Los- und Imbissbuden, Krämermarkt und Fruchtsäule werden in der Regel sieben große Bierzelte und zwei Weinzelte aufgebaut; Sanitäts- und Polizeiwache mit Ausnüchterungszellen sind als Massivbau eine Dauereinrichtung. Hinzu kommen noch mehrere kleinere Zelte und Biergärten. Ein großes Bierzelt fasst zwischen fünf- und sechstausend Gäste und beschäftigt ungefähr 250 Mitarbeiter. Die Kosten, die anfallen, bis ein großes Festzelt zum Volksfestbeginn fertiggestellt ist, belaufen sich auf rund 600 000 Euro, der Abbau kommt etwas billiger. Doch der Aufwand lohnt sich. Wenn Festwirte trotzdem klagen, sind es Schwaben.

Der Energieverbrauch des Cannstatter Volksfestes entspricht einer Stadt mit 35 000 Einwohnern. Der Wasserverbrauch kommt auf ungefähr 43 000 Kubikmeter. In Baden-Württemberg geht man von einem durchschnittlichen, sparsamen täglichen Verbrauch von 116 Liter Wasser pro Person aus, das heißt, für einen Schwaben würde der Wasserverbrauch vom Cannstatter Wasen gut ein Jahrtausend lang reichen.

So nebenbei erwähnt: Wenn eine Person pro Tag mit drei Liter Trinkwasser auskommen kann – da hat sie dann schon ein wenig über den Durst getrunken –, für was verbraucht dieser baden-württembergische Durchschnittsmensch dann den Rest an kostbarem Trinkwasser? Na ja, halt für Kochen, Duschen, Baden, sonstige Körperpflege, Haustiertränke, Toilettenspülung, Spülmaschine, Waschmaschine, Auto waschen, Putzen, Blumengießen, Aquarium, Swimmingpool, aufblasbares Kinderplanschbecken, Rasen sprengen oder den Mülleimer dreimal in der Woche nass auswischen und mit dem Schlauch ausspritzen. Alles ganz wichtige Dinge, ohne die man sich in Baden-Württemberg vorkommen würde, als lebte man in einem Notstandsgebiet. Neinnein, bei den 116 Litern ist der Verbrauch von Industrie und Landwirtschaft nicht mitgerechnet!

Das Cannstatter Volksfest gibt auch einen starken wirtschaftlichen Impuls. Es wird davon ausgegangen, dass ungefähr 18 000 Menschen wie Bäcker, Metzger, Brauer, Zulieferer, Bedienungen oder Musikanten direkt oder indirekt für das Cannstatter Volksfest arbeiten.

Die Spritzer beim ungelenken Fassanstich des Stuttgarter Oberbürgermeisters sind als Konjunkturspritzer zur wirtschaftlichen Belebung an Neckar und Nesenbach aufzufassen.

Na dann – ein Prosit der Gemütlichkeit!

Au, da fällt mir ein schöner Volksfestwitz ein:

Der eine zum anderen: »Warum guggsch denn so grätig, du warsch doch grad auf em Wase?«

»Ja, aber i hann die falsche Leit dabei g'hett!«

»Wen denn?«

»Mai Frau ond meine Kender!«

Einer geht noch: Ein Vampir schlendert übers Volksfest, Bier ekelt ihn, an Blut kommt er nicht ungesehen ran. Missmutig fährt er heim und überholt in Bad Cannstatt an einer uneinsehbaren Kurve zwei Radfahrer. Spontan nutzt er die Chance, bremst die beiden aus und saugt sie leer.

Zufrieden rülpsend sitzt er wieder im Auto und gerät prompt in eine Verkehrskontrolle.

»Grüß Gott!«, sagt der Beamte und hält die Hand an die Dienstmütze. »Verkehrskontrolle – hen Se äbbes trunke?«

Antwortet der Vampir: »Nicht der Rede wert, Herr Wachtmeister – bloß zwei Radler!«

Miss Biergit im Hochschwarzwald

Eine besondere Stellung nimmt unter den baden-württembergischen Brauereien die Badische Staatsbrauerei Rothaus AG ein. Sie ist eine Brauerei mit Sitz im gleichnamigen Ort Rothaus, einem Ortsteil von Grafenhausen, das mitten im Hochschwarzwald in rund 1000 Meter Höhe unweit des Schluchsees liegt. Ihre Biersorte »Tannenzäpfle« wurde außerhalb Baden-Württembergs zum Synonym für »schwäbisches Bier«, ungerechterweise, weil es eine badische Brauerei ist. Für die Norddeutschen sind einfach alle Baden-Württemberger Schwaben.

Die Brauerei Rothaus wurde 1791 durch das Benediktinerkloster Sankt Blasien als die Brauerei »Am roten Haus« gegründet. Sie wurde – bezogen auf die Herrschaftsgebiete Sankt Blasien und Bonndorf – inmitten großer Wälder und in der Nähe ausreichender Wasservorkommen errichtet. Im Rahmen der Säkularisation gelangte sie 1806 in den Besitz des Großherzogtums Baden und führte seitdem den Namen »Großherzoglich Badische Staatsbrauerei Rothaus«.

Seit Abschaffung der Monarchie 1918 lautet der Name »Badische Staatsbrauerei Rothaus«. Die Brauerei Rothaus war ursprünglich ein in den Landesfiskus wie eine Behörde eingegliederter »Fiskalbetrieb«. 1922 erfolgte die Umgründung in eine Aktiengesellschaft. Heute sind hundert Prozent der Aktien im Besitz der Beteiligungsgesellschaft des Landes Baden-Württemberg mbH, die eine hundertprozentige Tochter des Landes Baden-Württemberg ist. Die Brauerei Rothaus ist die einzige Staatsbrauerei des Landes Baden-Württemberg und neben Hofbräu München und Weihenstephan eine von nur drei deutschen.

Doch geführt wird sie nicht nach behördlichen, sondern nach privatwirtschaftlichen Geschäftspraktiken. Chef ist seit 2004 der ehemalige Innenminister von Baden-Württemberg, der CDU-Politiker Thomas Schäuble, Bruder von Wolfgang Schäuble, dem Bundesfinanzminister.

Thomas Schäuble – und auch seine Vorgänger – haben die Badische Staatsbrauerei Rothaus AG zu einer der bekanntesten Biermarken bundesweit gemacht. Und dies, obwohl als Marketinginstrumente nahezu alles angewendet wurde, was nach neuesten Erkenntnissen der Marketing- und Werbeindustrie in den Ruin führen müsste, mal abgesehen von Sponsoring von Vereinen und Veranstaltungen.

Das Grafikdesign ist veraltet und zeigt eine stilisierte, gezeichnete Frau in Schwarzwaldtracht mit einer Art Kopftuch. Die Typografie kann ruhig als altmodisch bezeichnet werden. Der Name des Biers heißt »Zäpfle«, was zu einem modernen

»Feeling« junger Menschen nicht zu passen scheint, aber gerade diese mögen ein »Zäpfle«. Rundfunk- und Fernsehwerbung sind offensichtlich des Teufels und werden nicht gemacht. Das Geld wird eingespart und in die Produktion, Qualität und den Vertrieb gesteckt. Profitieren tut davon das kleine Sortiment, das nicht oder kaum erweitert wird. Bescheiden meint die Brauerei Rothaus auf ihrer Website, dass die Ursachen des Markterfolges in der Qualität ihrer Biere liege und sachfremde, das heißt nicht mit dem Geschäftsbetrieb zusammenhängende Erwägungen bei der Geschäftsführung keine Rolle spielten. Oder anders gesagt: »Bei seim Sach bleiba!«

Der Bierausstoß beträgt heute 908 000 Hektoliter pro Jahr, ohne dass große Werbeaktionen durchgeführt werden. Während sich das Brauvolumen in Baden-Württemberg allgemein verringert hat, hat es bei Rothaus zugenommen. Der Umsatz lag 2009 bei 89,2 Millionen Euro, der Gewinn bei satten 18,4 Millionen. Die Rothaus Brauerei ist nach der Eichbaum Brauerei aus Mannheim die zweitgrößte Brauerei in Baden-Württemberg.

Das blonde Schwarzwaldmädel in typischer Tracht auf den Etiketten wird von einigen Biertrinkern Birgit Kraft genannt, nach dem alemannischen »Bier git Kraft«, also »Bier gibt Kraft«. Die Brauerei selbst beschäftigt eine junge, hübsche, blonde Schwarzwälderin, die in der Tracht, wie sie auf dem Etikett abgebildet ist, bei besonderen Ereignissen die Brauerei Rothaus repräsentiert. Sie wird von der Brauerei »Miss Biergit« genannt.

Diesen Blödsinn hat sich vielleicht der CDU-Schäuble selber ausgedacht, wahrscheinlich als er mal eben aus sich herausgehen wollte. Dann kommt so etwas heraus. So isch no au widder!

204

Blutwurstgrätsche zum Schneckencarpaccio: Tradition meets Kreation

Sternlessupp' und Sterneküche

Das Rezept der Sternchensuppe von Knorr Suppenliebe für 1 Liter = 4 Portionen geht so: »1. Beutelinhalt mit dem Kochlöffel in 1 Liter kochendes Wasser einrühren. 2. Bei schwacher Hitze 10 Minuten kochen lassen. 3. Ab und zu umrühren.«

Die Geschichte von Knorr beginnt übrigens 1838 mit der Gründung eines »Specerei-Waarengeschäfts« durch Carl Heinrich Knorr in Heilbronn. Knorr ist immer noch in der Stadt am Neckar, gehört aber mittlerweile zum Konzern Unilever. Eine andere Suppenstadt ist Singen, was man immer mal wieder riechen kann, wenn der Wind sich dreht. Dort befindet sich der Sitz der Maggi GmbH, einer Tochtergesellschaft der Nestlé Deutschland AG.

Nichts gegen die Knorr Sternchensuppe, die neben der Maggi Buchstabensuppe zu den nachhaltigsten Kindheitserinnerungen vieler zählt. Ein Koch, der diese leckere Suppe kocht, bekommt zwar viele Sternchen in den Topf, aber ganz sicher keinen Stern verliehen, wenn wir von Michelin-Sternen sprechen.

Auf Restaurants, die im Guide Michelin mit den begehrten Sternen gekennzeichnet sind, verweist der Baden-Württemberger äußerst gerne. 2009 gab es im Ländle insgesamt 53 Sternelokale, darunter zwei 3-Sterne-Lokale, nämlich das Restaurant Bareiss von Claus-Peter Lumpp und die Schwarzwaldstube von Harald Wohlfahrt, beide in Baiersbronn.

Da sich in Baiersbronn noch mit einem Stern das Restaurant Schlossberg mit Jörg Sackmann anschließt, wird schon vom Sternedorf Baiersbronn gesprochen.

Immerhin gibt es in Deutschland nur zwei Kommunen mit zwei 3-Sterne-Restaurants: die relativ kleine Gemeinde im Schwarzwald sowie Bergisch Gladbach im Bergischen Land in Nordrhein-Westfalen.

Ein ähnliches Bild ausgezeichneter Restaurants in Baden-Württemberg bietet auch der Gastronomieführer Gault Millau, der keine Sterne, sondern Hauben beziehungsweise Kochmützen vergibt. Auch hier erscheint das Ländle gut behütet.

Im Südwesten isst man besser

Neben den mit Sternen oder Hauben ausgezeichneten Restaurants ist das bevorzugte Land im Südwesten, in dem Wein, Honig und der verschmutzte Neckar fließen, geradezu übersät von weiteren empfehlenswerten Weinstuben und Speisegaststätten, die sich an eine Auszeichnung herankochen. Manche unterziehen sich dem erhöhten betrieblichen Aufwand bewusst nicht, und trotzdem – manches Mal gerade deshalb – kann man bei ihnen einen einmaligen, leckeren und schönen Abend genießen. Die Gastronomieführer weisen sie ebenfalls aus. Denn oft fährt ein Gastwirt auch gut, wenn er die Kosten für den Sterne-Aufwand spart, nur leicht »darunter« kocht und dafür jeden Tag die Gaststube mit zufriedenen Gästen füllt. Das rechnet sich dann auch.

Außerdem weiß jeder in seinem Ort, im Nachbarort oder in der näheren Umgebung einen heißen Gastronomie-Tipp, dem man im Allgemeinen getrost nachgehen kann. Es ist Phänomen und Tatsache, dass man in so mancher baden-württembergischen Weinstube oder Landgaststätte besser isst als in hochgejubelten Restaurants in nordischen Großstädten. Nichts gegen norddeutsche Kochkunst, aber im Südwesten isst man einfach besser.

Auf die Gefahr hin, dass ich danach von den Großstädtern totgeprügelt werde: Ich habe in meinem ganzen Leben in Berlin noch nie wirklich richtig hervorragend gegessen; mal ist die Salatsoße süß, mal das Gemüse verkocht und mal ist der Kellner zu schnippisch.

Im Stadion beim VfB Stuttgart singen die Fans, wenn es gegen Hertha BSC geht – eine Erinnerung an die Fußballweltmeisterschaft 2006, als die deutsche Nationalmannschaft in Stuttgart um Platz 3 statt in Berlin um den Pokal spielte –: »Stuttgart ist viel schöner als Berlin!« Das ist Geschmacksache und mag es bleiben. Aber »Stuttgart kocht viel besser als Berlin!« ist ein objektiv wahrnehmbares Faktum. Jeder Schwabe und die meisten Badener werden dies unvoreingenommen bestätigen. Und schon fällt mir wieder mein eigenes Vorwort ein: »Es ist ein ewiges Sich-Herausstellen, ein ununterbrochenes Aufzählen der Bestmarken und Sich-nach-vorne-Loben.« Ein Berliner käme gar nicht auf die Idee, sich mit einem anderen – am Ende sogar noch mit einem Stuttgarter – zu vergleichen. Er ist, wie er ist, der Rest ist ihm egal. Das regt uns doch noch viel mehr auf!

Einfache Bauernküche

Zurück zur Kulinarik. Die heutige badische und schwäbische Küche kennzeichnet eine Entwicklung, die aus einer einfachen Bauernküche hervorging, welche oft gezwungen war, Reste zu verwerten. Das Arme-Leute-Essen musste alles, was Natur und Bauernhof boten, als Speise auf den Teller bekommen. Eintöpfe sind typisch dafür. Freitag und Samstag sind Eintopftage, da findet man die Woche im Teller wieder.

Eine Ausnahme bildet der Gaisburger Marsch, er geht auf einen Eintopf beim Militär zurück. Anderswo im Ländle gibt es ihn auch, allerdings meist ohne Siedfleisch. Da heißt er dann Kartoffelschnitz und Spätzle (in Schwaben), Verheierte (wörtlich: Verheiratete; in Baden) oder Böckinger Feldgeschrei (im Unterland und in Hohenlohe, nach dem Heilbronner Stadtteil).

Rohstoffe, die regional vorkamen, bildeten die Grundlagen. So wurden auf der Schwäbischen Alb Linsen angebaut, außerdem gab es Getreide und Eier. Die Kombination Linsen mit Spätzle lag in der Luft. Von der ernährungswissenschaftlichen Zusammensetzung eine vernünftige Kombination.

Linsen werden übrigens wieder angebaut, seit einigen Jahren gibt es »Alb-Leisa«. Leisa ist das schwäbische Wort für Linsen. Aus der schwäbischen Erfahrung über die Verdauungseffekte von »Leisa« beschreibt der Schwabe auch das Linsen-Essen: »Leisa – Leis eine, laut auße.«

Resteverwertung war ganz wichtig. Die Maultasche ist ein gutes Beispiel dafür. Denn früher wurde nicht nur eine Mischung aus Spinat und Brät als Füllung genommen, sondern was vom teuren Braten übrig war, wurde durch den Wolf gedreht.

Die drei klassischen Formen der Maultaschen – in der Brühe, geschmälzt, geröstet – zeigen die sinnvollen Schritte, wie der Rest vom vorherigen Stadium zu einem neuen Gericht verwandelt wird, das dann auch mit anderen Beilagen zu sich genommen wird.

Meist in süßer Form, obwohl es auch die salzige Variante gibt, sind Ofenschlupfer eine Resteverwertung von Weißbrot. Trockenes Brot oder Wecken wurden früher nicht weggeworfen, sie konnten außer für Ofenschlupfer als Weckmehl, in Form von Croûtons beziehungsweise gerösteten Brotwürfele als Suppeneinlage, als Brotsuppe, als Weckknödel, als reichliche Zugabe zum Fleischteig und damit beispielsweise für Fleischküchle, Königsberger Klopse oder Gefüllte Paprika oder sogar als Brottorte aus gedörrtem Brot verwendet werden.

Bei den vielen Obstsorten in Baden-Württemberg verwundert es auch nicht, dass es eine reiche Auswahl an Obstkuchen gibt. Apfel-, Birnen- oder Zwetschgenkuchen zählen unter ihnen zu den Klassikern. Dann kommt aber schon der Brestlingskuchen, der auf hochdeutsch Erdbeerkuchen heißt. Oder der Johannisbeerkuchen, der auf schwäbisch ein Träubleskuchen ist.

Aus der geografischen Lage haben sich Einflüsse aus Frankreich, der Schweiz und dem französischen Elsass ergeben, aber auch von Franken und von der Pfalz. Kartoffelsupp mit Quetschekuchen wird in dieser Kombination sowohl in Baden als auch in der Pfalz gegessen. Sauerkraut mag man im Elsass, in Baden und in Schwaben gleichermaßen, am liebsten mit Blut- und Leberwürsten. Flammekueche (eine Art dünne Pizza ohne Tomaten und Käse, dafür mit Sauerrahm, Zwiebeln und Speck) und Baeckeoffe

208

(ein Eintopf mit Rind-, Schweine- und Lammfleisch und, wenn man ihn ganz original zubereitet, Schweinsfuß und Schweineschwanz) haben die Badener direkt aus dem benachbarten Elsass übernommen, das ja im Lauf der Geschichte immer mal wieder zu Deutschland gehört hat und wo man deshalb ganz andere Rezepte kennt als im übrigen Frankreich.

Als es weder Tiefkühltruhe noch Konservendosen gab, stellte sich oft das Problem, Lebensmittel haltbar zu machen. Man pökelte und räucherte – so entstand zum Beispiel der Schwarzwälder Schinken – und man konservierte mit Essig. In der schwäbischen Küche findet Essig darüber hinaus ausgiebig Verwendung, um Saure Soße herzustellen. Die Basis hierfür bildet eine »brennte« (also angeröstete) Mehlschwitze, die mit Essig abgelöscht wird. Sie schmeckt gut, fördert die Verdauung und konnte früher auch übertönen, wenn die Lebensmittel schon ein »Gschmäckle« hatten, einen Hautgout. Die Saure Soße ist nicht nur fürs Linsengemüse unerlässlich, sondern auch für Saure Kutteln (Pansen), Saure Nierle (Schweinenieren), Saure Leber, Saures Rindfleisch, Saure Kartoffelrädle und Saure Bohnen. Mancherorts kennt man sogar Saure Flädle (Pfannkuchen). Ebenfalls mit Essig, aber ohne Mehlschwitze wird Sauerbraten zubereitet. In Baden und Schwaben muss er wirklich sauer sein, nicht wie im Rheinland, wo man ihn durch die Beigabe von Lebkuchen und Rosinen zur Soße ungenießbar macht.

Spätzle in Abu Dhabi

Damit eine Bauernküche sich zu einer Spitzenküche entwickelt, ist auch die Entwicklung von Wohlstand und Bürgertum Voraussetzung. In Baden-Württemberg trafen beide Umstände glücklich zusammen, eine große Palette an traditionellen Speisen, eine Wohlstandsentwicklung und eine hochstehende Weinkultur. Viele hervorragende Restaurants sind in Baden-Württemberg aus Weinstuben hervorgegangen.

Mit der Zuwanderung von Gastarbeitern erweiterte sich nicht nur das gastronomische Angebot, sondern auch die badische wie die schwäbische Küche. Gute Restaurants bieten heute zu Traditionellem auch eine Cross-Over-Küche an. Junge Köche, deren Väter oder Großväter kamen, um bei Bosch oder beim Daimler zu arbeiten, zählen heute zu den Spitzenköchen.

Als Beispiel sei Juan Amador, der Sohn spanischer Gastarbeiter, erwähnt. Auf ihn kann das Ländle wirklich stolz sein. Juan Amador kam 1968 in Strümpfelbach auf die Welt und wuchs im Remstal auf. Ein spanischer Schwabe aus Strümpfelbach! Juan Amador lernte bis 1988 Koch im Gasthaus Lamm in Weinstadt-Strümpfelbach. Aber der Beruf Koch bringt es heute mit sich, dass man reisen muss, wenn man es zu etwas Höherem bringen möchte. Recht schnell zählte Juan Amador zu den Spitzenköchen, die, egal, wo sie sind, ein Restaurant in die Sterne kochen können. Anfang 2005 eröffnete Juan Amador sein eigenes Restaurant »Amador« in Langen (Hessen). Im Herbst 2007 wurde es mit drei Michelin-Sternen ausgezeichnet.

Neben dem »Amador« betreibt er seit Sommer 2009 noch das »Amesa« in Mannheim, für das er ebenfalls einen Stern bekam. Damit ist der schwäbische Spanier Juan Amador aus Strümpfelbach zur Zeit der einzige deutsche Koch und Gastwirt, der auf Restaurants mit zusammengerechnet vier Michelin-Sternen verweisen kann. Dass er sich mit seinen spanischen Wurzeln auf die klassische Küche Kataloniens, Frankreichs und des Baskenlandes bezieht, von wo die modernen Einflüsse kommen, ist nicht verwunderlich. Aber Spätzle schaben kann er immer noch. Und er ist ein Schaffer. Die »Tasca« in Wiesbaden (ein Michelin-Stern) hat er ebenso wieder geschlossen wie eine Dependence in Moskau – beides hat nicht funktioniert. In Frankfurt bietet er Luxusübernachtungen in einer Suite; ein Hotel ist angedacht. 2010 hat er ein Restaurant in einem Hotel in Abu Dhabi eröffnet, 2011 ist eines in Dubai, 2012 eines in Jordanien, 2013 eines in Katar geplant.

Der badischen Ehre halber sei auch Dieter Müller aus Auggen erwähnt, der seit Jahren das Drei-Sterne-Restaurant »Dieter Müller« im Schlosshotel Lerbach in Bergisch Gladbach, ein echtes, altes, ehrwürdiges Luxushotel, zu einem kulinarischen Erlebnis macht.

Ganz anders ist dagegen das »Sansibar« auf Sylt. Man nennt es Deutschlands berühmteste Bretterbude. Das aus Holz gebaute Restaurant mit Sonnenterrasse zwischen Dünen ist *das* VIP-Lokal auf der Insel, mit einem der größten und vielfältigsten Weinangebote in einem deutschen Restaurant. Auf der Weinkarte sollen 1400 Positionen stehen. An einem sonnigen Tag können schon mal 2000 Essen über die Theke gehen. Vor rund 30 Jahren eröffnete Herbert Seckler aus Wasseralfingen das Restaurant, nachdem er als junger Koch auf Butterschiffen gekocht hatte. Auf seiner Website betreibt Herbert Seckler mittlerweile zusätzlich einen sortimentenreichen Internethandel mit allem Möglichen. Vom Gastroführer Gault Millau wurde er 2008 zum »Restaurateur des Jahres« gekrönt.

Cross-over muss sitzen

Dass die heutige badische und schwäbische Küche nicht nur Maultaschen, Schäufele, Gaisburger Marsch oder Spätzle auf den Teller bringen kann, ist einem gewandelten Geschmack geschuldet. Die heutige Spitzengastronomie, aber auch die gehobene bürgerliche Küche, nimmt Einflüsse aus nahezu allen Ländern auf. Ohne einen Blick in spanische, italienische, französische oder auch asiatische Töpfe geworfen zu haben, kommt heute auch kein schwäbischer Koch mehr zurande. Einflüsse aus Asien werden vermehrt mit europäischer Kochkunst verknüpft.

Wer aber unsere altbekannten Maultaschen als Frühlingsrollen nach schwäbischer Art an Sojasauße serviert bekommt, sollte auf die Barrikaden gehen. Hat man sich doch gerade an vegetarische Maultaschen mit Rucolapesto, Maultaschen mit Tomatensauce und ganz in der Pfanne gebratene Maultaschen mit kleinem Salatbouquet gewöhnt. Diese Art von Kitsch reicht doch eigentlich schon.

Die badische, schwäbische und auch fränkische Küche bildet den Ausgangspunkt für die Entwicklung der hohen gastronomischen Qualität im Südwesten Deutschlands. Die Gerichte, die als regionale Klassiker gelten, verkörpern eine starke Heimatsymbolik – nicht nur die Liebe geht durch den Magen. Dies ist bei Schwaben mit den Maultaschen und bei Badenern mit Bluddköpf (Dampfnudeln mit Apfelbrei), genauso aber auch bei Seehundaugen lutschenden Eskimos oder Ameisen röstenden Pygmäen der Fall.

Ich kann mich noch gut an die erschrockenen Augen von englischen Freunden erinnern, als wir ihnen etwas »Typisches« bieten wollten und für jeden eine schwäbische Schlachtplatte mit dampfendem Sauerkraut, allerlei Würsten und Siedfleisch bestellten.

Zweifelsohne werden außerhalb von Baden-Württemberg Maultaschen, Kässpätzle, Spätzle allgemein und immer mehr auch Schupfnudeln als typische Angebote auf dem Teller angesehen. Aber dies ist sehr reduziert beobachtet, denn zur süddeutschen Gastronomie gehört auch eine bestimmte Art des Gastronomiekonzeptes und des freundlichen Services. Die Idee, Gast zu sein und nicht nur Nahrungsaufnehmer und Dienstleistungskäufer, und anderseits Gastgeber zu sein, der zufriedene Gäste nach Hause entlassen möchte, ist immer wieder zu erspüren. Diese Einstellung fordert und fördert die Entwicklung guter Gastronomie. Auch hier sind wir total selbstkritisch – bei uns ist es einfach am besten.

Nicht nur für ein gutes Essen, sondern auch für eine gute Butterbrezel gehe ich meilenweit! Oder einen lätschigen Hefezopf mit Butter bestrichen und mit einem hausgemachten Gsälz geschmiert.

Hallo Leute! Bereits da im Kleinen fängt es an und geht es ab! Ich war noch ein Kind, als der Südfunk in der »Abendschau« eine Reportage über alte Menschen im Altersheim zeigte. Betroffen fragte der Reporter eine betagte Insassin, wie sie denn damit zurechtkomme, ausgerechnet zu Heilig Abend nur mit Hefezopf feiern zu müssen.

»Ha no!« antwortete die Dame entrüstet. »Äs gibt doch niggs bessors wie naibroggelter Hefegranz!«

Die Weltstadt im Hexenkessel

Stuttgart – geliebte Heimat und ungeliebte Landesmetropole

In einem schwäbischen Dialog zwischen Äffle und Pferdle, den beiden Zeichen-trick-Kultfiguren des früheren Süddeutschen Rundfunks (heute SWR), wird die Frage gestellt, was groß sei. Die Antwort: ein Elefant. Was ist größer? Antwort: Stuttgart. Und was ist das Allergrößte? Antwort: Linsen mit Spätzle.

In witziger Weise zeigt der Zeichentricksketch, wo die Weltläufigkeit eines Schwaben beziehungsweise eines Stuttgarters liegt, nämlich auf keinen Fall außerhalb des heimatlichen Tellerrandes. Und dabei ist es egal, wohin auf der Welt er seinen Teller mitnimmt.

Einmal Schwabe, immer Schwabe – kennsch oin, kennsch älle!

Ich spiele regelmäßig – übrigens immer ausverkauft – Kabarett in New York. Die SchwaBadener drüben sind unglaublich gut vernetzt, man muss nur einem von ihnen sagen, dass man kommt, und alle kaufen Karten. Beim letzten Mal kam ein Besucher nach der Aufführung zu mir und sagte: »Herr Sonntag, I come from Ensingen, I came over – Herrgott isch des lang her, wart amol – fourtyfive years ago, aber I muscht say, i hann mai Läbtag net so glachet wie hait!«

Benztown klebt den Feinstaub fest

Zurück von New York zur anderen Metropole. Das Selbstverständnis der Stadt Stuttgart spiegelt sich zumindest ansatzweise auch in ihren Slogans. »Großstadt zwischen Wald und Reben«, hieß schon 1935 ein NS-Propagandafilm über die »Stadt der Auslandsdeutschen«. In den Sechziger- und Siebzigerjahren fühlte man sich als »Partner der Welt«. Heute heißt es: »Stuttgart: Motor Deutschlands« oder sogar »Stuttgart: Mein Motor«. Offensichtlich soll über einen assoziativen Umweg auf den für Stuttgart typischen Smog im Talkessel hingewiesen werden.

Dabei ist vor allem Feinstaub das große Problem. Am Neckartor, wo der Jahres-Grenzwert der EU für Feinstaubbelastung immer schon Ende Februar überschritten ist, wurde 2010 testweise ein Feinstaubkleber auf die Straße aufgetragen. Typisch für die Stadt: Statt dass man versucht, den Schadstoffausstoß in den Griff zu kriegen, pumpt man einfach noch ein bisschen mehr Zeug in die Luft, damit die Chemikalien die Sache unter sich regeln – nach dem Motto: Der Feind meines Feindes ist mein Freund! Man sollte mal vor Rathaus und Landtag einen Kompetenzkleber auftragen, der all jene am Boden festklebt, die keine Ahnung haben. Das gäbe einen herrlichen Skulpturenpark!

Während Stuttgarts Uraltslogan zwischen Wald und Reben noch die geografische und biologische Wahrheit bot, schien »Partner der Welt« schon ein bisschen anmaßend zu sein. Und der »Motor Deutschlands« lässt schließlich den Verdacht aufkeimen, dass nach der Umbenennung des »Neckarstadions« 1993 für 10 Millionen Mark in »Gottlieb-Daimler-Stadion« und 2008 für 20 Millionen Euro in »Mercedes-Benz Arena« die Landeshauptstadt bald in Benztown, Merce-Porsche-City oder German-Topcar-Center umgetauft wird. Zum Nutzen der Stadtkasse und damit der Weltbürger soll in Zukunft nicht mehr an das Wappentier »Stuttgarter Rössle« erinnert werden. Denkbar, dass es bald durch einen Sechszylinder-Einspritzmotor ersetzt wird.

Das Stuttgarter Rössle gehört heute anscheinend ausgestopft ins Museum, wie am Beginn der Ausstellung im vielbesuchten Mercedes-Benz-Museum. Auch Porsche ließ sich nicht lumpen und baute ein extravagantes Auto-Museum, bevor der Sportwagenbauer sich von VW und Christian Wulff, der damals noch niedersächsischer Ministerpräsident war, über den Tisch ziehen ließ. Immerhin führt Porsche, ebenso wie Ferrari, das Rössle im Firmenwappen. Noch.

Die immense Investition in diese Museumsgebäude sichert wenigstens ein paar Kassiererinnen, Hostessen, Museumswärtern, Cafeteriabedienungen und Abräumern von Geschirrtransportbändern die Arbeitsplätze; die Arbeiter am Montageband müssen dagegen immer wieder mal um ihren Arbeitsplatz bangen. Verkehrte Welt irgendwie.

Es ist wohl aus der Lage Stuttgarts in einem Talkessel, der sich ausgerechnet zum eingemeindeten Gegenspieler Bad Cannstatt öffnet, zu erklären, warum sich die Stadt fast zwanghaft der Welt öffnen möchte.

Die Geographen sprechen allerdings nicht von einem Talkessel, sondern von der »Stuttgarter Bucht«. Doch ein Kessel kann halt mit Linsen und Spätzle oder Gaisburger Marsch assoziiert werden, deswegen bleiben die Stuttgarter aus tiefenpsychologisch-kulinarischen Gründen im Kessel. »Bucht« dagegen klingt nach Seefahrt, Abenteuer, Meer und Offenheit. Davon kann in Stuttgart keine Rede sein, außer wenn im künstlichen »Eckensee« vor dem Theater ein paar Buben zwischen Enten und Algen ihre Schiffle schwimmen lassen.

Der ganze Stolz der Stuttgarter Autoindustrie liegt außerdem in Untertürkheim, Zuffenhausen und Möhringen – alles Eingemeindungen weit weg vom Stuttgarter Rathaus – und im eigenständigen Sindelfingen sowie in Weissach (Kreis Böblingen), der Gemeinde mit der höchsten Pro-Kopf-Gewerbesteuereinnahme Deutschlands. Das verquere Repräsentationsdenken aus dem Rathaus möchte sich offenbar auf die Autoindustrie und die Autozulieferer beziehen. Automotive heißt die neue Bewegung, doch die findet man im Remstal, im Neckartal, entlang der Autobahn, die hoch über Stuttgart vorbeiführt, oder auch am Flughafen in der Nähe der Landesmesse.

Bis 2000 hieß der Flughafen noch Stuttgart-Echterdingen, seither heißt er Flughafen Stuttgart. Dies ist einerseits richtig, denn Stuttgart ist ja längst über den Talkessel hinausgewachsen und hat in der ersten Hälfte des 20. Jahrhunderts gierig eingemeindet. Anderseits klingt »Flughafen Stuttgart« immer noch nicht weltoffen genug.

»Stuggy-Airport« hätte es schon sein können. Der Stuttgarter Auto-Geltungs-Neurose entsprechend hätte er Carport heißen müssen, aber fliegende Autos werden noch nicht produziert. Noch nicht einmal ökologische.

Es wird immer wieder diskutiert, wann eine Stadt zur Weltstadt wird. Eine klare Definition gibt es nicht. Allein ihre Größe ist dafür nicht maßgebend, aber sie spielt eine Rolle: Alle Weltstädte sind auch groß. Doch wird von der Kosmopolis eine globale Bedeutung auf politischem, wirtschaftlichem und kulturellem Gebiet verlangt. Wenn davon die Rede ist, dass sich die Strahlkraft einer Weltstadt nicht auf ihren Kontinent oder ihren Wirtschaftsraum beschränkt, dann spricht man zum Beispiel von New York, Tokio, Mexiko City, Paris oder Moskau, aber selten von Berlin und schon gar nicht von Stuttgart, obwohl von hier aus der motorisierte Individualverkehr und das Streichholz ihren weltweiten Siegeszug antraten. Aktuell treffen beide Elemente in Berlin-Kreuzberg wieder verstärkt aufeinander, siehe die Website www.brennende-autos.de.

Endlich ohne Umsteigen nach Pressburg!

Mit rund 600 000 Einwohnern ist Stuttgart Großstadt, eine von neun in Baden-Württemberg und die sechstgrößte in Deutschland. Mensch! Die Region Stuttgart setzt sich aus der Stadt selbst und den fünf Landkreisen Böblingen, Esslingen, Göppingen, Ludwigsburg und Rems-Murr zusammen; sie bildet einen Regionalverband mit einer Regionaldirektorin und einem direkt gewählten Parlament.

In der Region Stuttgart leben rund 2,7 Millionen Menschen. Im Einzugsbereich, das heißt in 50 Kilometern Umkreis, sind es 4,6 Millionen. Und in der »Metropolregion Stuttgart« – sie umfasst die Regionen Stuttgart, Neckar-Alb, Nordschwarzwald, Heilbronn-Franken und Ostwürttemberg – wohnen etwa 5,3 Millionen Menschen.

Eine von Stuttgarts Besonderheiten: Die Kernstadt liegt im Tal, oberhalb des Tales bestehen etliche Stadtbezirke. Der Höhenunterschied von immerhin fast 350 Metern

216

machte Tunnel, Serpentinen, eine Zahnradbahn, eine Standseilbahn und unzählige Stäffele – hochdeutsch: Treppenanlagen – notwendig. Unter anderem auch, den damaligen begrenzten technischen Möglichkeiten geschuldet, einen Sackbahnhof. Der mit »Stuttgart 21«, der größten Baustelle Europas, nach jahrzehntelanger Bauzeit zum modernen Durchgangsbahnhof werden soll. Danach kann man ohne Umsteigen mit dem Zug nach Bratislava fahren – der Traum jedes Schwaben. Und man ist schneller in München. Doch wer will das schon sein?

Mit dem äußerst originellen Slogan »Das neue Herz Europas« wirbt die Politik für ihre Verkehrsplanung »Stuttgart 21«, die sie gegen großen Widerstand der Bevölkerungsmehrheit und – bei Drucklegung des Werkes – offenem Ausgang durchsetzen will.. Diese Planung sieht den unterirdischen Schnellverkehrsbahnhof als Durchfahrtsstation, Tunneldurchführung unter der Stadt, Anbindung von Flughafen und Messe vor und möchte Stuttgart so zu einer bedeutenden Durchreisestation irgendwo zwischen Paris und Budapest machen. Wenn man dann auch von der Stadt nichts mehr sieht. Als Deutschlands größte Weinbaugemeinde wird Stuttgart irgendwann einmal überlegen müssen, ob künftig nicht besser der Slogan passen würde: »Stuttgart – unterirdisch klotzen und überirdisch schlotzen.«

Keine andere Großstadt in Deutschland muss sich solchen topografischen Problemen stellen, sie liegen alle flacher oder in einem Flusstal, durch das nicht nur der Fluss, sondern auch der Verkehr fließen kann.

Als Partnerstädte kann Stuttgart nicht nur manchmal vergleichbare, sondern auch wesentlich größere Städte vorweisen. Die Partnerstädte sind

➢ Saint Helens, England, Vereinigtes Königreich (seit 1948),
➢ Cardiff, Wales, Vereinigtes Königreich (seit 1955),
➢ Saint Louis, Missouri, USA (seit 1960),
➢ Straßburg, Frankreich (seit 1962),
➢ Mumbai (früher Bombay), Indien (seit 1968),

- Menzel Bourguiba, Tunesien (seit 1971),
- Kairo, Ägypten (seit 1979),
- Łódź, Polen (seit 1988),
- Brünn, Tschechien (seit 1989), und
- Samara, Russland (seit 1992).

Mit Mumbai und Kairo sind zwei Weltstädte darunter. Es klingt sicher nicht vermessen zu behaupten, dass es Anstrengung kostet, zwischen Stuttgart und Bombay oder auch Kairo wesentliche Ähnlichkeiten zu entdecken. Außer dass vielleicht Kairo der Motor Ägyptens oder Bombay der Motor Indiens ist.

Bekannt ist Stuttgart meteorologisch durch seine besondere Lage in dem weiten, nach einer Seite offenen Kessel, eben der Stuttgarter Bucht. Die Lage ergibt eine komplizierte Stadtplanung, weil für die Innenstadt der Luftaustausch garantiert werden muss. Obwohl es in ein paar Jahren vielleicht durch die neuen Eisenbahntunnel ordentlich zieht und pfeift. An den Stuttgarter Hängen müssen gezielt Flächen unbebaut bleiben, damit nachts kalte, frische Luft in die Stadt strömen und die warme, verbrauchte, autoabgasverseuchte, feinstaubkontaminierte, grill- und zigarettenrauchverstunkene Luft nach oben gedrückt und in die schöne, grüne, bewaldete Umgegend von Stuttgart geweht werden kann.

Doch manchmal bleibt die schwüle Luft im Kessel. Dann kommt es im Sommer immer wieder zu einer sogenannten Inversionswetterlage. Dabei rächen sich die umliegenden Gemeinden in den höheren Lagen und schieben heimlich einen Deckel aus kälterer Luft über die warme Luft im Talkessel. Dann findet oft tage- und nächtelang kein Luftaustausch mehr statt. Mit Temperaturen bis zu 40 Grad Celsius wird Stuttgart zu Madrid. Der Effekt ist gewollt – die Stuttgarter, die noch kein Kopfweh haben, fahren ins kühlere Umland, bevölkern die Biergärten und sorgen für Umsatz.

Die Anfänge: Stuttgart als Cannstatter Bauernhof

Der älteste Stadtteil Stuttgarts – und auch sein größter – ist Cannstatt, das nicht etwa irgendwann eingemeindet wurde, sondern sich anno 1905 mit Stuttgart vereinigte. Seit 1933 trägt es den Titel Bad Cannstatt. Mineralwasser hat es in der alten Römersiedlung schon vorher gegeben. Seit Ende des 1. Jahrhunderts n. Chr. war Cannstatt Standort eines wichtigen Römerkastells am Neckar und Knotenpunkt bedeutender Straßen, die sich am Neckar kreuzten. Und nicht in einem ungünstigen Talkessel, wo bald mit viel Aufwand ein neuer Knotenpunkt entstehen soll, obwohl schon die alten Römer es richtig vorgemacht haben. Allerdings gab es alternative Überlegungen, den Eisenbahnknotenpunkt in Cannstatt zu bauen und Stuttgart durch einen besseren Nahverkehr einzubinden. So hätten es wohl die schlauen Römer gemacht.

Mit dem Einfall der Alamannen um 260 n. Chr. endete die römische Präsenz. Bad Cannstatt existierte danach weiter als Siedlung von Schwaben und Alamannen, im frühen Mittelalter sogar als Herzogshof. Erst mit den Gastarbeitern kamen die Römer wieder zurück.

Nach dem grausamen »Blutgericht zu Cannstatt«, in dem im Jahr 746 nach einem Aufstand fränkische Herrscher ihre alamannischen Kollegen niedermetzelten, haben die Franken von Cannstatt aus in einer Talerweiterung des Nesenbachs Nutztiere gezüchtet und dabei auch einen Hof oder eine kleine Siedlung errichtet. Um das Jahr 950 kam Herzog Liudolf von Schwaben in den Besitz des Geländes und ließ hier ein Gestüt (Stuotgarten, Stutengarten) anlegen – die kaiserliche Kavallerie brauchte Pferdenachschub, um in der Zeit der Ungarneinfälle den Magyarenreitern begegnen zu können.

Aus diesem Gestüt hat sich Stuttgart entwickelt. Nicht strategisch günstig oder an Handels- und Verkehrswegen ausgerichtet, sondern aus der fast schon banal anmutenden Überlegung heraus, dass man in einem Sacktal entlaufene Gäule besser wieder einfangen kann.

Diese Pferdeweidenstandortentscheidung macht noch heute Stuttgarts Lage so besonders. Oft könnte man davonlaufen, bleibt aber dann doch.

Es hob eine wechselvolle Geschichte an, in der Stuttgart auch eine Zeit lang badisch war, doch am Ende wurde es 1952 zur Hauptstadt des nach dem Zweiten Weltkrieg gegründeten Bundeslandes Baden-Württemberg bestimmt. Das badische Karlsruhe, die erst 1715 gegründete Haupt- und Residenzstadt des ehemaligen Landes Baden, die verkehrsgünstig im Rheintal liegt, wurde nicht genommen. Vermutlich weil das langgestreckte Rheintal keinen völlig ungünstigen Kessel bildet.

Das im Krieg stark zerstörte Stuttgart, in dem nach der Befreiung durch die Alliierten die Zerstörung durch Stadtplaner munter weiterging, die die Chance nutzen wollten, es zur autogerechten Stadt umzubauen, beförderte seine Trümmer auf einen Haufen in der Nähe, den Birkenkopf. Vom Volksmund wird er weltgewandt italisiert »Monte Scherbelino« genannt.

Unter anderem bescherte die Autogerechtigkeit Stuttgart erst mit der Theodor-Heuss-, dann mit der Konrad-Adenauer- und der Cannstatter Straße autobahnähnliche Schneisen durch die Stadt – Letztere ausgerechnet zur Bundesgartenschau 1961. Die Gebäude auf der östlichen Seite der »Kulturmeile« Konrad-Adenauer-Straße – Staatsgalerie Stuttgart, Kammertheater, Haus der Geschichte Baden-Württemberg, die Staatliche Hochschule für Musik und Darstellende Kunst mit Schauspielbühnen und ihrem schönen Konzertsaal, das Hauptstaatsarchiv Stuttgart mit Ausstellungsräumen, die Württembergische Landesbibliothek und die Stadtbücherei im Wilhelmspalais (demnächst Museum zur Stadtgeschichte) – werden vom Schlossplatz und der Königstraße, der eigentlichen Stadtmitte, von den Hauptgebäuden des Staatstheaters, dem Kunstmuseum Stuttgart und dem Kunstgebäude des Württembergischen Kunstvereins separiert. Die Museumsmeile Stuttgart liegt wie abgeschnitten vom Zentrum.

220

Großstadt der Treppenanlagen und Tunnel

Die Konrad-Adenauer-Straße und ihre Fortsetzung, die Hauptstätter Straße, führen durch mehrere Tunnel, über die Straßen kreuzen. Nicht nur einmal wurde die Tunnelstrecke Menschen zum Schicksal. Neben dem Ruf als Unfallstrecke war ein sehr schwerer Verkehrsunfall mit amerikanischen GIs einstmals der Auslöser, endlich stationäre Radarmessgeräte zu installieren. Und am 15. August 1972 brach um 15.30 Uhr ein so starkes Unwetter mit Hagelschlag über Stuttgart und Umgebung herein, dass man noch heute vom »Jahrhundert-Unwetter« spricht. Die Tunnel waren in Minutenschnelle überflutet, so dass Autos, deren Fahrer im scheinbar sicheren Tunnel Schutz suchten, sich einer lebensgefährlichen Situation ausgesetzt sahen, der sie nur entkommen konnten, indem sie aufs Dach ihrer schwimmenden Autos kletterten und auf Hilfe warteten.

Wenn für Stuttgart 21 noch mehr Tunnel gebaut werden, wird Stuttgart zur Großstadt der Stäffele und der Tunnel. Man schätzt die Zahl der Stuttgarter Treppenanlagen auf etwas mehr als 400 mit einer Gesamtlänge von rund 20 Kilometer. Die privaten Stäffele sind dabei nicht mitgezählt. Kein Wunder, dass die Stuttgarter auch »Stäffelesrutscher« genannt werden. Für einen Slogan sprachlich leider nicht mal innerhalb Baden-Württembergs zu gebrauchen. Außerdem motorlos, denn die Stäffele sind zwangsläufig Fußgängerzonen.

Seit 1998 veranstaltet die AOK den Stuttgarter Stäffeles-Walk, denn Treppensteigen ist ja bekanntlich gesund. Einen Stuttgarter Stäffeleslauf in der Art der Treppenläufe in Wolkenkratzern gibt es nicht. Da hätte dann der Badener Thomas Dold aus Steinach im Kinzigtal, der in Stuttgart studiert, die besten Chancen. Dold ist einer der weltbesten Treppenläufer und Rückwärtsläufer, das Empire State Building in New York ist sozusagen sein Hausberg. Da ist er so etwas wie Stammsieger. Er gewann 2010 schon zum fünften Mal in Folge. Das Treppenstufenrennen Empire State Building Run Up überwindet eine vertikale Distanz von 320 Meter – nuffzus! – und umfasst 1576 Treppenstufen. Thomas Dold überwand 2010 dieses Hindernis in 10 Minuten und 16 Sekunden. Für ihn muss Stuttgart ein Trainingsparadies sein. Auch als Rückwärtsläufer, denn in Stuttgart bekommt man öfters das Gefühl, dass etwas rückläufig ist.

Auch in Sachen Tunnel kann Stuttgart einiges vorweisen. Einst war der von 1894 bis 1896 gebaute, am 29. Juni 1896 eröffnete, 10,5 Meter breite und 124 Meter lange Schwabtunnel der breiteste und gleichzeitig der erste innerstädtische Tunnel Europas. Er gilt als der weltweit erste Tunnel, durch den ein Automobil gefahren ist. Von 1902 bis 1972 rollten auch noch Straßenbahnen durch den Tunnel, damit wurde er zum ersten Straßenbahntunnel der Welt.

Der im Bau befindliche Wagenburgtunnel wurde ab 1942 als Luftschutzkeller genutzt. Auch Friedrich Schiller fand hier Unterschlupf, zumindest sein Abbild: Das Schillerdenkmal vom Stuttgarter Ehrenbürger Bertel Thorvaldsen wurde auf dem Schillerplatz demontiert und verbachte die letzten drei Kriegsjahre in der Röhre. Erst 1958 wurde dann die südwestliche Röhre des Wagenburgtunnels dem Autoverkehr übergeben: damals mit 824 Meter der längste Straßentunnel Deutschlands. Die zweite, nordöstliche Röhre ist bis heute nicht ausgebaut; im Stummel wurden zuerst Champignons gezüchtet und seit einigen Jahren finden in der »Röhre« Rockkonzerte und Partys statt. Stuttgart 21 wird auch diesem Kleinod der Subkultur das Genick brechen, denn die Nordröhre soll mit Beginn der Bauarbeiten als Baustellenzufahrt für den geplanten Fildertunnel dienen.

Auch ohne Stuttgart 21 gibt es in Stuttgart eine Menge Eisenbahntunnels. Um mit der Bahn den Hauptbahnhof zu erreichen, muss man aus jeder Richtung mindestens einen Tunnel durchfahren. Der S-Bahn-Tunnel zwischen der Rampe beim Hauptbahnhof und der Haltestelle Österfeld misst 8788 Meter. Er war bei der Eröffnung 1985 der längste Eisenbahntunnel Deutschlands und ist bis heute der längste deutsche S-Bahn-Tunnel.

Inzwischen gibt es in Stuttgart jede Menge Fußgängertunnel, Straßentunnel, Eisenbahntunnel, S-Bahn-Tunnel und Stadtbahntunnel. Stuttgart tunnelt total. Stuttgart ist echt unterirdisch! Wichtig zu wissen ist, dass wir »Tunnel« wie »Tunell« aussprechen.

Vom Auto zum Fußgänger. Stuttgart ist stolz, mit der Schulstraße, welche die Königstraße mit dem Marktplatz verbindet, 1953 die erste Fußgängerzone der Welt eröffnet zu haben. Mein Vater Horst war damals als Gartenarchitekt im Grünflächenamt der Stadt am Killesberg beschäftigt und diese Sensation war des Öfteren Gesprächsthema, wenn die ganze Großfamilie zusammensaß. Später wurde er Leiter des Grünflächenamtes in Waiblingen, womit die Diskussion um eine Fußgängerzone auch in der Karolingerstadt um sich griff.

Fußgängerzone meint ja im Prinzip, dass in einer Stadt eine bisher befahrene Straße so umgebaut wird, dass der motorisierte Verkehr nicht mehr möglich und die Benutzung nur noch Fußgängern gestattet ist. Doch leider behauptet auch Kassel, seine am 9. November 1953 eingeweihte Treppenstraße sei die erste, und Kiel, seine am 12. Dezember 1953 eröffnete Holstenstraße sei die zweite Fußgängerzone der Welt gewesen. Und dann steht auch noch Rotterdam auf der Matte, dessen Lijnbaan ebenfalls 1953 angelegt wurde.

Müßig, darüber zu streiten. Die eigentliche Fußgängerzone in Stuttgart war und ist sowieso die parallel zur Schulstraße liegende Straße Bebenhäuser Hof, denn beim Bordell Drei-Farben-Haus fährt niemand vor, dahin geht der Mann zu Fuß. In der Regel mit gesenktem Blick und hochgeklapptem Kragen, die Mütze tief ins Gesicht gezogen. Damit ihn der Gemeinderat der gegnerischen Partei auf den weitläufigen Fluren nicht erkennen kann.

Nah (»nääch«) am Wasser gebaut

Es wäre unverzeihlich, nicht auf die Wasserstadt Stuttgart hinzuweisen. Stuttgart ist Deutschlands herausragende Mineralwasserstadt. Seltsamerweise wird damit sloganmäßig nicht gepfundet. Vorstellbar wäre: Stuttgart – Wasser marsch! Als Bildmotiv könnte der bekannte Cannstatter Feuerwehrmann Rolf Hohl vielleicht im Leuze ins Becken springen.

Mit über 22 Millionen Litern täglicher Quellschüttung sind die gefassten Mineralquellen in Stuttgart-Bad Cannstatt und Stuttgart-Berg die ergiebigsten in ganz Westeuropa. Nur noch Budapest besitzt in Europa ein größeres Mineralwasservorkommen. Nach den Planungen der Deutschen Bahn soll man ja in Zukunft zirka eine halbe Stunde schneller in Budapest sein, um sich ein paar Flaschen Mineralwasser abfüllen zu können wie am Sauerwasser-Brünnele in den Kursaal-Anlagen von Bad Cannstatt, der eigentlich Lautenschlägerbrunnen heißt und vom Wilhelmsbrunnen II gespeist wird.

Nach neuesten Forschungsergebnissen sprudeln aus dem gesamten Stuttgarter Mineralwassersystem, teils in Heil- und Mineralbrunnen gefasst, teils im Flussbett des Neckars und in den Talkiesen der Neckaraue frei austretend, sogar über 40 Millionen Liter Mineralwasser täglich. Von 19 Mineralquellen sind 13 als Heilquellen mit unterschiedlichen Wirkungen staatlich anerkannt. Heil- und Mineralquellen speisen Schwimmbecken, Therapieeinrichtungen und öffentliche Trinkbrunnen, die in der Stadt verteilt sprudeln. Die hohe Quellschüttung erlaubt, dass das prädikatisierte Heilwasser den Wannenheilbädern und einigen großen Schwimm- und Badebecken direkt aus der Quelle naturbelassen zufließen kann. Man badet gewissermaßen direkt in der Quelle.

Stuttgart ist mit den Quellen in seinem Stadtteil Bad Cannstatt eine europaweit einmalige Wasserstadt. Die Mineralbäder bieten schon seit jeher Wellness, doch macht man unter Schwaben darum keine Wellen.

Überall stößt man in Stuttgart auf Mineralwasser. Bei den Bauarbeiten am Fundament des geplanten Breuninger Marktes am Marktplatz entdeckten die Bauarbeiter eine Mineralquelle. Heinz Breuninger entschied, in der vierten Etage, im Dachgeschoss des neuen Gebäudes, ein Mineralbad mit 25-Meter-Becken, Sauna und Fitnessbereich zu bauen. Als 1971 der Breuninger Markt in Stuttgart eröffnete, war Breuninger das erste Kaufhaus mit einem Mineralbad für Kunden, mit Blick auf Rathaus und

Marktplatz. Rückläufige Besucherzahlen und steigende Kosten führten im Frühjahr 1988 zur Schließung des Bades. Das war knapp vor der Wellness-Bewegung. Heute sähen die Besucherzahlen vielleicht anders aus.

Inzwischen soll sich in diesem Bereich des Hauses die Mitarbeiterkantine befinden, wahrscheinlich immer noch mit einem guten Angebot an Mineralwasser, aber jetzt aus der Flasche.

Die mineralwasserreichste Stadt Westeuropas hat zwar einige Bäder, aber keinen anständigen See! Das habe ich immer als Katastrophe empfunden. Mein Traum wäre ein großer, künstlicher See, von Mineralwasser gespeist. Wenn ich damit Offizielle angesprochen habe, haben sie große, ängstliche Augen bekommen und geantwortet: »Dann würden unsere Mineralbäder Besucher verlieren!«

Das glaube ich nach wie vor nicht; wenn Stuttgart sein Mineralwasserangebot vergrößern und anständig damit werben würde, dann würde auch insgesamt die Nachfrage steigen. Ich plädiere also weiter dafür, so einen künstlichen See am liebsten stadtnah auf dem neuen Stuttgart-21-Gelände anzusiedeln.

Bis dahin wird bekanntermaßen der Max-Eyth-See mit Frischwasser durchspült und vom Neckar abgetrennt. Ein schöner Sandstrand wurde dort bereits angelegt, ein »Klassenzimmer am See« vermittelt Schülern aus ganz Baden-Württemberg Wissen um Wasser, Steine und Baggersee und aus einem Quellstein entspringt das frische Wasser und mäandriert in den See. Das bedeutet, dass Stuttgarter Bodystudio-Typen und Tanga-Girls auf Anti-Spätzle-Diät mit Beach, Karibik-Feeling und Limbo unterm Besenstil die Kehrwoche vergessen können.

Atlantis im Nesenbachtal

Für viele, die nur vom Hörensagen wissen, dass Stuttgart existiert, ist die baden-württembergische Landeshauptstadt nichts weiter als ein Synonym für Provinz, Spießertum, Langweiligkeit und unverständliche Menschen, mit denen man nicht in Kontakt treten kann. Für sie ist das Beste an Stuttgart die Autobahn nach München, sie freuen sich schon auf Stuttgart 21, um mit dem Zug schneller die Stadt passieren zu können.

Wenn sie dies dann tun, freuen sich die Stuttgarter auch. Denn diese Vorurteilsgeister dürfen gerne so schnell wie möglich wieder weiterziehen. Sie erleben nicht die südländische Atmosphäre dieser vom Klima begünstigten Stadt, in der kein so scharfer Wind weht wie in Berlin, sondern immer nur ein liebliches Lüftchen, das zur Trägheit der einheimischen Politiker passt.

Wer nicht in die Stadt hineinhorcht, wird nicht gewahr, was nur wenigen Städten gelingt – Paris oder London etwa –, nämlich dass Stadt und Einwohner immer mehr eins werden. In der Partnerstadt Bombay wird es wohl auch so sein.

Sie reflektieren nicht, wie sich die Mentalität, das Wesen und der Horizont der Einwohner an die Kessellage ohne Weitblick angepasst haben, an die Enge der Straßen und Gassen und – bruddelig – an anstrengende oder verstopfte Fluchtwege wie Stäffele oder Tunnel.

Der wirklich große Wurf wäre es, den ganzen Talkessel mit Mineralwasser zu fluten und oben auf der umliegenden Ebene die Stadt neu und großzügig an den Ufern eines echten, großen, tiefen Sees zu bauen, der mit seiner versunkenen Stadt als weltweit einmaliges Taucherparadies vermarktet werden könnte.

Gegen solche Visionen sind doch Stuttgart 21, zweite Startbahn für den Flughafen und die Stuttgarter Messe ein Nesenbach-Nasenwässerle.

Brezeln in Sankt Petersburg

Der SchwaBadener will erst weg und hat dann Heimweh

» Wir können alles. Außer Hochdeutsch.« Im Oktober 1999 startete bundesweit die Imagekampagne des Landes Baden-Württemberg in den Medien, die diesen Slogan trug. Die Reaktionen fielen unterschiedlich aus. Je nachdem, ob der Zeitungsleser oder Fernsehzuschauer in Baden-Württemberg lebte, ob er als Badener oder Schwabe außerhalb Baden-Württembergs saß und seine Sparkonten kontrollierte oder ob es sich um einen der restdeutschen Aliens handelte, welche das Völkchen im Südwesten sowieso nicht ernst nehmen.

In genau umgekehrter Reihenfolge wurde die PR-Aktion als witzig, selbstironisch und originell empfunden. Ich war in die Kampagne ebenfalls eingebunden. Von dem Geld, das allein die Schaltkosten des Filmchens über mich bei 220 Ausstrahlungen in ARD und ZDF verschlungen haben, hätte ich mit meinen Kleinkunstkollegen im Zirkuszelt ein Jahr durch die Republik ziehen und Erwin Teufel hätte am Zeltausgang PR-Zettelchen über Baden-Württemberg (und heimlich auch über seine CDU) verteilen können. Aber gut, mich hat man nicht grundsätzlich gefragt, sondern nur um meine Teilnahme gebeten. Meine Entscheidung hieß: Ich hätte das viele Geld anders eingesetzt, aber bevor wir die Werbung für unser Land womöglich einem spießigen Unternehmer überlassen, unterlasse ich nichts und übernehme lieber diese Aufgabe.

Die Wir-können-alles-außer-hochdeutsch-Aktion wurde gestartet. Die Aliens lachten und fanden sie gut. Sie deckte sich mit ihren Vorurteilen.

Schon in der Pfalz hält man die Schwaben für üble Besserwisser, im Allgäu für übler als Preußen. Und in Baden erst! Am schlechtesten kam die Kampagne in Baden-Württemberg selber weg. Das war nicht verwunderlich, denn mit einer sogenannten Werbe- und Sympathiekampagne, welche auf Alleskönnerei abhebt, wo man doch am liebsten sein Licht unter den Scheffel stellt, damit die Nachbarn nicht über einen reden, die dabei als lustiges Bonmot den eigenen Dialekt in den Vordergrund schiebt, für den man seit Jahrhunderten in Deutschland belächelt wird und den man selbst bei geschäftlichen Telefongesprächen mit Landsleuten durch ein verkorkstes Hochdeutsch verleugnet, konnte man nicht den Kern der baden-württembergischen Seele treffen.

Dennoch wurde die Sympathiekampagne zur mit Abstand erfolgreichsten und mit den meisten Preisen ausgezeichneten Länderkampagne in Deutschland. Der Slogan nahm den Charakter eines geflügelten Wortes an und wurde, wie jede Redewendung, auch ironisch verändert.

Bekannt wurde die Variante als Überschrift in der taz (Die Tageszeitung). »Ich kann alles. Außer Geschichte«, hieß die Schlagzeile. In dem dazugehörigen Artikel berichtete die taz über die Rede, die Ministerpräsident Günther Oettinger am 11. April 2007 im Freiburger Münster bei der Trauerfeier für seinen Vorgänger Hans Filbinger hielt. Filbinger war 1978 von seinem Amt als Ministerpräsident zurückgetreten, nachdem bekannt wurde, dass er Ende des Zweiten Weltkriegs als Marinerichter an vier Todesurteilen beteiligt gewesen war und der öffentliche Druck immer stärker wurde, weil Filbinger in der monatelangen Diskussion keinerlei Unrechtsbewusstsein zeigte. Oettinger bezeichnete Filbinger nun in seinem Nachruf als »Gegner des Naziregimes«. Erst nach ein paar Windungen distanzierte sich der Ministerpräsident von diesen unglücklichen Aussagen.

Ich habe damals bei der Eröffnung des Cannstatter Volksfests in einer Fernsehsendung des SWR zu Oettinger gesagt: »Sie können nicht mal eine Grabrede halten, ohne selber schier mit reinzufallen!« Er nahm's mit der nötigen Gelassenheit und – erstaunlich – mit der souveränen Größe, auch über sich selbst herzlich lachen zu können.

Später sprachen wir ein paar Minuten darüber, wie schwierig das politische Geschäft sei. »Sie dürfen alles sagen, Sonntag«, resümierte der damalige Ministerpräsident, wie ich empfand, nicht ohne Neid, »bei Ihnen unterstellt man immer Geist, Feinsinn und Ironie. Bei einem Politiker hört man immer mit der Bereitschaft zum Missverständnis zu, was er sagt. Ist ein Missverständnis drin, wird er geschlachtet. Ist keines drin, sagt man, er war schwammig!« Auf meinen Vorschlag, die Seiten zu wechseln und bei mir ab sofort das kabarettistische Vorprogramm zu gestalten, ging er nicht ein.

Mongolen trinken Württemberger –
oder: Ein Böblinger fährt mit dem Bierlaster gen Osten

Zurück zur Kampagne: Die Fernsehspots zur besten Sendezeit stellten Personen aus Baden-Württemberg vor, die durch eine Erfindung, eine Tüftelei oder eine andere Besonderheit aufgefallen sind, und zwar in Baden-Württemberg oder, besonders gerne dargestellt, im Ausland. Der Schwabe ist global!

Dass er sich besonders in Singapur wohlfühlt, weil dort nicht einmal eine Kippe auf den Gehweg geworfen werden darf, scheint ein Gerücht zu sein.

Bekannt wurde über diese Spot-Schiene der baden-württembergischen Imagekampagne der Böblinger Klaus Bader aus Ulan Bator. In der mongolischen Hauptstadt braut der Wirtschaftsinformatiker seit 1996 Bier der eigenen Marke »Khan-Bräu – Ulaanbaatar Pilsener«. Gebraut nach dem deutschen Reinheitsgebot mit einer Brauanlage aus München, die er importieren ließ. Mit einem Geländewagen Marke Mercedes beliefert er seine Kunden. Inzwischen hat der Schwabe Klaus Bader mit einer bekannten mongolischen Schauspielerin eine Familie gegründet.

Maultaschen muss er weder einführen noch in der Mongolei missen, denn in der traditionellen mongolischen Küche gibt es mit gewürztem Fleisch gefüllte Teigtaschen. Mal werden sie in Dampf gegart, mal im Wasserbad gekocht oder in Schafsfett erhitzt. Sozusagen in der Brühe oder geschmälzt. Um den Blutkreislauf anzuregen und um sich von Neurosen und anderen Krankheiten zu kurieren, die in mongolischer Vorstellung irgendwie mit dem Gleichgewicht von Körperelementen zu tun haben, legen die Mongolen heiße Teigtaschen auf Fingerspitzen, Handflächen, Fußsohlen und andere Körperstellen. Das soll helfen. Mit schwäbischen Maultaschen, auf Körperstellen gelegt, gibt es als Heilmittel noch keine Erfahrungswerte, obwohl bekannt ist, dass geschmälzte Maultauschen, auf einen Teller gelegt, schon beträchtlich das Wohlbefinden eines Schwaben steigern können.

Natürlich durften in der Ländles-Image-Kampagne die »üblichen Verdächtigen« nicht fehlen, die sich vom mittelständischen Familienbetrieb zum Global Player entwickelt haben. Dazu zählen badische und schwäbische »Adelige« wie Fischer von den Dübeln, Stihl von der Säge und Würth von den Schrauben und Muttern. Auch andere Edle wie der Ritter Sport werden in solchen Zusammenhängen gerne genannt.

Wirklich adlig wurde die in Heidelberg geborene Silvia Sommerlath (*1943), die seit dem 19. Juni 1976 mit dem schwedischen König Carl XVI. Gustaf verheiratet ist. Sie ging in Heidelberg zur Schule, besuchte das Sprachen- und Dolmetscherinstitut in München, spricht mehrere Sprachen und arbeitete 1972 bei den Olympischen Spielen in München als Chef-Hostess. So lernte sie den schwedischen Kronprinzen Carl Gustaf kennen. Merke: Um einen Prinzen zu finden, muss eine junge, hübsche Frau nicht erst eine Zeit lang mit sieben Zwergen zusammenleben. Auch ein Kurzzeitjob kann's bringen.

Blaublütige im Gentausch-Rausch

Für ihre verwandtschaftlichen Verbindungen zur englischen Königsfamilie sind zwei aristokratische Häuser aus Baden-Württemberg bekannt. So vermählte sich am 20. April 1931 Gottfried Hermann Alfred Paul Maximilian Viktor Prinz zu Hohenlohe-Langenburg (1897–1960), das Oberhaupt des Hauses Hohenlohe-Langenburg, mit Prinzessin Margarita von Griechenland, der ältesten Schwester Philip Mountbattens, des Gatten von Königin Elizabeth II. Mitglieder des englischen Königshauses besuchten und besuchen des Öfteren Schloss Langenburg. Sympathische Verwandte, schönes Schloss, Automobilmuseum, wunderbare Gegend, gute Luft und hervorragendes Essen – was will man als Engländer mehr? Vielleicht noch Langenburger Wibele zum Knabbern beim Pferderennen in Ascot.

Eine weitere Verbindung zwischen den Royals und Baden-Württemberg besteht über die Burg Teck bei Kirchheim unter Teck. Die Herzöge von Teck waren eine bis 1439 bestehende Seitenlinie der Zähringer. Dann starben sie aus. Doch 1495 erhielt Eberhard I. von Württemberg im Zuge seiner Erhebung in den Herzogstand von Kaiser Maximilian den Titel eines Herzogs von Teck neu verliehen. Durch die Hochzeit von Maria von Teck mit dem britischen König George V. im Jahr 1910 gelangte der Titel an das Haus Sachsen-Coburg und Gotha, das im Ersten Weltkrieg den Namen Windsor annahm. Mary von Teck, bekannt als Queen Mary, wurde im Kensington Palace geboren und war eine Tochter von Herzog Franz von Teck, der seinerseits ein Sohn von Herzog Alexander von Württemberg war und dessen Großtante Charlotte Augusta Matilda von Großbritannien, Irland und Hannover (1766–1828) an der Seite des Dicken Friedrich die erste Königin von Württemberg war. Marys Mutter Mary Adelaide war eine Enkelin des britischen Königs George III.

War das jetzt zu verworren? Es soll nur die Herleitung zu der Tatsache sein, dass der Titel Herzog von Teck heute der britischen Königsfamilie zusteht. Die rechtmäßige Trägerin des Titels »Herzogin von Teck« ist damit derzeit Königin Elizabeth II. von England. Sie führt den Titel allerdings nicht offiziell, denn ihr Großvater George V. hatte 1917, als er seine Familie Sachsen-Coburg-Gotha in »Windsor« umtaufte, für sich und alle Nachkommen der Königin Victoria auf seine deutschen Namen und Titel verzichtet. Dafür mag Queen Elizabeth Schwetzinger Spargel, seit sie ihn beim Besuch des britischen Königpaares in Baden-Württemberg im Mai 1965 zum ersten Mal kostete.

Nach Russland führt eine Spur über die Grabkapelle auf dem Württemberg in Stuttgart-Rotenberg, wo einst die Stammburg der Württemberger stand. In dem Mausoleum liegen bestattet Katharina Pawlowna (1788–1819), die zweite Frau König Wilhelms I. von Württemberg (1781–1864), der König selbst und ihre gemeinsame Tochter Maria Friederike Charlotte von Württemberg (1816–1887). Katharina Pawlowna Romanowa, Großfürstin von Russland aus dem Haus Romanow-Holstein-Gottorp, war von 1816 bis 1819 Königin von Württemberg. Ihre Mutter Maria Fjodorowna war als Sophie Dorothee eine geborene Herzogin von Württemberg; Königin Katharina war also eine Cousine ihres Gatten.

Weitere mögliche Querverbindungen zum russischen Zarenhaus wurden jedoch 1918 radikal unterbunden.

Auch aus dem Haus Baden kam eine Zarin. Prinzessin Luise, die Schwester von Großherzog Karl Ludwig Friedrich von Baden, heiratete 1793 den russischen Thronfolger Alexander I. und nahm bei ihrer russisch-orthodoxen Taufe den Namen Elisabeth Alexejewna an.

Besonders eng aber waren die Beziehungen des Hauses Baden zu Schweden. Markgraf Christoph II. von Baden-Rodemachern, ein Abenteurer und quasi die menschgewordene Finanzkrise, lebte ab 1561 in Schweden und heiratete dort 1564 Cäcilie Wasa von Schweden, die Tochter von König Gustav I. und Schwester von König Erich XIV. von Schweden.

Prinzessin Friederike Dorothea von Baden, eine Schwester von Prinzessin Luise, der nachmaligen Zarin, vermählte sich 1797 mit Gustav IV. Adolf und wurde schwedische Königin. 1809 wurde der König gestürzt, 1812 trennte sich das Ehepaar. Ihr Sohn Prinz Gustav von Schweden (nach dem Sturz: von Wasa) ehelichte 1830 in Karlsruhe Friederike Dorotheas Nichte, Prinzessin Luise Amelie Stephanie von Baden, die Tochter von Großherzog Karl Ludwig Friedrich und Napoleons Adoptivtochter Stéphanie de Beauharnais.

Königin Silvia, geborene Sommerlath, ist also so etwas wie die Fortsetzung der adligen Tradition mit bürgerlichen Mitteln.

Neue russische Beziehungen schafft das Restaurant »Schwabski Domik« (Schwabenhäusle) in Sankt Petersburg, das internationale und schwäbische Küche, württembergische Weine, genügend Sorten von deutschem Bier und Backwaren aus eigener Bäckerei, auch Brezeln, anbieten soll. Zugegeben, ich habe es noch nicht ausprobieren können, weil der Schwerpunkt meiner Auftritte in Deutschland liegt. Ich bin aber für Rückmeldungen von Touristen, Handels- und Politikreisenden sehr aufgeschlossen (E-Mail: sonntagspost@sonntag.tv).

Hau du juh nau däd ai em a Schwob?

Es ist ein Phänomen, dass der ausgewanderte oder reisende Badener und Schwabe überall auf der Welt nach der Heimat sucht, die er oft verlassen hat, weil sie ihm auf den Senkel ging, oder er sich für eine Auslandstätigkeit gemeldet hat, weil ihn die Abenteuerlust reizte, die er im heimischen Mittelstandsbetrieb nicht finden konnte, oder ganz einfach, weil er im Urlaub in Spanien, Italien oder der Türkei bei gewohnten Brezeln und Saitenwürstle ganz einfach mal abschalten wollte.

Auf der ganzen Welt hilft ihm bei der Kontaktaufnahme mit Gleichgesinnten sein Dialekt weiter, den man auch heraushört, wenn er Englisch oder Spanisch spricht, selbst dann, wenn man dabei nicht so übertreibt wie Günther Oettinger in seinem sagenumwobenen, bei YouTube dokumentierten Auftritt in Berlin bei der Jahrestagung der Columbia-University. Eine weitere Gemeinsamkeit ist die Erforschung der Frage, woher aus dem Ländle der andere stammt. Anschließend kommt das große Thema: Wo kann man hier gute Brezeln oder überhaupt Brezeln kaufen? Diese Frage kommt so sicher wie das Amen in der Kirche. Egal, wo in der Welt. Etwas Abhilfe kann hier das Laugenbrezel-Forum auf der Website www.schwaebisch-englisch.de schaffen, das zu diesem Problem einige Tipps aus aller Welt bis in die chinesische Hauptstadt bereithält.

Schwaben und Badener gibt es auf der ganzen Welt. Das weiß jeder zu berichten, der gereist ist. Ob in der Wüste, im Himalaya, in der Karibik, am Amazonas oder in Alaska, in New York, Tokio oder Kapstadt, überall trifft man jemanden aus dem Nachbardorf – »von dr'hoim« – oder einen Landsmenschen, mit dem einen über mehrere Ecken gemeinsame Bekannte verbinden. Ob im Urlaub oder beruflich, Baden-Würtemberger sind auf der Welt verteilt wie Rosinen im Hefekranz.

Vor allem auch in Amerika. Nach Übersee wanderten im 18. und 19. Jahrhundert Zigtausende aus, im 20. Jahrhundert wurden viele nach dort vertrieben. Einer, Johann Conrad Wölflin (1729–1794), ausgewandert 1750 nach Pennsylvania, stammte aus Besigheim und war in Beutelsbach aufgewachsen. Er gehört zu den Vorfahren des US-Präsidenten Barack Obama, weshalb der sich vermutlich nicht so leicht lebensgefährlich an einer »Pretzel« verschlucken würde wie sein Vorgänger George W. Bush.

Dass Einwanderer ihre Gewohnheiten und ihre Kultur beibehalten, wissen wir nicht erst, seit »Gastarbeiter« bei uns leben. Ein Wort, das in andere Sprachen kaum übersetzbar ist, weil in anderen Kulturen Gäste nicht arbeiten müssen, sondern verwöhnt werden.

In den USA gibt es zahlreiche Vereinigungen, die sich heute noch auf ihre badische, schwäbische oder kurpfälzische Herkunft beziehen und sich stolz ihrer besinnen. Stellvertretend sei hier der 1880 gegründete »Buffalo Schwaben Chor« genannt aus der Stadt Buffalo im Staat New York, am schönen Eriesee gelegen, nicht weit von den Niagara-Fällen. Partnerstadt ist leider schon Dortmund, denn sonst hätte man vielleicht zwischen Buffalo am Eriesee und Stuttgart-Hofen am Max-Eyth-See etwas einfädeln können. Benefizkonzerte zur Rettung der beiden Seen zum Beispiel. Das Motto des »Buffalo Schwaben Chors« heißt »Wo man singt, da lass' dich ruhig nieder, böse Menschen haben keine Lieder.« Der Chor ist langjähriges Mitglied im New York State Saengerbund, der schon 1897 gegründet wurde (www.nyssb.org).

Ein Reisegepäck voller Reisegebäck

Wer aus Baden-Württemberg in die Fremde muss, also auf Montage nach Asien, zum Forschen in die USA, als Bundestagsabgeordneter nach Berlin oder wegen europäischer Angelegenheiten nach Brüssel – wohin auch immer es ihn verschlägt, wo auch

234

immer er akribisch Belege für seine Spesenabrechnung sammelt, wird er eine Verhaltensweise offenbaren, die ihn mit allen Baden-Württembergern rund um die Welt verbindet: Er wird sich nach seiner Familie sehnen, nach seinem Verein, seiner Firma oder nach seinem Hund.

Bleibt er aber länger weg – wegen eines Stipendiums beispielsweise oder weil er kein Schwabe ist, sondern eine Schwäbin, die als Sekretärin arbeitet und vor Ort bleiben muss, während ihr Abgeordneter schon donnerstagmorgens seine vertraglich zugesicherte und finanziell unterstützte Wochenendheimreise vorbereitet –, dann lernt er schnell andere Schwaben oder Badener kennen, mit denen er sich trifft.

Und garantiert kennen diese der Heimat Fernen einen, der bald oder regelmäßig nach Baden-Württemberg fährt oder fliegt und nach kurzer Zeit wieder zurück in die Fremde kommt. Wie den Bundestagsabgeordneten.

Und dann passiert etwas, was weltweit passiert, wo Menschen aus Baden-Württemberg leben. Dieser Reisende zwischen der Fremde und baden-württembergischer Heimat wird zum Transporteur. Er erfüllt flehentlich vorgetragene Bitten und nimmt auf der Rückreise garantiert frische Brezeln mit, die man nur noch ganz leicht aufbacken braucht, hausgemachtes Gsälz, Landjäger, alle möglichen Wurstdosen aus Hausmacher Schlachtung, Spätzle, Wibele und vakuum-verschweißte Maultaschen. Wenn's geht, noch eine Flasche Wein. Halt so das Notwendigste zum Überleben.

Und dann ist die Not gewendet mit Maultaschen-Heimatabenden, der Brezel von dr'hoim oder mit gemeinsamem Kochen von Linsen und Spätzle mit Saitenwürstle, frisch vom Stammmetzger, bei dem man früher immer eingekauft und dabei stets gedacht hat: »... alles so furchtbar spießig hier – nix wie weg, ich muss schnellstens ins Ausland!« Oft reicht auch nur ein gutes Vesper, dass man eine Zeit lang die fremde Welt um sich herum vergisst. Unter Umständen mit einem eingeschweißten Wurst- oder Ochsenmaulsalat.

Einer Freundin in New York, der ich meinen Besuch ankündigte, musste ich einen Laib von einem ganz bestimmten Brot von einem ganz bestimmten Bäcker aus Waiblingen-Neustadt mitbringen. Es war nicht ganz leicht, den am Zoll an den Schnüffelhunden vorbeizubekommen, aber am Klang ihrer Stimme war klar zu erkennen, dass ich ohne diesen Brotlaib gar nicht erst erscheinen brauchte.

Ihre erste Frage am Flughafen lautete: »Hast du das Brot?«

»Ja!«

»Zeig her!«

Als wir an ihrem Haus in Mamaroneck ankamen, einem Stadtteil nördlich von Manhattan, der aussieht wie ein Dorf im Schwarzwald, den jedoch vor 350 Jahren ein Engländer dem Indianerhäuptling Manhatahan abgekauft hat, sprang ihr Mann aus dem Haus und fragte: »Hat er das Brot dabei?«

Erst nachdem seine Frau dies bejaht hatte, kam er auf mich zu, begrüßte, umarmte und herzte mich. Danach aßen die beiden sofort grunzend und schmatzend die Hälfte des Brotes auf. Die übrige Hälfte stand einen Tag lang wie ein Götzenbild unter dem Fliegennetz. Am nächsten Tag war das Brot vertilgt und meine Gastgeber konnten endlich damit beginnen, mich nach Waiblingen, Schulfreunden, dem Remstal und Baden-Württemberg auszufragen.

Diese Wesensart, einerseits eine Sehnsucht und Abenteuerlust nach der Ferne zu spüren und anderseits von daheim nicht loskommen zu können, scheint etwas ganz Eigenes der Stämme aus dem Südwesten zu sein. Schwaben – Sueven – die Umherschweifenden, von der Herkunft Elbgermanen, zogen über das jetzige Baden-Württemberg, das Elsaß, die Schweiz, das Voralpengebiet über Spanien, wo sie ein Königreich gründeten, schließlich mit anderen germanischen Stämmen bis nach Tunesien.

Heute sind sie auf der ganzen Welt anzutreffen. Und überall veranstalten sie eine Hocketse, wenn auch eine kleine; sie treffen sich und geben sich Tipps – zum Beispiel, wo man Brezeln kaufen kann.

Andere lachen darüber.

Sollen sie doch. Uns doch wurscht. Hauptsach', 's schmeckt.

236

Bloß kein falscher Stolz!

Früher waren die SchwaBadener bei der Bescheidenheit großzügig und bei der Großzügigkeit bescheiden, heute deuten sie an, dass sie was haben, wenn sie was haben

Es wird kolportiert, dass ein Schwabe seinen teuren Mercedes normalerweise ohne sichtbare Typenbezeichnung bestellt und sich an der Tankstelle so zwischen die Zapfsäulen stellt, dass es aussieht, als würde er Diesel tanken. Seine Frau schaut in der Zwischenzeit mit dem firmeneigenen A-Klasse-Mercedes und dem Firmenausweis kurz im Großhandel vorbei, um neben dem Alltagsbedarf auch einen heruntergesetzten Restposten Champagner und Austern zu kaufen.

Das Spagätle zwischen dem Image des Bescheidenen und verhaltenem Luxus schafft der Schwabe mit Leichtigkeit. »Sowohl als auch«, heißt die Devise auch im Lebensstil. Den sparsamen Millionär, der mit geflickten Hosen und abgewetzten Schuhen auf dem Fahrrad in sein Fabrikle fährt und in der Kantine isst, wobei er an der Kasse sein Essensmärkle abgibt, mag es hie und da noch geben. Doch die neue Generation zeigt auch in Baden-Württemberg gerne den anderen, dass sie unternehmerischen und finanziellen Erfolg hat. Diese Manager haben nicht mehr in den Fünfzigerjahren mit aufgebaut, sondern nach Hochschul- und Auslandsstudium die elterliche Fabrik umgekrempelt oder sie sind als Gründer mit jeder Menge Kreditgeld in die neuen Technologien eingestiegen.

Der SchwaBadener spart mehr als andere und gibt mehr aus als andere

Man glaubt es kaum: Bezogen auf Ausgaben der Privathaushalte zählt Baden-Württemberg zu den konsumfreudigsten Flächenländern der Bundesrepublik. Im Südwes-

237

ten sind wirtschaftliches Niveau und Lebensstandard spürbar höher als in anderen Gegenden. Die Klage der Wirtschaftspolitiker aus Berlin, dass in Deutschland der Privatkonsum nicht in Schwung komme, hat wohl kaum den Baden-Württembergern gegolten. Man lebt hier gut und gibt auch aus.

Für meine Live-Tour sponsorte mal ein großer – erstaunlicherweise bayerischer – Autohersteller den Fuhrpark. Das brachte mit sich, dass meine Mitarbeiter und ich immer wieder in verschiedenen Fahrzeugmodellen vor meinem Haus parkten. Das hat in unserem Wohnviertel in kürzester Zeit zu panikartigen Käufen und Autoauswechselungen geführt. Ich bin mir sicher, heute noch in der einzigen Gegend Stuttgarts zu wohnen, in der BMW einen höheren Anteil an den auf der Straße geparkten Fahrzeugen hat als Daimler. Schon heute freue ich mich diebisch darauf, zu sehen, was passiert, wenn mal Fiat oder der indische Kleinwagenhersteller Tata unsere Tour mit Fahrzeugen unterstützt.

Das Bild des bis an die Geizgrenze sparsamen Schwaben trifft nicht zu. Hingegen stimmt, dass der Schwabe nicht alles zum Fenster hinauswirft, bloß weil sich ein neues »Mödele« breitmacht. Lieber spart er ein Polster für Krisenzeiten an. Kaufen tut er sowieso nur, wenn das Preis-Leistungs-Verhältnis günstig ist. Es hat schon seinen Grund, warum Baden-Württemberg auch bei der Sparquote der privaten Haushalte an der Spitze steht.

Glückshormone aus der Vorstandsetage

Es gibt nicht nur Wohlhabende im Ländle, sondern auch Ärmere, die, obwohl in Steigerungsform geschrieben, zwar noch nicht so arm sind wie Arme, denen es aber guttäte, würde man ihnen unter die Arme greifen.

In der Wirtschaftskrise 2008 bis 2010 reagierte die Arbeitslosenquote in Baden-Württemberg mit einem Wert, der in seiner prozentualen Steigerung die Zahlen der meisten anderen Bundesländer übertraf, absolut jedoch immer noch unterhalb lag.

238

Fehlende Aufträge im exportorientierten Maschinenbau und eine schwächelnde Autoindustrie haben damals auch das fleißige Land im Südwesten durchgerüttelt, die Sozialausgaben sprunghaft erhöht und der baden-württembergischen Wirtschaft einen spürbaren Schnupfen verpasst. Es kriselte im Musterländle.

Doch sobald Daimler meldete, dass wieder Samstagsschichten gefahren und wieder Leiharbeiter beschäftigt werden, hat sich die Stimmung deutlich gehoben. Mit seiner breit gefächerten, flexiblen Mittelstandsindustrie kann das Land also auch wirtschaftliche Klippen ganz gut umschiffen.

Der erste Schritt, eine Krise abzustreifen, liegt auf der psychologischen Ebene. Wirtschaftspolitik hat viel mehr mit Gefühlen, Ängsten und Hoffnungen, Befürchtungen und Erwartungen zu tun als mit nüchternen Zahlen. Was aus der Vorstandsetage in Stuttgart-Untertürkheim dringt, ist dabei entscheidender als jede Politikerrede.

Letztlich aber kommt es auf den Einzelnen an. Man muss ihm bewusst machen, welche Potenziale in ihm stecken, dass er sich nicht verstecken muss, sondern »au wer isch«. Und schon läuft der Motor wieder rund.

Mit unverhohlenem Stolz kann man – als psychologischen Beitrag zum Wirtschafts- und Konjunkturaufschwung – viele Namen von berühmten SchwaBadenern aufzählen. Damit könnte man ein eigenes Buch vollkriegen! Auf dem zeitgenössischen Jahrmarkt der VIPs und Promis aus Sport, Wissenschaft, Theater, Fernsehen, Film, Musik, Kunst, Literatur, Kabarett und Comedy sind jede Menge Baden-Württemberger vertreten.

Ich habe Ihnen im Anhang zu diesem Buch, nach den Quellenangaben, ein paar willkürlich zusammengestupfte bekannte Personen aus Baden-Württemberg zusammengestellt. Sie werden überrascht sein! Falls Sie verwundert sind, weil ausgerechnet Sie nicht darunter sind: Das war ein großes Versehen von mir. Wie konnte ich nur! Entschuldigung!

Haken zum Spannen von Wäscheseilen werden zugewiesen

Reingeschmeckte und einheimische Schmecker

Seit Gründung des Bundeslandes Baden-Württemberg kamen aus verschiedenen Gründen fremde Menschen ins Land. Oft nur für eine begrenzte Zeit, wie Studierende, die die Zentralstelle für die Vergabe von Studienplätzen in die Universitätsstädte vermittelte. Manchmal aber auch auf unbestimmte Zeit oder dauerhaft. Menschen, die sich gezwungenermaßen mit den Lebensbedingungen in Baden-Württemberg anfreunden mussten.

Dazu zählen Kriegsflüchtlinge, Gastarbeiter, Spätaussiedler, Asylsuchende oder innerdeutsche Arbeitsimmigranten aus den Bundesländern mit schrumpfendem Werft- oder Bergbau. Oder auch ganz einfach aus den neuen Bundesländern, die allesamt noch immer nicht die Wirtschaftsdaten liefern, mit denen »blühende Landschaften« entstehen.

Für diese Zugereisten, Zugewanderten oder Zugezogenen hat der schwäbisch-alemannische Dialekt die Bezeichnung Reing'schmeckter parat. Ausgesprochen im Schwäbischen mehr so wie »Reig'schmeggdr«, im Alemannischen kann man »Ineg'schmöckter« hören.

Da »schmecken« im schwäbisch-alemannischen Sprachraum sowohl mit dem Mund schmecken als auch dialekttypisch »duften«, »stinken«, »riechen« und »schnuppern« bedeuten kann, ist unter einem Reing'schmeckten ein Mensch zu verstehen, der wie ein fremder Geruch in das Leben der Einheimischen hereingekommen, sozusagen zwischen sie gekommen ist. Schmecken ist gleich riechen.

Noch das Althochdeutsche unterschied »Geschmack empfinden« von »Geschmack von sich geben«. Das eine hieß »smecken« und das andere »smacken«. Im Mittelhochdeutschen fielen dann die beiden unterschiedlichen Bedeutungen in dem Wort »schmecken« zusammen. Da unser Geschmackssinn jedoch sowohl vom Riechen als auch vom Schmecken beeinflusst wird, konnte »Geschmack empfinden« schmecken und riechen, »Geschmack von sich geben« auch duften und riechen bedeuten. Diese Unterscheidung ist im heutigen Hochdeutschen verschwunden, im schwäbisch-alemannischen Dialekt lebt sie weiter. Oder anders gesagt: Der Geruch wird als Geschmack bezeichnet.

Wenn meine Tante ausruft, dass ihr Geburtstagsstrauß gut schmeckt, meint sie, dass die Blumen toll duften. Wenn eine Milch ein »bissle schmeckt«, riecht sie schlecht; sie ist entweder schon hinüber oder grad am Kippen, auf jeden Fall flockt sie im Kaffee. Sie hat schon ein »Gschmäckle«. Wohlgemerkt, das »Gschmäckle« ist das »Gerüchle«, wenn man es im Stuttgarter Honoratiorenschwäbisch sagen möchte. Wenn etwas ein Gschmäckle hat, schmeckt es unangenehm. Eigentlich ist damit gemeint: Es stinkt zum Himmel!

Der Schwabe versucht und kostet nicht

Schwäbisch hat noch mehr sprachliche Auffälligkeiten, die sich vom Hochdeutschen unterscheiden. Wenn der Schwabe eine Flädlessuppe kostet, dann probiert er sie. Er »versucht« sie nicht, denn im Land der Pietisten soll einen nichts in »Versuchung« führen. Aber von der Versuchung etwas probieren, das geht. Die Suppe »kosten« geht dem Schwaben gegen den Strich, das Wort »kosten« trifft sein Innerstes aufs Unangenehmste. Höchstens preist er die Suppe, falls er der Inhaber einer Suppenbar ist. Beim Probieren schmeckt er erst, wie sie riecht, und danach probiert er, wie sie schmeckt. Wenn er sich dann ein Urteil bilden kann, dann hat er Geschmack. Hat er auch ohne Suppe einen Geschmack, dann sollte er duschen und seine Kleider zur Reinigung bringen.

Wer jetzt immer noch glaubt, dass das Gschmäckle den verschwäbelnden hochdeutschen Geschmack meint, der kann ganz leicht eins auf seinen Schmecker bekommen. Damit ist dann seine Nase gemeint, nicht sein Mund. Zum ersten sagt der Schwabe auch »Brestling« (Erdbeere), »Riaßl« (Rüssel) oder »Zinken«, zum zweiten sagt er »Gosch« oder »Maul«.

Nochmal: Ein Reing'schmeckter ist also wie ein fremder Geruch unter uns gekommen und ist geblieben. Er ist aber nicht mit Geruch gleichzusetzen, sondern das »wie«, der allegorische Charakter, ist entscheidend. Im Grunde erleidet der Reing'schmeckte eine Passivform, er schmeckte sich nicht selbst rein, sondern er wurde durch die Umstände reingeschmeckt. Er kann nichts dafür, hat aber trotzdem dafür geradezustehen.

Dass jemand freiwillig unter einem fremden Stamm leben möchte, noch dazu unter Schwaben oder Badenern, kann sich der altehrwürdige Dialekt gar nicht vorstellen. Die modernen SchwaBadener schon, sie leben selber ja auch überall auf der Welt. Allerdings nicht als Wirtschaftsflüchtlinge. Diese Zeiten scheinen im Ländle vorbei zu sein.

Im Gegensatz zu einem Fremden, der auch ein Tourist sein kann, lebt der Reing'schmeckte eine Zeit lang unter den Einheimischen. Oft hat er sogar vor, dies mit seiner Familie sein restliches Leben lang zu machen. Dabei wird er einem etwas vertrauter – er lebt ja unter uns –, aber einen von uns lassen wir ihn erst werden, wenn er sich assimiliert hat. Da er sich dabei besonders anstrengen muss, kann er nicht anders als noch schwäbischer als die Schwaben oder noch badischer als die Badener zu werden. Wobei man das wiederum auch nicht mag. Kurz: Er begibt sich auf einen schmalen Grat. Aus Eis. In das er jederzeit einbrechen oder auf dem er ausrutschen kann.

Ein Schwabe in Baden ist dabei aber genauso ein Reing'schmeckter wie der Badener in Württemberg, der Reutlinger in Tübingen oder eine Villingerin in Schwenningen. Und umgekehrt.

Der Reing'schmeckte ist ein Fremder, der sich nichts zuschulden kommen lassen hat, aber doch nicht ganz dazugehört, obwohl er gleich in den richtigen Verein eingetreten ist und eine ordentliche Spende in die Vereinskasse gemacht hat. Er ist in Ordnung, aber er ist dann halt doch irgendwie nicht von hier. Methusalix, der Alte in den Asterix-Bänden, sagt einmal ganz nachdenklich sinngemäß: »Ich hab' nichts gegen Fremde, solange sie von hier sind!« Das könnte von uns kommen.

Besonders befremdlich wirkt es, wenn Reing'schmeckte, vor allem wenn sie erkennbar aus dem Ausland stammen, schwäbischen Dialekt sprechen. Das kann einerseits zu Missverständnissen und anderseits zu einer guten Gelegenheit führen, dass ein SchwaBadener seine sprachliche Weltläufigkeit aus dem Urlaub demonstrieren kann. In Korb im Remstal sah ich mal einen buntkariert angezogenen Amerikaner in eine Bäckerei hereinpoltern und jovial trompeten: »Greiss Goddley!« (Grüß Gottle!)

Das Nächste hab ich nicht selbst erlebt, sondern mir aus dem Reich der herrlichen Fabeldichtung bringen lassen:

Kommt ein Grieche in eine Kreissparkasse. Am Schalter fragt der schwäbische Bankangestellte: »Was kann i für Sie do?«

»I dät gern a Gyroskonto eröffna«, antwortet der Grieche.

Sagt der Bankmitarbeiter: »Des isch aber bei ons net Ouzo.«

Migration kommt nicht von »mickrig«

Früher waren Ausländer einfach Ausländer – vor allem ganz früher, als man noch Erzfeinde hatte, wie die Franzosen zum Beispiel. In die heutige Zeit der Globalisierung, der politischen und wirtschaftlichen Verflechtungen, in welcher der Gedanke des Nationalismus immer mehr schwindet, will der Begriff »Ausländer« jedoch nicht mehr so richtig passen. Die Grenzkontrollen in Europa sind gefallen, die Asylgesetzgebung wurde verändert, zahlreiche deutschstämmige Spätaussiedler sind eingewandert und haben dabei sofort einen deutschen Pass bekommen, mehr und mehr Ausländer wurden eingebürgert, manche haben auch zwei Staatsangehörigkeiten, und es gibt immer mehr »Ausländern der zweiten und dritten Generation«, die eigentlich Inländer sind, weil sie hier geboren wurden, die aber oft im Umfeld fremdländischer Kultur aufgewachsen sind – dem Begriff des Ausländers wurden die scharfen Kanten abgeschliffen. Die neue Schublade heißt »Menschen mit Migrationshintergrund«.

Migration heißt Wanderung. Der Schwäbische Albverein, der Schwarzwaldverein und der Odenwaldclub sind also die größten Migrationsbewegungen in Baden-Württemberg. Albwanderung statt Abwanderung! Wanderschuh statt »wandert zu«!

Statistische Fragen zum Migrationshintergrund der Bevölkerung wurden erstmals im Rahmen des Mikrozensus 2005 gestellt, der größten amtlichen Haushaltsbefragung in Deutschland. Zu den Personen mit Migrationshintergrund rechnet das Statistische Bundesamt

➤ alle, die als Ausländer in Deutschland leben, das heißt: die als erste Staatsangehörigkeit nicht die deutsche haben,

➤ alle, die 1950 oder später ins Gebiet der heutigen Bundesrepublik – bis 1990 also BRD und DDR – zugewandert sind (die vielen Vertriebenen nach dem Zweiten Weltkrieg zählen also nicht dazu!),

➤ alle, die in Deutschland geboren sind, von denen aber mindestens ein Elternteil 1950 oder später zugewandert ist.

➤ Vertreter der dritten Generation werden nur erfasst, wenn sie oder ihre Eltern nicht als Deutsche geboren wurden oder wenn sie mit ihren Eltern in einem Haushalt leben und sich aus den Angaben der Eltern die Zuwanderung der Großeltern ergibt.

Dabei zeigt sich, dass 2,7 Millionen über einen Migrationshintergrund verfügen, also rund jeder vierte Baden-Württemberger, von den unter 18-Jährigen sogar jeder Dritte. Geht man zeitlich weiter zurück als bis 1950, werden es natürlich immer mehr. Kaum eine schwäBadische Familie ist seit der Zeit der Völkerwanderung hier ansässig. Oft fehlen allerdings die entsprechenden Angaben in den Kirchenbüchern, so dass sich im eigenen Stammbaum die Zuwanderung eines Vorfahren nicht immer belegen lässt.

Um 1900 lebten auf dem Gebiet des heutigen Baden-Württembergs rund 4,1 Millionen Menschen. Heute sind es rund 10,7 Millionen Einwohner. Allein mit menschlicher Fruchtbarkeit ist dieser Zuwachs nicht zu erklären, obwohl der Fleiß der Schwaben sprichwörtlich ist.

»Mit der Scholle aufgewachsen«, »Heimaterde«, »Wo das badische Dörflein traut zu Ende geht«, »Am Brunnen vor dem schwäbischen Tore« – mit solch romantischen Mythen können viele junge Baden-Württemberger nichts mehr anfangen. Und dies, obwohl »uns« der Bauernkrieg und die badische Revolution noch in den Knochen steckt, aber »wir« werden halt immer weniger.

Andere Identifikationsangebote werden entstehen oder sind schon entstanden: wie viele HipHop-Gruppen und Sterne-Restaurants es hierzulande gibt, wie gut die Musical-Theater sind, wie zuverlässig schwäbische Autos oder wie schnell Lehrer in Baden-Württemberg verbeamtet werden, was außerhalb vom Ländle wie das Wunder vom Lehramt wirkt.

Der multikulturelle Schmelztiegel Deutschlands

Seit nicht mehr nur Ausländer gezählt werden, sondern Menschen mit Migrationshintergrund, ist erst deutlich, wie groß die gesellschaftliche Integrationsaufgabe eigentlich ist. Mit 25 Prozent der Bevölkerung hat Baden-Württemberg unter allen Flächenländern den höchsten Anteil von Menschen mit Migrationshintergrund.

Interessant und für viele unerwartet ist, dass unsere Landeshauptstadt unter den Großstädten in Deutschland die Spitzenstellung einnimmt. 40 Prozent der Stuttgarter verfügen über einen Migrationshintergrund, während der Anteil in Hamburg, dem Tor zur Welt, bei knapp 27 Prozent und in Berlin, welches behauptet, in Kreuzberg die größte türkische Stadt außerhalb der Türkei vorweisen zu können, bei »nur« rund 23 Prozent liegt. Stuttgart ist unter allen deutschen Städten der multikulturelle Schmelztiegel!

Bei alledem haben wir prozentual gesehen weniger Ausländerkriminalität als andere. Ich behaupte bis heute: weil wir den Menschen eine Aufgabe geben. Wer samstags außen seinen Mercedes aussaugt und den Gehweg schrubbt, kommt ins Gespräch mit dem Nachbarn auf der anderen Straßenseite, der gerade das Gleiche tut. Bei uns können sich die Kulturen vorsichtig beschnuppern – und parallel dazu wird alles sauber.

Baden-Württemberg, das für viele als provinziell und abgeschottet gilt, hat also enorm viele Reing'schmeckte aus allen Ländern der Welt aufgenommen. Rund 1,3 Millionen Menschen mit ausländischem Pass leben hier. Sie stammen aus etwa 200 verschiedenen Staaten. Den größten Anteil haben die Türkei sowie die Länder des ehemaligen Jugoslawiens. Mehr als ein Drittel der Ausländer kommt inzwischen aus einem der 27 Staaten der Europäischen Union, und die restlichen stammen aus aller Welt.

In Baden-Württemberg Zuflucht gefunden

Baden-Württemberg ist ein Aus- und ein Zuwanderungsland. Sind im 18./19. Jahrhundert viele ausgewandert, so haben in der Geschichte auch Minderheiten auf dem Gebiet des heutigen Baden-Württembergs Zuflucht gefunden.

Von den verfolgten protestantischen Waldensern und Hugenotten war schon die Rede, die bei Karlsruhe und um Pforzheim ihre Siedlungen gebaut und einprägsame Ortsnamen hinterlassen haben.

Minderheiten des sogenannten »fahrenden Volks«, seit jeher diffamiert, verfolgt und missachtet, versuchten und versuchen in Baden-Württemberg in ihrer Kultur zu leben – auch nach den Vorkommnissen im Mai 1940, wo Hunderte Sinti und Roma vom Hohenasperg aus in Arbeitslager im polnischen »Generalgouvernement« deportiert wurden. Wir können stolz sein, dass beispielsweise der bekannte Jazzmusiker und Geiger Franz »Schnuckenack« Reinhardt (1921, Weinsheim bei Rüdesheim – 2006, Heidelberg) ab 1982 mit seiner Frau Sita in Sankt Leon-Rot in der Nähe von Heidelberg gelebt hat.

246

Auch in Baden-Württemberg gibt es Ortschaften, oft nur Ortschaftsteile, wo Jenische oder Sinti und Roma leben. Die jenische Sprache, die mit dem Rotwelsch verwandt ist, und die Sprache Romanes wird in diesen Dörfern gesprochen. Durch die Erweiterung der Europäischen Union nach Osteuropa wandern aus den neu hinzugekommenen Ländern Sinti und Roma ein, die noch nicht sesshaft sind, es aber vielleicht werden wollen. Es wird sich zeigen, wie zuwanderungsoffen sich in diesem Fall die Behörden anstellen werden.

Leichter hatten es da natürlich die Deutschen, die nach dem Verschwinden der DDR als innerdeutsche Arbeitsimmigranten nach Süddeutschland zogen.

Dass Zuwanderung auch illustre Baden-Württemberger hervorbringen kann, ist an Joschka Fischer, Cem Özdemir, Harald Schmidt, Alfred Biolek, Peter Härtling oder dem ehemaligen Bundespräsidenten Horst Köhler zu sehen.

Fremde haben es in Baden-Württemberg leicht, solange sie nicht bleiben möchten. Umgekehrt gilt: Wenn sie hierbleiben wollen, kann es sein, dass sie's schwer haben. Damit ist nicht gemeint, dass die Zuwanderung außerhalb geltender Gesetze erschwert würde – die vorgenannten Zuwanderungszahlen zeigen ja das Gegenteil. Viele Fremde tun sich schwer damit, sozial und kulturell akzeptiert zu werden. Damit sind auch die »Ausländer« aus Norddeutschland, den neuen Bundesländern und aus Bayern gemeint. In einem Wort ausgedrückt: alle Reing'schmeckte.

Die Frage ist bloß: Wer schmeckt hier falsch? Der Fremde oder der Einheimische? Die Antwort kann nur heißen: keiner. Aber sich zu dieser Antwort durchzuringen, da tun sich Schwaben und auch Badener schwer. Zumindest brauchen sie sehr lange dazu.

Wie man sich richtig verhält

Es liegt in der Macht des Zugezogenen, des Reing'schmeckten, diese Bedenkzeit wesentlich zu verkürzen. Vielleicht wird es sogar von ihm erwartet. Es ist ganz einfach – er muss nur einigen Verhaltensregeln folgen.

Er sollte auf jeden Fall nicht laut durch das Treppenhaus lachen, wenn neben seiner Tür zum ersten Mal das Kehrwochenschild hängt. Auf diese Bewährungsprobe sollte er sich freuen.

Und er sollte nicht jenen Fehler begehen, der einem außerschwäbischen Bekannten von mir widerfahren ist: Der hat das an seine Tür gehängte Kehrwochensymbol – Kutterschaufel und Kehrwisch, auf Hochdeutsch: Kehrblech und Handbesen – für ein Begrüßungsgeschenk im Haus gehalten, jedes Mal freudig abgehängt und so lange nach Norddeutschland an verschiedene Freunde geschickt, bis man ihn im Treppenhaus aufklärte, dass man in Baden-Württemberg nicht beschenkt, sondern zum Saubermachen aufgefordert wird.

Meistert der Zugezogene all dies, ist er bereits auf dem nächsten Level angelangt. Extrapunkte sammelt er, wenn er seinen Restmülleimer mit dem Schlauch ausspritzt und etwas abschüssig am Rinnstein ablegt, so dass das Restwasser aus der geöffneten Klappe in den Kandel rinnen kann.

Wichtig ist Mülltrennung. Der Reing'schmeckte sollte sich umgehend im Gemeindeblättle über alle Regelungen zur Müllentsorgung informieren, den Müllabfuhrplan der Gemeinde auf DIN A1 vergrößern und zur ständigen Mahnung und Erinnerung innen an seine Wohnungstür kleben. Sicher ist sicher.

Im Keller, Souterrain oder Dachboden darf das Gemeinschaftslicht nie über Gebühr lange brennen. Es ist ratsam, es in den ersten Wochen gar nicht zu benutzen, sondern sich nachts mit Taschenlampen fortzubewegen.

Vom Haus immer alle freundlich grüßen, und zwar als Erster.

Nichts überstürzen. Über mehrere Wochen möglichst kein Gespräch selbst beginnen. Eine Ausnahme bilden Unterredungen zu den Themen Kehrwoche, Müllabfuhr, Fahrradabstellplatz, Zuweisung von Haken zum Spannen von Wäscheseilen und Lüften im Treppenhaus.

Das Gespräch mit einer zögernd und unsicher wirkenden Frage beginnen. Dies aus Höflichkeit, wenn nach einer Auskunft gefragt werden, aber auch, wenn eine direkte

Aussage gemacht werden soll. Denn direkt fragt man nicht und sagt nichts. Eigentlich nie.

Eine freundliche Treppenhausnachbarin gibt Ihnen sicher Hilfestellung in dieser Art: »Wenn Sie em Treppenhaus Ihre scheene Bluma wiader gießet, no wärs vielleicht net schlecht, wenn Sie mit em Lemple gschwend die Wassertropfa wegwischa könntet, noi, net wega mir, sondern wega de Kalkflecka, wisset Se. I moin, bis jetzt hot ja no niemand Bluama ens Treppenhaus gstellt, I find des ja guat, sieht ja gar net amol schlecht aus, aber macha dät I des net, gell.«

Wichtig ist, dass der Neue sein Auto, falls auf der Straße geparkt wird, die ersten Tage in anderen Straßen abstellt und beobachtet, ob es vor dem Haus bestimmte Parkplätze für bestimmte Fahrzeuge gibt. Denn meistens gibt es ungeschriebene, aber eherne Parkregeln in der Straße.

Wenn sich ein neutraler Stellplatz in der Nähe offenbart, diesen für mehrere Tage besetzen und in dieser Zeit mit den öffentlichen Verkehrsmitteln zur Arbeit fahren. In der Zwischenzeit sollte der Ehepartner das Auto bewegen, aber nicht länger als eine Viertelstunde, damit er gleich wieder in dieselbe Lücke einparken kann. So wird der Parkplatz als Claim abgesteckt. So wie ein Hund einen Platz pinkelnd mit seinem Duft markiert. Das wird anerkannt und akzeptiert! Ab sofort gehört der Parkplatz dem Reing'schmeckten, keiner würde es jemals wagen, dort zu parken. Tut es mal einer, ist es ein neuer Reing'schmeckter, der dummerweise dieses Buch nicht gelesen hat.

Die ganze Nachbarschaft wird es vor Neugier nicht aushalten, dass sie nicht weiß, welchen Beruf der oder die Reing'schmeckte ausübt. Auf Fragen nicht sofort alles sagen, damit sich eine langfristige Kommunikation mit den Nachbarn aufbaut. Lieber langsam steigern, mit großen zeitlichen Abständen, wie zum Beispiel: Ich arbeite im Büro – als Angestellter – in leitender Stellung – als Abteilungsleiter. Und wo? In der Stadt – im Industriegebiet – in einer Fabrik – in einem größeren Unternehmen – in einem Konzern – beim Daimler.

Familien mit Migrationshintergrund sind schnell akzeptiert und angesehen, wenn die Töchter deutsche Freunde haben und die Söhne im Sportverein erfolgreich sind. Da ist Ringen oder Boxen für Türken zu empfehlen, Handball für Einwohner des ehemaligen Jugoslawiens, Fußball eigentlich für alle Nationen, Hauptsache der Junge knallt die Dinger rein und der Verein steigt auf.

Nach einer Woche das Kehrwochenschild feucht abwischen und pünktlich an die Tür des Nachbarn weiterhängen. Aber waagerecht. Dabei vorsichtig sein und mit dem Schild nicht an der Treppenhauswand kratzen.

Wir haben keine Geheimnisse

Zum guten Schluss

So, jetzt wissen Sie über uns SchwaBadener ein wenig mehr Bescheid. Wir haben keine Geheimnisse. Wir sagen nur nicht alles. So sind wir. Wir können nicht anders.

Ich habe versucht, Ihnen zu erklären, warum ich gerne in Baden-Württemberg lebe. Letztendlich ist der Grund nicht mehr und nicht weniger, weil es meine Heimat ist. Es ist für mich eine Freude, in diesem Land Baden-Württemberg zu leben und an diesem Never-Ending-Vielvölkerexperiment teilzuhaben, das im Südwesten Deutschlands eigentlich schon seit der Völkerwanderung stattfindet.

Machen Sie doch einfach dabei mit! Kommen Sie zu uns, wir mögen Reing'schmeckte. Sofern sie nicht zu lange bleiben.

Herzlichst (und sicher auch im Namen des Ideengebers für dieses Buch, Thaddäus Troll selig)

Ihr

Christoph Sonntag

Anhang

Quellen

Offline

Caesar, Gaius Iulius: De bello Gallico – Der Gallische Krieg, verfasst 52/51 v. Chr.

Carini, Marco: Fritz Teufel. Wenn's der Wahrheitsfindung dient. Eine Biografie. Überarb. und erw. Neuaufl., Hamburg 2008

Frei, Alfred Georg; Hochstuhl, Kurt: Wegbereiter der Demokratie. Die badische Revolution 1848/49. Der Traum von der Freiheit. Karlsruhe 1997

Geuenich, Dieter: Geschichte der Alemannen. Stuttgart/Berlin/Köln 1997 (Kohlhammer-Urban-Taschenbücher, Band 575)

Johann, Ernst: Deutschland deine Pfälzer. Wo Witz wie Wein wächst. Mit Illustrationen von Günter Schöllkopf. Hamburg 1971

Köbler, Gerhard: Deutsche Rechtsgeschichte. Ein systematischer Grundriss der geschichtlichen Grundlagen des deutschen Rechts von den Indogermanen bis zur Gegenwart. 6., durchges. Aufl., München 2005

Landesgeschichten. Der deutsche Südwesten von 1790 bis heute. Das Buch zur Dauerausstellung im Haus der Geschichte Baden-Württemberg. Hrsg. vom Haus der Geschichte Baden-Württemberg, Stuttgart. Stuttgart 2002

Politische Köpfe aus Südwestdeutschland. Hrsg. von Reinhold Weber und Ines Mayer. Stuttgart 2005 (Schriften zur politischen Landeskunde Baden-Württembergs, Band 33)

Schörle, Eckart: 100 berühmte Schwaben. Erfurt 2008

Schramm, Heinz-Eugen: Tübinger Gogen-Witze. Neuausgabe. Gerlingen 1971

Schwäbisches Handwörterbuch. Schwäbisch–deutsch, deutsch–schwäbisch. Auf der Grundlage des »Schwäbischen Wörterbuchs« von Hermann Fischer und Wilhelm Pfleiderer bearbeitet von Hermann Fischer und Hermann Taigel. 3., erw. Aufl., Tübingen 1999

Siebenpunkt, Amadeus: Deutschland deine Badener. Gruppenbild einer verzwickten Familie. Zeichnungen von Heinrich Klumbies. 2. Aufl., Hamburg 1975

Skasa-Weiß, Eugen: Deutschland deine Franken. Eine harte Nuß in Bayerns Maul. Mit Illustrationen von Erich Hölle. 3. Aufl., Hamburg 1975

Tacitus, P. Cornelius: Germania. Bericht über Germanien. Lateinisch und deutsch. Übersetzt, kommentiert und hrsg. von Josef Lindauer. München 1975 (dtv-zweisprachig 9101)

Troll, Thaddäus: Deutschland deine Schwaben im neuen Anzügle. Vordergründig und hinterrücks betrachtet. Mit Randbemerkungen versehen von Dr. Hans Bayer. Illustrationen von Günter Schöllkopf. 2. Aufl. der Neuausgabe, Tübingen 2009

Troll, Thaddäus: Preisend mit viel schönen Reden. Deutschland deine Schwaben für Fortgeschrittene. Mit Illustrationen von Günter Schöllkopf. Neuausgabe, Tübingen 2009

Wax, Hermann: Etymologie des Schwäbischen. Geschichte von mehr als 4300 schwäbischen Wörtern. Hrsg. von Wolfgang Schürle im Auftrag der Oberschwäbischen Elektrizitätswerke (OEW) in Verbindung mit Hubert Wicker. Ulm 2005 (Alb und Donau, Kunst und Kultur, Band 44)

Weber, Reinhold: Baden-Württemberg. Eine kleine politische Landeskunde. 3., völlig neu bearb. Aufl., Stuttgart 1999

Online

Boxberg, www.boxberg.de

Boxberg – Schwabhausen, http://menold-schwabhausen.de/bsh-bundschuh-home.html

Brennende Autos Berlin, www.brennende-autos.de

Däubler-Gmelin, Herta, www.daeubler-gmelin.de

»Deutsche Schutzgebiete« über Erzherzog Franz Ferdinand, www.deutsche-schutzgebiete.de/kuk_franz_ferdinand.htm

Deutscher Bundestag, www.bundestag.de

Eisele – Franz Eisele u. Söhne GmbH & Co. KG Pumpen- und Maschinenfabrik, www.eisele.de

Landeszentrale für politische Bildung Baden-Württemberg, www.lpb-bw.de

Lang-Film Armin Lang, Äffle & Pferdle, www.aeffleundpferdle.de

New York State Saengerbund Inc., www.nyssb.org

Statistisches Bundesamt, www.destatis.de

Statistisches Landesamt Baden-Württemberg, www.statistik-bw.de

Swabian into English, Thomas Kemmer, www.schwaebisch-englisch.de

Synagogen-Internet-Archiv, www.synagogen.info

Wikipedia, Die freie Enzyklopädie (deutsch), http//de.wikipedia.org

Zentralinstitut Islam-Archiv-Deutschland Stiftung e.V., www.islamarchiv.de

Bekannte und berühmte Mitmenschen aus Baden-Württemberg

Und zwar nur solche, die bei Redaktionsschluss dieses Buches am 25. Juli 2010 meines Wissens noch gelebt haben.
Zugegeben: Diese Liste ist ziemlich willkürlich zusammengestupft. Es sollen Beispiele sein. Vollständigkeit ist bei einer solchen Aufzählung ohnehin nicht zu erreichen.

Albrecht Ade (* 14. September 1932), Gründungsdirektor der Filmakademie Baden-Württemberg.

Friedrich Wilhelm Ahnefeld (* 12. Januar 1924, Woldenberg, heute Dobiegniew/Polen), lebt in Ulm, Anästhesist, verfasste das erste Lehrbuch für den Rettungsdienst und erfand die sogenannte »Rettungskette«.

Franz Alt (* 17. Juli 1938, Untergrombach, heute ein Stadtteil von Bruchsal), Fernsehjournalist und Buchautor.

Rudi Altig (* 18. März 1937, Mannheim), ehemaliger Profi-Radrennfahrer, Bahnweltmeister, Verfolgungsweltmeister, Gewinner der Deutschen Straßenmeisterschaft, Straßen-Weltmeister 1966.

Thomas Andergassen (* 20. Februar 1980, Lindau am Bodensee), wohnt in Stuttgart, Kunstturner, 8. Platz mit der Mannschaft bei den Olympischen Sommerspielen 2004 in Athen, Bronzemedaille mit der Mannschaft bei den Weltmeisterschaften 2007 in Stuttgart.

Reid Anderson (* 1. April 1949, New Westminster, British Columbia, Kanada), Tänzer; gehörte 1969 bis 1985 der Stuttgarter Compagnie an, seit 1996 Intendant des Stuttgarter Balletts.

Horst Antes (* 28. Oktober 1936, Heppenheim), Maler, Grafiker und Bildhauer, bekannt durch seine »Kopffüßler«.

Barbara Auer (* 1. Februar 1959, Konstanz), Schauspielerin.

Natalia Avelon (* 29. März 1980, Breslau [poln. Wrocław], Polen), bürgerlich Natalia Siwek, aufgewachsen in Ettlingen, Schauspielerin und Popsängerin.

Wieland Backes (* 10. September 1946, Feldbach, Österreich), aufgewachsen in Stuttgart, wo er auch lebt, Fernsehjournalist und Talkshow-Moderator.

Ernst Waldemar Bauer (* 28. Februar 1926, Tübingen), Biologe, Hörfunk- und Fernsehpublizist (»Wunder der Erde«), Buchautor und Dokumentarfilmer.

Dieter Baumann (* 9. Februar 1965, Blaubeuren), Langstreckenläufer, mehrfacher Deutscher Meister, Europameister, Olympiasieger 1992 in Barcelona. Bekannt geworden durch seine einzigartige Zahncreme.

Hermann Bausinger (* 17. September 1926, Aalen), Volkskundler an der Uni Tübingen und als solcher Nestor der Empirischen Kulturwissenschaft.

Volker Beck (* 12. Dezember 1960, Stuttgart) MdB, Erster Parlamentarischer Geschäftsführer und menschenrechtspolitischer Sprecher der Bundestagsfraktion und Mitglied im Parteirat von Bündnis 90/Die Grünen.

Boris Becker (* 22. November 1967, Leimen), ehemaliger Profi-Tennisspieler, Olympiasieger 1992 im Doppel, Gewinner von insgesamt 49 Turnieren im Einzel, darunter sechs Grand-Slam-Turniere, dreimal das Turnier von Wimbledon, 15 Titel im Doppel, Sportler des Jahres 1985, 1986, 1989 und 1990, Bambi-Gewinner 1985.

Franziska Becker (* 10. Juli 1949, Mannheim), Cartoonistin.

Stefan Behnisch (* 1. Juni 1957, Stuttgart), Architekt.

Melanie Behringer (* 18. November 1985, Lörrach), Fußballspielerin, seit 2005 Mitglied der deutschen Nationalmannschaft.

Maria Beig, geb. Hund (* 8. Oktober 1920, Senglingen, heute ein Ortsteil von Meckenbeuren), Schriftstellerin.

Benedikt XVI. (* 16. April 1927, Marktl, Oberbayern), bürgerlich Joseph Ratzinger, Papst, lehrte 1966 bis 1969 an der Eberhard Karls Universität Tübingen Katholische Dogmatik und lebte in diesen Jahren auch in Tübingen. Den Lehrstuhl hat er seinerzeit auf Empfehlung von Hans Küng bekommen.

Rolf Benz (* 13. September 1933, Nagold), ehemaliger Inhaber der Qualitätsmöbelfabrik Rolf Benz in Nagold; Mitinhaber und Aufsichtsratsvorsitzender des Polstermöbelherstellers Walter Knoll.

Andrea Berg (* 28. Januar 1966, Krefeld), bürgerlich Andrea Zellen, wohnt in Kleinaspach, einem Ortsteil von Aspach (Rems-Murr-Kreis), Schlagersängerin.

Bettina Bernadotte, Gräfin af Wisborg (* 12. März 1974, Scherzingen, Schweiz), Geschäftsführerin der Mainau GmbH.

Frieder Bernius (* 1947, Ludwigshafen), Dirigent, leitet den Kammerchor Stuttgart, das Barockorchester Stuttgart und die Klassische Philharmonie Stuttgart/Hofkapelle Stuttgart, die alle drei von ihm gegründet wurden.

Konrad Beyreuther (* 14. Mai 1941, Leutersdorf, Sachsen), Molekularbiologe, ehrenamtlicher Staatsrat für Lebenswissenschaften der baden-württembergischen Landesregierung, 1998 bis 2001 Direktor des Zentrums für Molekulare Biologie der Ruprecht-Karls-Universität Heidelberg, entdeckte 1988 den BSE-Erreger.

Alfred Biolek (* 10. Juli 1934, Freistadt [tschech. Fryštát], Karviná, Tschechien), wuchs ab einem Alter von 12 Jahren in Waiblingen auf, Talkmaster, Entertainer, Fernsehproduzent. Hat mir auf meinem beruflichen Weg viele wertvolle Tipps gegeben: danke Alfred!

Ole Bischof (* 27. August 1979, Reutlingen), Judoka, 2008 Olympiasieger in der Gewichtsklasse bis 81 Kilo.

Eugen Biser (* 6. Januar 1918, Oberbergen im Kaiserstuhl), Fundamentaltheologe und Religionsphilosoph.

Blue Lagoon (gegründet 2004, Stuttgart), Pop-Duo mit Sängerin Estrella (* 15. Januar 1983, Stuttgart; bürgerlich Patricia Gerndt) und Sänger David O'Joseph (* 6. November 1977, München), produziert von Felix J. Gauder, Stuttgart.

Elert Bode (* 6. April 1934, Breslau, heute Wrocław, Polen), Schauspieler, Theaterregisseur, 1970 bis 1976 Intendant der Württembergischen Landesbühne Esslingen, 1976 bis 2002 Intendant der Komödie im Marquardt, Stuttgart, 1984 bis 2002 Intendant des Alten Schauspielhauses, Stuttgart.

Manfred Bosch (* 16. Oktober 1947, Bad Dürrheim), Schriftsteller.

Pierre Boulez (* 26. März 1925, Montbrison, Département Loire, Frankreich), lebt in Baden-Baden, Komponist und Dirigent.

Timo Bracht (* 22. Juli 1975, Waldbrunn), Triathlet.

Valentin (oder Valentino) Braitenberg (* 1926, Bozen, Südtirol, Italien), lebt in Tübingen, Hirnforscher, Kybernetiker und Schriftsteller, 1968 bis 1994 Direktor des Max-Planck-Instituts für biologische Kybernetik in Tübingen.

Fred Breinersdorfer (* 6. Dezember 1946, Mannheim), Schriftsteller und Drehbuchautor.

Léonie-Claire Breinersdorfer (* 21. Mai 1976, Stuttgart), Drehbuchautorin.

Heinz Brenner (* 1924, Ulm), in der NS-Zeit Mitglied der Widerstandsgruppe »Weiße Rose«.

Jürgen Brodwolf (* 14. März 1932, Dübendorf bei Zürich), wohnt in Kandern, Bildhauer und Objektkünstler.

Magdalena Brzeska (*14. Mai 1978, Gdingen, Polen), lebt in Stuttgart, ehemalige Turnerin, 26-malige Deutsche Meisterin in der Rhythmischen Sportgymnastik.

Franziska Buch (* 15. November 1960, Stuttgart), Regisseurin und Drehbuchautorin. Seit 2002 leitet sie die Drehbuchabteilung der Filmakademie Baden-Württemberg.

Guido Buchwald (* 24. Januar 1961, Westberlin), wuchs in Wannweil, Landkreis Reutlingen, auf, ehemaliger Fußballspieler, 1983 bis 1994 beim VfB Stuttgart, 1984 bis 1994 in der Nationalmannschaft, gilt als einer der besten Vorstopper der deutschen Fußballgeschichte.

Hans-Jörg Bullinger (* 13. April 1944, Stuttgart), Arbeitswissenschaftler, seit 2002 Präsident der Fraunhofer-Gesellschaft.

Frieder Burda (* 29. April 1936, Gengenbach), Kunstsammler.

Hubert Burda (* 9. Februar 1940, Heidelberg), Zeitschriftenverleger.

Karl Busch (* 20. April 1929, Lörrach), gründete 1963 in Schopfheim die Dr. Ing. Karl Busch GmbH und prägte mit seinem Unternehmen die industrielle Vakuumtechnik weltweit. Zur Busch-Gruppe gehören heute 55 Firmen in 30 Ländern mit insgesamt 2200 Mitarbeitern; Konzernsitz ist Maulburg, Landkreis Lörrach.

Reinhard Bütikofer (* 26. Januar 1953, Mannheim), Politiker der Grünen, war 2002 bis 2008 Bundesvorsitzender von Bündnis 90/ Die Grünen.

Cacau (* 27. März 1981, Santo André, Brasilien), bürgerlich Claudemir Barreto, Fußballspieler, seit 2003 beim VfB Stuttgart, seit 2009 in der Nationalmannschaft. Netter Kerle, wohnt in Korb (Rems-Murr-Kreis).

Eric Carle (* 25. Juni 1929, Syracuse, New York, USA), lebte von 1935 bis 1952 in Stuttgart, wo er auch die Kunstakademie besuchte, international erfolgreicher Kinderbuchautor (»Die kleine Raupe Nimmersatt«).

Marion Caspers-Merk, geb. Caspers (* 24. April 1955, Mannheim), Politikerin der SPD, war 2002 bis 2009 Parlamentarische Staatssekretärin im Gesundheitsministerium.

Bülent Ceylan (* 4. Januar 1976, Mannheim), Comedian. Sehr sympathischer Kollege, momentan im Durchstart begriffen. Bülent, für mich ziehst du die türkisch-deutsche Karte am witzigsten von allen, bleib dran!

ChaPeau (* 20. Mai 1962, Stuttgart), bürgerlich Roland Schopp, Zauberkünstler.

Nicholas Conard (* 23. Juli 1961, Cincinnati, Ohio, USA), lebt in Tübingen, Archäologe, der durch die Entdeckung der ältesten Kunstwerke und Musikinstrumente der Welt in Höhlen der Schwäbischen Alb bekannt wurde.

Richard Cragun (* 5. Oktober 1944, Sacramento, Kalifornien, USA), Tänzer, 1962 bis 1996 Mitglied des Stuttgarter Balletts. In John Crankos Ballett »Initialen R. B. M. E.« steht »R.« für »Richard Cragun« (»B.« für Birgit Keil, »M.« für Marcia Haydée und »E.« für Egon Madsen).

Herta Däubler-Gmelin (* 12. August 1943, Bratislava, Slowakei), Politikerin der SPD, 1998 bis 2002 Bundesjustizministerin.

Petra Dallmann (* 21. November 1978, Freiburg im Breisgau), Schwimmerin, erfolgreiche Staffelschwimmerin auf 100 Meter und 200 Meter Freistil, mehrfache Olympiateilnehmerin, Deutsche Meisterin, Europameisterin, Weltmeisterin, Bronzemedaille Staffel in Athen.

Wolfgang Dauner (* 30. Dezember 1935, Stuttgart), Jazzpianist und Filmkomponist.

Volker Demuth (* 21. Juli 1961), lebt in Hochdorf, Landkreis Esslingen, Schriftsteller.

Helmut Deutsch (* 1963, Saarlouis), lebt in Kirchzarten, Konzertorganist, Preisträger des Franz-Liszt-Wettbewerbs, Professor an der Staatlichen Hochschule für Musik Freiburg.

Heike Drechsler, geb. Daute (* 16. Dezember 1964, Gera, Thüringen), lebt in Karlsruhe, ehemalige Leichtathletin, 1992 und 2000 Olympiasiegerin im Weitsprung.

Peter Dreher (* 26. August 1932, Mannheim), Maler und Graphiker.

Heinz Dürr (* 16. Juli 1933, Stuttgart), Mitinhaber des Bietigheim-Bissinger Automobilzulieferers Dürr AG, 1980 bis 1990 Vorstandsvorsitzender der Allgemeinen Elektricitäts-Gesellschaft (AEG), 1991 bis 1997 Erster Präsident der Deutschen Bundesbahn, Generaldirektor der Deutschen Reichsbahn, Vorstandsvorsitzender der Deutschen Bahn AG.

Christoph Duffner (* 16. Dezember 1971, Triberg im Schwarzwald), ehemaliger Skispringer, 1994 Goldmedaille im Team, 1999 Weltmeister im Team; Deutscher Meister im Triathlon, Sieger des Ironman Germany 2007.

Wolfgang Duffner (* 5. Juli 1937, Stuttgart), Schriftsteller.

Viktor Dulger (* 18. Dezember 1935, Klöstitz, Bessarabien), lebt in Heidelberg, Ingenieur, Unternehmer, Kunst- und Wissenschaftsmäzen. Die von ihm gegründete ProMinent Unternehmensgruppe (rund 2000 Mitarbeiter weltweit) hat sich auf Anlagenbau und Verfahrenstechnik spezialisiert und ist Weltmarktführer bei Dosierpumpen für kleine Mengen, die auf Erfindungen von Dulger zurückgehen.

Helmut Eberspächer (* 1915, Tübingen), Mitinhaber des Automobilzulieferers und Standheizungsspezialisten J. Eberspächer GmbH & Co. KG mit Sitz in Esslingen am Neckar. Der Vater meines Schwagers schafft dort. So ebbes.

Florian Eckert (* 7. Februar 1979, Lörrach), ehemaliger Skirennläufer, war zweimal Deutscher Meister im Abfahrtslauf, zweimal im Slalom und dreimal im Super-G.

Matthias Eder (* 28. April 1968, Rheinfelden [Baden]), Bildhauer.

Werner Ehrlicher (* 22. Februar 1920, Effelter, Oberfranken, Bayern), lebt in Freiburg im Breisgau, Wirtschafts- und Finanzwissenschaftler.

Karoline Eichhorn (* 9. November 1965, Stuttgart), Theater- und Filmschauspielerin.

Felix Eitner (* 27. Februar 1967, Freiburg im Breisgau), Schauspieler.

Frank Elstner (* 19. April 1942, Linz, Oberösterreich), bürgerlich Timm Maria Franz Elstner, lebt in Baden-Baden, Fernsehshow- und -talkmaster.

Roland Emmerich (* 10. November 1955, Stuttgart-Obertürkheim), aufgewachsen in Sindelfingen-Maichingen, Filmproduzent, Hollywood-Regisseur, Drehbuchautor (»Independence Day«, »Godzilla«, »Der Patriot«, »The Day After Tomorrow«, »10.000 B.C.«, »2012«).

Curt Engelhorn (* 25. Mai 1926, München), 1960 bis 1990 Geschäftsführer des Pharmaunternehmens C. F. Boehringer & Söhne GmbH beziehungsweise später Boehringer Mannheim; mit einem Vermögen von 6,3 Milliarden US-Dollar einer der reichsten Deutschen, Mäzen der nach ihm benannten Mannheimer Reiss-Engelhorn-Museen.

Hartmut Engler (* 24. November 1961, Großingersheim, heute ein Ortsteil von Ingersheim,

Kreis Ludwigsburg), Pop-Musiker; Gründer, Sänger und Texter der Band »Pur«.

Erhard Eppler (* 9. Dezember 1926, Ulm), Politiker der SPD, 1968 bis 1974 Bundesminister für wirtschaftliche Zusammenarbeit.

Walther Erbacher (* 18. August 1940, Karlsruhe), Komponist.

Stipe Erceg (30. Oktober 1974, Split, Kroatien), aufgewachsen in Tübingen, Schauspieler.

Gernot Erler (* 3. Mai 1944, Meißen, Sachsen), Politiker der SPD, 2005 bis 2009 Staatsminister beim Bundesminister des Auswärtigen.

Nachum Erlich (* 28. Juni 1959, Jerusalem, Israel), wohnt in Karlsruhe, Konzert-Soloviolinist, Professor an der Musikhochschule Karlsruhe.

Gerhard Ertl (* 10. Oktober 1936, Stuttgart), Physiker, 1986 bis 2004 Direktor der Abteilung Physikalische Chemie des Fritz-Haber-Instituts Berlin, hat die Entwicklung der Oberflächenchemie maßgeblich beeinflusst, wurde 2007 mit dem Nobelpreis für Chemie ausgezeichnet.

Elger Esser (* 11. Mai 1967, Stuttgart), künstlerischer Fotograf.

Matthias Ettrich (* 14. Juni 1972, Bietigheim, heute ein Stadtteil von Bietigheim-Bissingen), Informatiker, Initiator des KDE-Projekts zur Entwicklung freier Software.

Die Fantastischen Vier, auch: Fanta4 (gegründet 1989, Stuttgart), Rap- und Hip-Hop-Band mit den vier Musikern Michael Bernd Schmidt alias »Smudo« (* 6. März 1968, Offenbach am Main, aufgewachsen in Gerlin-

gen), Thomas Dürr alias »Hausmeister Thomas D« (* 30. Dezember 1968, Ditzingen), Michi Beck alias »DJ Hausmarke« (* 11. Dezember 1967, Stuttgart) und Andreas Rieke alias »And.Ypsilon« (* 17. November 1967, Stuttgart). Ich durfte 2009 bei ihrem sensationellen »Heimspiel« auf dem Cannstatter Wasen als Vorprogramm dabei sein. Danke, Jungs, für das tolle Erlebnis!

Orm Finnendahl (* 1963, Düsseldorf), Komponist, leitet das Studio für elektronische Musik der Freiburger Musikhochschule.

Artur Fischer (* 31. Dezember 1919, Tumlingen, heute ein Ortsteil von Waldachtal, Kreis Freudenstadt), Gründer der Fischerwerke und Erfinder zum Beispiel des Fischer-Dübels und der »fischertechnik«-Modellbaukästen.

Gotthilf Fischer (* 11. Februar 1928, Plochingen), fernseherprobter Chorleiter, gründete zahlreiche Fischer-Chöre, die heute zwischen 1000 und 2500 Mitglieder haben und populäres Liedgut aus Oper, Schlager und dem Bereich Volkslied zu Gehör bringen.

Joschka Fischer (* 12. April 1948, Gerabronn), Politiker der Grünen, 1998 bis 2005 Bundesaußenminister und Vizekanzler.

Joy Fleming (* 15. November 1944, Rockenhausen, Nordpfalz), aufgewachsen in Mannheim, Jazz-, Blues- und Schlagersängerin.

Die Flippers (gegründet 1964 als »Dancing Band«, Knittlingen), Schlagerband, derzeit als Trio mit Gründungsmitglied Manfred Durban (* 28. September 1942, Ölbronn-Dürrn), Bernd Hengst (* 18. April 1947, Karlsruhe) und Olaf Malolepski (* 27. März 1946, Magdeburg, Sachsen-Anhalt).

Karlheinz Förster (* 25. Juli 1958, Mosbach), ehemaliger Fußballspieler, 1977 bis 1986 beim VfB Stuttgart, 1978 bis 1986 Nationalspieler.

Fools Garden (gegründet 1991, im Bad Liebenzeller Stadtteil Möttlingen), Popband, derzeit als Quartett mit den Gründungsmitgliedern Peter Freudenthaler (* 19. Februar 1963, Pforzheim) und Volker Hinkel (* 21. Juni 1965, Calw) sowie mit Dirk Blümlein und Claus Müller. 1995 landete Fools Garden mit »Lemon Tree« einen Welthit. Holt euch bei i-tunes mal das Lied »Mai Tsong«! Warum? Seht ihr dann!

Ulrike Frank (* 1. Februar 1969, Stuttgart), Schauspielerin und Musicaldarstellerin.

Bernhard Friedmann (* 8. April 1932, Ottersweier), Politiker der CDU, 1996 bis 1999 Präsident des Europäischen Rechnungshofes.

Inka Friedrich (* 1965, Freiburg im Breisgau), Schauspielerin.

Joachim »Blacky« Fuchsberger (* 11. März 1927, Stuttgart), Schauspieler und Entertainer.

Heinrich Fürst zu Fürstenberg (* 17. Juli 1950, Schloss Heiligenberg), Unternehmer und Waldgroßgrundbesitzer.

Heinz Fütterer (* 14. Oktober 1931, Illingen, Landkreis Rastatt), ehemaliger Leichtathlet, vor allem als Sprinter erfolgreich, erzielte 536 internationale Siege, war Mitte der Fünfzigerjahre 100-Meter-Weltrekordhalter, 60-Meter-Hallenweltrekordhalter, Olympiamedaillengewinner und dreimal Europameister.

Johanna Gabor (* 18. April 1990, Debrecen, Ungarn), lebt in Stuttgart, ehemalige Turnerin, mehrfache Deutsche Meisterin und Teilnehmerin der Weltmeisterschaften der Rhythmischen Sportgymnastik.

Eduardo Garcia (* 20. Juli 1950, Stuttgart), Gründer, Inhaber und Vorstandsvorsitzender des Garmo-Konzerns, der unter der Marke »Gazi« Europas größter Schafskäsehersteller ist. Gazi ist Hauptsponsor des VfB Stuttgart sowie der Stuttgarter Kickers und Namensgeber des Gazi-Stadions auf der Waldau.

Hartmut Geerken (* 15. Januar 1939, Stuttgart), Musiker, Komponist, Schriftsteller, Publizist, Hörspielautor und Filmemacher.

Swetlana Geier, geb. Iwanowa (* 26. April 1923, Kiew, Ukraine), lebt in Freiburg im Breisgau, Übersetzerin für russische Literatur.

Heiner Geißler (* 3. März 1930, Oberndorf am Neckar), Politiker der CDU, 1982 bis 1985 Bundesminister für Jugend, Familie und Gesundheit, 1977 bis 1989 Generalsekretär der CDU. Hat die für mich erstaunlichste Wandlung vom politischen Saulaus zum Paulus hinter sich gebracht. Respekt!

Wilhelm Genazino (* 22. Januar 1943, Mannheim), Schriftsteller, Büchnerpreisträger.

Nils Gessinger (* 1964, Schwäbisch Hall), Jazz-, Funk- und Soulpianist, Komponist und Arrangeur.

Eberhard Gienger (* 21. Juli 1951, Künzelsau), ehemaliger Turner, mehrfacher Deutscher Meister, Europa- und Weltmeister am Reck, Olympiamedaillengewinner; Bundestagsabgeordneter der CDU. Lädt mich ständig dazu ein, mit ihm zusammen aus dem Flugzeug zu springen. Befallschirmt, versteht sich. Ich habe ständig Angst davor und lehne geschickt ab.

Harald Glööckler (* 30. Mai 1965, Zaisersweiher, heute ein Stadtteil von Maulbronn), Modedesigner. Lebt und wirkt in Berlin. Sieht immer zuckergut aus.

Wolfgang Gönnenwein (* 29. Januar 1933, Schwäbisch Hall), Dirigent, 1978 bis 1991 ehrenamtlicher Staatsrat für Kunst der baden-württembergischen Landesregierung.

Adolf Goetzberger (* 29. November 1928, München), Physiker, gründete 1976 das Fraunhofer-Institut für Solare Energiesysteme in Freiburg im Breisgau.

Klaus Graf (* 15. Februar 1964, Lauffen am Neckar), Jazzsaxophonist.

Steffi Graf (* 14. Juni 1969, Mannheim), aufgewachsen in Brühl, ehemalige Profi-Tennisspielerin, Gewinnerin von 22 Grand-Slam-Turnieren, insgesamt 377 Wochen lang die Nummer 1 der Tennis-Weltrangliste, 1988 Gewinnerin aller vier Grand-Slam-Turniere, Olympiasiegerin 1988, Gewinnerin des Golden Slam, siebenfache Siegerin in Wimbledon, 1988 Weltsportlerin des Jahres.

Konstantin Gropper (* 28. September 1982, Biberach an der Riß), Popmusiker, ehemaliger Absolvent der Mannheimer Popakademie, betreibt quasi solo das Indie-Musikprojekt »Get Well Soon«.

Erwin Gross (* 1953, Langenbrücken), Maler, seit 2000 Rektor der Staatlichen Akademie der Bildenden Künste Karlsruhe.

Stephan Gross (* 1987, Leimen), Golf-Europameister 2008.

Wolfgang Grupp (* 4. April 1942, Burladingen), Alleininhaber des Sport- und Freizeitbekleidungsherstellers Trigema in Burladingen.

Martin Grzimek (* 8. April 1950, Trutzhain, Hessen), lebt in Nußloch, Rhein-Neckar-Kreis, Schriftsteller.

Ragni Maria Gschwend (* 10. September 1935, Immenstadt im Allgäu), lebt in Freiburg im Breisgau, Übersetzerin für italienische Literatur.

Heinrich Haasis (* 21. April 1945, Streichen, heute ein Stadtteil von Balingen), Präsident des Deutschen Sparkassen- und Giroverbands.

Hellmut G. Haasis (* 7. Januar 1942, Mühlacker), Schriftsteller.

Ted Hänsch (* 30. Oktober 1941, Heidelberg), Physiker, 1986 bis 2006 Direktor am Max-Planck-Institut für Quantenoptik in Garching bei München, für seine Leistungen in der Laserspektroskopie 2005 mit dem Nobelpreis für Physik geehrt.

Peter Härtling (* 13. November 1933, Chemnitz, Sachsen), in Nürtingen aufgewachsen, Schriftsteller mit Arbeitsklause in Tübingen. Mein Lieblingsbuch von ihm: »Nachgetragene Liebe«.

Robert Häusser (* 8. November 1924, Stuttgart), ehemaliger Industrie-, Architektur- und Porträtfotograf mit Studio in Mannheim, Wegbereiter der zeitgenössischen Fotografie, 1995 mit dem Hasselblad Award ausgezeichnet.

Rudi Häussler (* 21. April 1928, Stuttgart), Gründer, Inhaber und Geschäftsführer der Stuttgarter Häussler-Gruppe, des größten deutschen Komplettanbieters für schlüsselfertige Bürogebäude, Einkaufsgalerien, Hotelkomplexe und Wohnparks.

Hermann Haken (* 12. Juli 1927, Leipzig), lebt in Sindelfingen, Physiker, Begründer der Synergetik.

Regina Halmich (* 22. November 1976, Karlsruhe), Boxerin, dreifache deutsche Meisterin, Europameisterin, 1995 bis 2007 ungeschlagene Weltmeisterin der Women's International Boxing Federation (WIBF).

Jürgen Hambrecht (* 20. August 1946, Reutlingen) Vorstandsvorsitzender der BASF SE. Vom »Manager Magazin« zum »Manager des Jahres 2005 in Deutschland« gewählt.

Klaus Harpprecht (* 11. April 1927, Stuttgart), Journalist und Autor.

Wolfgang Fritz Haug (* 23. März 1936, Esslingen am Neckar), Philosoph.

Gaby Hauptmann (* 14. Mai 1957, Trossingen), Schriftstellerin und Journalistin. Wir sind hin und wieder zusammen in einer SWR-Sendung gewesen und hatten immer großen Spaß dabei, gell, Gaby?

Harald zur Hausen (* 11. März 1936, Gelsenkirchen, Nordrhein-Westfalen), Mediziner, 1983 bis 2003 Vorsitzender des Stiftungsvorstands des Deutschen Krebsforschungszentrums in Heidelberg, entdeckte, dass Gebärmutter-

halskrebs von Viren verursacht wird und wurde dafür 2008 mit dem Nobelpreis für Physiologie oder Medizin ausgezeichnet.

Helmut Haussmann (* 18. Mai 1943, Tübingen), Politiker der FDP/DVP, 1988 bis 1991 Bundeswirtschaftsminister.

Marcia Haydée (* 18. April 1937, Niterói, Brasilien), bürgerlich Marcia Haydée Salaverry Pereira da Silva, weltberühmte Tänzerin, ab 1961 Primaballerina des Stuttgarter Balletts, 1976 bis 1996 dessen Direktorin, 1994 bis 1996 und seit 2002 Leiterin des Balletts von Santiago de Chile, trat auch als Choreografin hervor.

Max Herre (* 22. April 1973, Stuttgart), Rapper, Singer-Songwriter und Musikproduzent. Wie so viele nach Berlin abgewandert, wo doch Stuttgart viel schöner ist!

Martin Herrenknecht (* 24. Juni 1942, Lahr/Schwarzwald), Gründer und Vorstandsvorsitzender der Herrenknecht AG, des Weltmarktführers bei Tunnelbohrmaschinen.

Roman Herzog (* 5. April 1934, Landshut), lebt in Jagsthausen (Landkreis Heilbronn), Politiker der CDU, 1978 bis 1980 Kultus-, 1980 bis 1983 Innenminister von Baden-Württemberg, 1983 bis 1994 Richter am Bundesverfassungsgericht in Karlsruhe, 1987 bis 1994 Präsident des Bundesverfassungsgerichts, 1994 bis 1999 Bundespräsident.

Georg Hettich (* 12. Oktober 1978, Furtwangen), Nordischer Kombinierer, Olympiasieger in Turin 2006.

Timo Hildebrand (* 5. April 1979, Worms), lebt in Heidelberg, Fußballspieler, 2004 bis 2007 Ersatztorhüter in der Nationalmannschaft, spielte 1995 bis 2007 beim VfB Stuttgart und 2009/10 bei der TSG 1899 Hoffenheim.

Robert Hill (* 6. November 1953, Cebu City, Philippinen), Cembalist und Pianist, lehrt seit 1990 an der Musikhochschule Freiburg als Professor für historische Tasteninstrumente und historische Aufführungspraxis.

Otfried Höffe (* 12. September 1943, Leobschütz, Oberschlesien, heute Głubczyce, Polen), lebt in Tübingen, Philosoph.

Frank Höfle (* 22. November 1967, Brackenheim), lebt in Isny im Allgäu, erfolgreichster deutscher Behindertensportler beim nordischen Skisport.

Hartmut Höll (* 24. November 1952, Heilbronn), Pianist und Professor für Liedgestaltung an der Hochschule für Musik Karlsruhe, seit 2007 Rektor dieser Hochschule.

Dieter Hoeneß (* 7. Januar 1953, Ulm), ehemaliger Fußballspieler, 1975 bis 1979 beim VfB Stuttgart, 1979 bis 1987 bei Bayern München, mehrfacher Deutscher Meister, DFB-Pokal-Sieger, 1979 bis 1986 Nationalspieler, 1990 bis 1995 Manager des VfB Stuttgart, 1997 bis 2009 Manager bei Hertha BSC, seit 2010 Geschäftsführer des VfL Wolfsburg.

Uli Hoeneß (* 5. Januar 1952, Ulm), ehemaliger Fußballspieler, 1970 bis 1978 bei Bayern München, 1978/79 beim 1. FC Nürnberg, 1972 bis 1976 Nationalspieler, war Europameister 1972, Weltmeister 1974, errang den Weltpokal 1976, war mehrfacher Europapokalsieger der Landesmeister und Deutscher Meister sowie Gewinner des DFB-Pokals, 1979 bis 2009 Manager von Bayern München, seit 2009 Präsident von Bayern München, seit 2010 Aufsichtsratsvorsitzender der Bayern München AG.

Geschwister Hofmann (gegründet 1988, Meßkirch), Schlagerduo mit Alexandra Geiger, geb. Hofmann (* 11. Februar 1974, Sigmaringen) und Anita Hofmann (* 13. April 1977, Sigmaringen).

Nico Hofmann (* 4. Dezember 1959, Heidelberg), Regisseur, Filmproduzent und Drehbuchautor.

Friedrich Wilhelm Fürst von Hohenzollern (* 3. Februar 1924, Umkirch), Industrieller und seit 1965 Oberhaupt des Hauses Hohenzollern-Sigmaringen.

Dieter von Holtzbrinck (* 29. September 1941, Stuttgart), 1980 bis 2001 Vorsitzender der Geschäftsführung, 2001 bis 2006 Aufsichtsratsvorsitzender der Verlagsgruppe Georg von Holtzbrinck, Inhaber der Dieter von Holtzbrinck Medien GmbH, die »Tagesspiegel«, »Handelsblatt«, »WirtschaftsWoche« und andere Zeitungen verlegt und 50 Prozent an der Wochenzeitung »Die Zeit« hält.

Stefan von Holtzbrinck (* 15. Mai 1963, Ettlingen) Mitinhaber und seit 2001 Vorsitzender der Geschäftsführung der Verlagsgruppe Georg von Holtzbrinck in Stuttgart, die Zeitungen wie die »Main-Post« oder den »Südkurier« publiziert und 50 Prozent Anteile an der Wochenzeitung »Die Zeit« hält, zu der Buchverlage wie S. Fischer, Rowohlt, Kiepenheuer & Witsch, Droemer-Knaur, J. B. Metzler, Schroedel, Diesterweg, Farrar, Straus and Giroux, Macmillan oder Henry Holt ebenso gehören wie Online-Portale und elektronische Medien, etwa Audible, buecher.de, GameDuell, Parship oder StudiVZ.

Birgit Homburger (* 11. April 1965, Singen), Politikerin der FDP/DVP, 1990 bis 1993 Bundesvorsitzende der Jungen Liberalen, seit 2004 Landesvorsitzende der FDP/DVP Baden-Württemberg, seit 2009 Vorsitzende der FDP-Bundestagsfraktion.

Dietmar Hopp (* 26. April 1940, Heidelberg), Mitbegründer, 1988 bis 1998 Vorstandsvorsitzender und 1998 bis 2003 Aufsichtsratsvorsitzender des größten europäischen Softwareherstellers SAP AG in Walldorf (Rhein-Neckar-Kreis). Mit einem Vermögen von geschätzt vier Milliarden Euro gilt Hopp als einer der reichsten Deutschen.

Nina Hoss (* 7. Juli 1975, Stuttgart), Theater- und Filmschauspielerin.

Anke Huber (* 4. Dezember 1974, Bruchsal), ehemalige Profi-Tennisspielerin, vierter Platz in der Tennis-Weltrangliste im Oktober 1996.

Berthold Huber (* 15. Februar 1950, Ulm), Gewerkschafter, seit 2007 Erster Vorsitzender der IG Metall.

Felix Huby (* 21. Dezember 1938, Dettenhausen), bürgerlich Eberhard Hungerbühler, Romancier, Dramatiker und Drehbuchautor.

Dieter Hundt (* 30. September 1938, Esslingen am Neckar), seit 1996 deutscher Arbeitgeberpräsident, war 1975 bis 2007 geschäftsführender Gesellschafter und ist seit 2008 Aufsichtsratsvorsitzender des Automobilzulieferers Allgaier in Uhingen (Kreis Göppingen). Seit 1994 präsidiert Hundt überdies der Landesvereinigung Baden-Württembergischer Arbeitgeberverbände und seit 2002 dem Aufsichtsrat des VfB Stuttgart.

Ralf Illenberger (* 20. Dezember 1956, Stuttgart), Gitarrist im Duo Kolbe & Illenberger.

Wolfgang Ischinger (* 6. April 1946, Beuren, Kreis Esslingen), Jurist, Völkerrechtler und ehemaliger Diplomat, seit 2009 Leiter der Münchner Sicherheitskonferenz.

Eberhard Jäckel (* 29. Juni 1929, Wesermünde), lebt in Stuttgart, Historiker, der hauptsächlich über die Zeit des Nationalsozialismus forschte und publizierte.

Otto Jägersberg (* 19. Mai 1942, Hiltrup), lebt in Baden-Baden, Schriftsteller und Filmemacher.

Philipp Jenninger (* 10. Juni 1932, Rindelbach, heute ein Stadtteil von Ellwangen [Jagst]), Politiker der CDU, war 1982 bis 1984 Staatsminister im Bundeskanzleramt und 1984 bis 1988 Präsident des Deutschen Bundestages.

Walter Jens (* 8. März 1923, Hamburg), lebt in Tübingen, Publizist, Schriftsteller, Kritiker, Übersetzer, Altphilologe und Literaturhistoriker, 1963 bis 1988 Professor für Rhetorik an der Uni Tübingen.

Kaas (* 1986, Kattowitz, Schlesien, Polen), bürgerlich Lukas Michalczyk, lebt in Reutlingen, Rapper.

266

Hubert Kah (* 22. März 1961, Reutlingen), bürgerlich Hubert Kemmler, Popmusiker, Komponist, Liedtexter und Musikproduzent.

Oliver Kahn (* 15. Juni 1969, Karlsruhe), Fußballspieler, Torwart 1987 bis 1994 beim Karlsruher SC, 1994 bis 2008 beim FC Bayern München, 1995 bis 2006 Nationaltorwart, mehrmals Deutscher Meister und Deutscher Pokalsieger, Deutschlands Fußballer des Jahres 2000 und 2001, Bester Torhüter Europas 1999, 2000, 2001 und 2002, Welttorhüter 1999, 2001 und 2002, Bambi-Gewinner 2001 und 2006.

Walter Kasper (* 5. März 1933, Heidenheim an der Brenz), emeritierter Kurienkardinal, 2001 bis 2010 Präsident des Päpstlichen Rates zur Förderung der Einheit der Christen.

Volker Kauder (* 3. September 1949, Hoffenheim, heute ein Stadtteil von Sinsheim), Politiker, war im Jahr 2005 Generalsekretär der CDU und ist seit 2005 Vorsitzender der CDU/CSU-Bundestagsfraktion.

Ellis Kaut (* 17. November 1920, Stuttgart), bürgerlich Elisabeth Kaut, Kinderbuchautorin, die mit ihrer Figur Pumuckl international bekannt wurde.

Birgit Keil (* 22. September 1944, Kowarschen, Sudetenland, heute Kovárov, Tschechien), Tänzerin und langjährige Erste Ballerina des Stuttgarter Balletts, zu dessen Corps sie 1961 bis 1985 gehörte. Seit 1997 leitet sie die Akademie des Tanzes der Staatlichen Hochschule für Musik und Darstellende Kunst in Mannheim, seit 2003/04 ist sie zusätzlich Ballettdi-

rektorin des Badischen Staatstheaters Karlsruhe.

Milko Kelemen (* 30. März 1924, Podravska Slatina, Kroatien), lebt in Stuttgart, Komponist, 1973 bis 1989 Professor für Komposition an der Staatlichen Hochschule für Musik und Darstellende Kunst Stuttgart. Kelemen begründete 1959 die Zagreber Biennale, deren Ehrenpräsident er ist. In Slatina werden jährlich im Mai die Milko-Kelemen-Tage veranstaltet, wo vor allem seine Kammermusikwerke aufgeführt werden.

Bernhard Kempa (* 19. November 1920, Oppeln, Oberschlesien, heute Opole, Polen), lebt in Bad Boll, Landkreis Göppingen, ehemaliger Handballspieler und -trainer bei Frisch Auf! Göppingen, elfmal Deutscher Handball-Meister, mit der Feldhandball-Nationalmannschaft zweimal Weltmeister. Er erfand den »Kempa-Trick«: Während ein Spieler in den Kreis springt, fängt er den Ball und wirft ihn aufs Tor. Die Sportartikelmarke Kempa ist nach Bernhard Kempa benannt.

Wolfgang Ketterle (* 21. Oktober 1957, Heidelberg), Physiker und Nobelpreisträger.

Sami Khedira (* 4. April 1987, Stuttgart), Fußballspieler, 2006 bis 2010 beim VfB Stuttgart, seitdem für drei Millionen Euro Jahresgehalt plus Prämien bei Real Madrid, seit 2009 Mitglied der Nationalmannschaft.

Ulrich Kienzle (* 9. Mai 1936, Neckargröningen, heute ein Stadtteil von Remseck am Neckar), Journalist, Publizist und Nahostexperte.

Klaus Kinkel (* 17. Dezember 1936, Metzingen),

Politiker der FDP, 1991 bis 1992 Bundesjustizminister, 1992 bis 1998 Bundesaußenminister, 1993 bis 1998 Vizekanzler, 1993 bis 1995 außerdem Bundesvorsitzender der FDP.

Paul Kirchhof (* 21. Februar 1943, Osnabrück), Jurist, seit 1981 Direktor des Instituts für Finanz- und Steuerrecht an der Universität Heidelberg, war 1987 bis 1999 Richter beim Bundesverfassungsgericht. Kirchhof machte 2005 mit einem eigenen Steuermodell von sich reden.

Claus Kleber (* 2. September 1955, Reutlingen) Journalist, Fernsehnachrichtenmoderator.

Die kleine Tierschau (gegründet 1981, Heubach, Ostalbkreis), Comedy- und Musikkabarettgruppe mit Michael Gaedt (* 1957 in Schwäbisch Gmündt) und Michael Schulig (* 1957), früher mit dabei: Ernst Mantel (* 1956, Heuchlingen, Ostalbkreis).

Michael Klett (* 1938 in Stuttgart), Leiter und Mitinhaber des Ernst Klett Verlags, den alle Schüler heiß und innig lieben, sowie der Klett-Gruppe, die nach eigener Aussage »mit ihren 59 Unternehmen an 39 Standorten in 16 Ländern das führende Bildungsunternehmen in Deutschland« ist.

Vincent Klink (* 29. Januar 1949, Gießen), aufgewachsen in Schwäbisch Gmünd, lebt in Stuttgart, wo er das Restaurant »Wielandshöhe« betreibt, Meisterkoch, Fernsehkoch, Buchautor und Herausgeber der Zeitschrift »Häuptling eigener Herd«.

Jürgen Klinsmann (* 30. Juli 1964, Göppingen), ehemals international erfolgreicher Fußball-

spieler und Torjäger, ehemaliger Bundestrainer der deutschen Fußballnationalmannschaft und ehemaliger Trainer von Bayern München.

Klaus von Klitzing (* 28. Juni 1943, Schroda, Wartheland, heute Środa Wielkopolska, Polen), Physiker, seit 1985 Direktor im Max-Planck-Institut für Festkörperforschung in Stuttgart. Für die Entdeckung des Quanten-Hall-Effekts, der große Auswirkungen für die Nanoelektronik hat, erhielt er 1985 den Nobelpreis für Physik. Das Quantum des Quanten-Hall-Effekts wird als Klitzing-Konstante bezeichnet.

Jürgen Klopp (* 16. Juni 1967, Stuttgart), ehemaliger Fußballspieler, seit 2008 Trainer von Borussia Dortmund, »Brillenträger des Jahres 2008«.

Heike Kloss (* 12. Juli 1968, Sulz am Neckar), Theater-, Musical- und Fernsehschauspielerin.

Volker Klotz (* 20. Dezember 1930, Darmstadt), lebt in Stuttgart, Literaturwissenschaftler, Theaterkritiker und Dramaturg.

Sebastian Knauer (* 14. Mai 1949, Mannheim), Journalist und Schriftsteller.

Sibylle Knauss (* 5. Juli 1944, Unna), lebt in Remseck, Kreis Ludwigsburg, Schriftstellerin.

Sebastian Koch (* 31. Mai 1962, Karlsruhe), Schauspieler.

Werner Koczwara (* 28. September 1957, Schwäbisch Gmünd), Kabarettist.

Sieger Köder (* 3. Januar 1925, Wasseralfingen,

heute ein Stadtteil von Aalen), katholischer Priester und christlicher Maler.

Karlheinz Kögel (* 1. Dezember 1946, Gurtweil), Medien- und Touristikunternehmer, gründete 1976 in Baden-Baden die Media Control GmbH, die Verkaufszahlen, Bestsellerlisten und Charts verschiedener Medien – etwa CDs oder Bücher – in ganz Europa und in Lateinamerika ermittelt, und 1987 ebenfalls in Baden-Baden den Lastminute-Reiseanbieter L'TUR, der mit 169 Reisebüros in sechs Ländern Lastminute-Marktführer in Europa ist.

Horst Köhler (* 22. Februar 1943, Heidenstein, Generalgouvernement, heute Skierbieszów, Polen), wuchs in Ludwigsburg auf, war 2000 bis 2004 Direktor des Internationalen Währungsfonds und 2004 bis 2010 Bundespräsident.

Christoph Kohlbecker (* 19. März 1935, Gaggenau), Architekt, als Planer von Industrieanlagen, Forschungs- und Schulungszentren international bekannt.

Luan Krasniqi (* 10. Mai 1971, Junik, Kosovo, Jugoslawien), lebt in Rottweil, Boxer der Schwergewichtsklasse, Deutscher Meister, Europameister, 1996 Olympiamedaillengewinner.

Maren Kroymann (* 19. Juli 1949, Walsrode), aufgewachsen in Tübingen, Schauspielerin, Kabarettistin, Sängerin.

Gerhard Krüger (* 9. Juli 1933, Melsungen), emeritierter Professor für Informatik am Karlsruher Institut für Technologie, Pionier der Informatik-Lehre in Deutschland.

Mike Krüger (* 14. Dezember 1951, Ulm), Komiker, Kabarettist und Sänger.

Hans Küng (* 19. März 1928, Sursee, Kanton Luzern, Schweiz), lebt in Tübingen, international bekannter Theologe, römisch-katholischer Priester, Autor, Präsident der von ihm gegründeten Stiftung Weltethos. 1979 wurde Küng wegen kritischer Veröffentlichungen die kirchliche Lehrbefugnis entzogen; er blieb dennoch bis zu seiner Emeritierung Professor für Ökumenische Theologie an der Eberhard Karls Universität Tübingen.

Dieter Thomas Kuhn, »Die singende Föhnwelle« (* 7. Januar 1965, Tübingen), Schlager-Revival-Sänger.

Dominik Kuhn (* 16. September 1969, Reutlingen), Filmregisseur, »Voice Actor«, Musiker, Publizist und Entertainment-Unternehmer, synchronisiert für die Fernsehserie »Die Welt auf Schwäbisch« Filmclips aller Art skurril-witzig bis bizarr im Dialekt.

Fritz Kuhn (* 29. Juni 1955, Bad Mergentheim), Politiker von Bündnis 90/Die Grünen, war 2000 bis 2002 Bundesvorsitzender und 2005 bis 2009 Vorsitzender der Bundestagsfraktion der Grünen.

Johannes Kuhn (* 21. April 1924, Plauen, Sachsen), lebt in Stuttgart, evangelischer Theologe und Journalist, bekannt geworden als Fernsehpfarrer.

Nina Kunzendorf (* 10. November 1971, Mannheim), Schauspielerin.

Bettina Kupfer (* 19. Juli 1963, Stuttgart), Schauspielerin.

Rainer Kussmaul (* 1946, Mannheim), Violinist und Dirigent, Preisträger internationaler Wettbewerbe, Leiter der Berliner Barocksolisten und der Carl-Flesch-Akademie Baden-Baden, war 1993 bis 1997 Erster Konzertmeister der Berliner Philharmoniker.

Helmut Lachenmann (* 27. November 1935, Stuttgart), lebt in Leonberg, einer der bedeutendsten deutschen Komponisten der Gegenwart.

Andreas »Bär« Läsker (* 19. September 1963, Ludwigsburg), Musikproduzent und -verleger, seit 1989 Manager der Band »Die Fantastischen Vier«.

Ursula Ida Lapp (* 30. Mai 1930, Benshausen, Thüringen), Unternehmerin und Mäzenin, gründete 1959 in Stuttgart die U. I. Lapp KG, die heute als Lapp Gruppe im Bereich Kabeltechnologie mit 3000 Mitarbeitern weltweit tätig ist.

Alexandra Maria Lara (* 12. November 1978, Bukarest, Rumänien), bürgerlich Alexandra Maria Plătăreanu, aufgewachsen in Freiburg im Breisgau, Film- und Fernsehschauspielerin.

Manfred Lautenschläger (* 15. Dezember 1938, Karlsruhe), Unternehmer und Mäzen, gründete 1971 den Finanzvertrieb MLP (»L« steht für »Lautenschläger«) mit Sitz in Wiesloch, dessen Geschäftsführer und Vorstandsvorsitzender er bis 1999 und dessen Aufsichtsratsvorsitzender er bis 2008 war. Die MLP AG war 2001 bis 2003 eines von 20 im DAX gelisteten Unternehmen.

Arno Lederer (* 3. Oktober 1947, Stuttgart), Architekt, seit 2005 Lehrstuhlinhaber für Öffentliche Bauten und Entwerfen an der Universität Stuttgart, plante mit seinem Büro Lederer + Ragnarsdóttir + Oei zahlreiche bedeutende öffentliche Gebäude.

Peter Lehel (* 13. September 1965, Karlsruhe), Jazz-Saxophonist und Komponist.

Christine Lehmann (* 1958, Genf, Schweiz), lebt in Stuttgart und Wangen im Allgäu, Schriftstellerin.

Karl Lehmann (* 16. Mai 1936, Sigmaringen), Kardinal, seit 1983 Bischof von Mainz, 1987 bis 2008 Vorsitzender der Deutschen Bischofskonferenz.

Berthold Leibinger (* 26. November 1930, Stuttgart), Unternehmer, Hochschullehrer und Mäzen. 1966 bis 2005 Geschäftsführer, seit 2005 Aufsichtsratsvorsitzender des Ditzinger Werkzeugmaschinenbauers Trumpf, der bei industriellen Lasersystemen Weltmarktführer ist. Leibinger nimmt Aufgaben und Ehrenämter in Verbänden, der Politik und Kultur wahr.

Nicola Leibinger-Kammüller (* 15. Dezember 1959, Wilmington, Ohio, USA), Mitinhaberin und Vorsitzende der Geschäftsführung der Trumpf GmbH & Co. KG und Geschäftsführerin der gemeinnützigen Berthold Leibinger Stiftung (siehe Berthold Leibinger).

Reinhart Lempp (* 21. Oktober 1923, Esslingen am Neckar), Facharzt für Kinder- und Jugendpsychiatrie, Verfasser zahlreicher wissenschaftlicher Werke und populärer Ratgeber.

Sibylle Lewitscharoff (* 16. April 1954, Stuttgart), Schriftstellerin.

Isolde Wagishauser, geb. Liebherr (* 1946, Memmingen), und ihr älterer Bruder Willi Liebherr, beide aufgewachsen in Kirchdorf an der Iller und Biberach an der Riß, sind Alleininhaber und Vorstandsvorsitzende des Kran-, Baufahrzeug-, Werkzeugmaschinen-, Kühlund Gefrierschrankbauers Liebherr AG, der in mehr als 70 Gesellschaften weltweit mehr als 32 000 Mitarbeiter beschäftigt.

Horst Linde (* 6. April 1912, Heidelberg), Architekt, entwarf zahlreiche öffentliche Bauten, so 1957 bis 1961 das Landtagsgebäude in Stuttgart.

Karl Link (* 27. Juli 1942, Herrenberg), ehemaliger Bahnradsportler, in Mannschaftsverfolgung Weltmeister 1964, Goldmedaille 1964 in Tokio, Silbermedaille 1968 in Mexiko.

Silke Lippok (* 31. Januar 1994), Schwimmerin.

Joachim »Jogi« Löw (* 3. Februar 1960, Schönau im Schwarzwald), Fußballspieler, Rekordtorschütze des SC Freiburg, seit 2006 Bundestrainer der deutschen Fußballnationalmannschaft.

Natalie Lumpp (* 8. Februar 1971, Freiburg im Breisgau), Sommelière, Publizistin und Weinexpertin.

Ferdinand Mack (* 26. Dezember 1959, Mannheim), Kickboxer. 5-facher Kickboxweltmeister.

Franz Mack (* 7. März 1921) und sein Sohn Roland Mack (* 12. Oktober 1949, Freiburg) gründeten 1975 den Europa-Park Rust, den größten deutschen Freizeitpark mit saisonal 3000 Mitarbeitern, und betreiben in Waldkirch die Firma Mack Rides, den weltweit bedeutendsten Hersteller von Fahrgeschäften, vor allem Achterbahnen.

Maggie Mae (* 13. Mai 1960, Karlsruhe), bürgerlich Cosima Carle, Schlagersängerin und Schauspielerin.

Ernst Mahle (* 3. Januar 1929, Stuttgart) Komponist.

Manfred Mai (* 15. Mai 1949, Winterlingen), bürgerlich Manfred Maier, Schriftsteller, der vor allem durch Kinder- und Jugendbücher bekannt wurde.

Werner Mang (* 4. September 1949, Ulm), Schönheitschirurg, seit 2007 Vorstandsvorsitzender und medizinischer Leiter der Mang Medical One Klinikgruppe, die aus neun Kliniken und elf »Aesthetic Centers« besteht.

Stefan Mappus (* 4. April 1966, Pforzheim), Politiker, seit 2009 Landesvorsitzender der CDU Baden-Württemberg, seite 2010 Ministerpräsident von Baden-Württemberg.

Marie Marcks (* 25. August 1922, Berlin), lebt in Heidelberg, Karikaturistin.

Marshall & Alexander (gegründet 1998, Karlsruhe), Gesangsduo auf dem Gebiet der Klassik und des Pop mit Marc Marshall (* 28. Juli 1963, Baden-Baden), bürgerlich Marc Hilger, und Jay Alexander (* 1. August 1971, Pforzheim), bürgerlich Alexander Pfitzenmeier.

Tony Marshall (* 3. Februar 1938, Baden-Baden), bürgerlich Herbert Anton Hilger, Schlager- und Opernsänger.

Lisa Martinek, geb. Wittich (* 11. Februar 1972, Stuttgart), Schauspielerin.

Massive Töne (gegründet 1991, Stuttgart), Hip-Hop-Gruppe mit Jean-Christoph Ritter (* 21. September 1974), genannt »Schowi«, João dos Santos (* 8. November 1974), genannt »Ju«, und Alexander Scheffel (* 6. April 1973), genannt »DJ 5ter Ton«.

Manfred Maus (* 26. April 1935, Gottmadingen am Bodensee), Erfinder des Do-it-yourself-Handelsmodells Baumarkt und zusammen mit Emil Lux Gründer der Baumarktkette Obi, die heute 530 Märkte in 13 europäischen Ländern mit 38 500 Mitarbeitern betreibt. Der Name leitet sich von der französischen Aussprache des Wortes »Hobby« ab.

Gudrun Mebs (* 8. Januar 1944, Bad Mergentheim), Schriftstellerin, die vor allem durch Kinderbücher bekannt wurde.

Ulf Merbold (* 20. Juni 1941, Greiz, Thüringen), lebt in Stuttgart, Physiker und Astronaut, war 1983 der erste Bundesdeutsche im All.

HG Merz (* 1947, Tailfingen, heute ein Stadtteil von Albstadt), eigentlich Hans-Günter Merz, Architekt und Museumsgestalter.

Ernst Messerschmid (* 21. Mai 1945, Reutlingen, Baden-Württemberg), Physiker und Astronaut, begleitete 1985 den ersten von der Bundesrepublik Deutschland finanzierten Spacelab-Flug.

Albrecht Metzger (* 1945, Stuttgart), Moderator, Journalist, Kabarettist, Autor.

Oswald Metzger (* 19. Dezember 1954, Grabs, Schweiz), lebt in Bad Schussenried, wo er auch aufgeachsen ist, Politiker der SPD (1974 bis 1979), der Grünen (1987 bis 2007) sowie der CDU (seit 2008), Finanzexperte.

Sabine Meyer (* 30. März 1959, Crailsheim), Soloklarinettistin, die in aller Welt konzertiert, Professorin an der Musikhochschule Lübeck.

Werner Mezger (* 10. Juni 1951, Rottweil), Volkskundler an der Uni Freiburg, Fastnachtexperte.

Hartmut Michel (* 18. Juli 1948, Ludwigsburg), Biochemiker. Für die Erforschung der dreidimensionalen Molekülstruktur des Reaktionszentrums der Photosynthese in einem Bakterium wurde er 1988 mit dem Nobelpreis für Chemie ausgezeichnet.

Michelle (* 15. Februar 1972, Villingen-Schwenningen), bürgerlich Tanja Shitawey, geb. Hewer, Schlagersängerin.

Herbert Mies (* 23. Februar 1929, Mannheim), Politiker, war 1973 bis 1990 Vorsitzender der Deutschen Kommunistischen Partei (DKP).

Heinz Mohl (* 18. März 1931, Hechingen), Architekt.

Erwin Müller (* 8. September 1932, München), 1953 Gründer und bis heute Leiter der Drogeriemarktkette Müller mit derzeit 607 Filialen in sieben europäischen Ländern und mit 22 000 Beschäftigten.

Hans-Peter »Hansi« Müller (* 27. Juli 1957, Stuttgart), ehemaliger Fußballspieler. 1975 bis 1982 beim VfB Stuttgart, dann bei Inter Mailand, 1978 bis 1983 Mitglied der deutschen Fußballnationalmannschaft

Richy Müller (* 26. September 1955, Mannheim), bürgerlich Hans-Jürgen Müller, Schauspieler.

Hans Musch (* 1935, Sankt Leonhard, heute ein Stadtteil von Leutkirch im Allgäu), Konzertorganist.

Anne-Sophie Mutter (* 29. Juni 1963, Rheinfelden), seit vielen Jahren eine der bedeutendsten Sologeigerinnen der Welt.

Xavier Naidoo (* 2. Oktober 1971, Mannheim), Soul- und Rhythm-and-Blues-Sänger, 1995 Mitgründer und seither Mitglied der Popgruppe »Söhne Mannheims«, Mitinitiator der Popakademie Baden-Württemberg in Mannheim, Musikproduzent mit den Plattenlabels »Beats Around the Bush« und »naidoo records«.

Ann-Katrin Naidu (* 19. Juni 1962, Stuttgart), Mezzosopranistin.

Mirjam Nastasi Ricardo (geb. in Utrecht), lebt in Vogtsburg im Kaiserstuhl, Flötistin, 1996 bis 2006 Rektorin der Staatlichen Hochschule für Musik Freiburg.

Dirk Niebel (* 29. März 1963, Hamburg), wohnt in Heidelberg, Politiker, 2005 bis 2009 FDP-Generalsekretär, seit 2009 Bundesminister für wirtschaftliche Zusammenarbeit und Entwicklung. Niebel war Fallschirmjäger bei der Bundeswehr in Calw, studierte an der Fachhochschule des Bundes für öffentliche Verwaltung in Mannheim und war 1993 bis 1998 Arbeitsvermittler beim Arbeitsamt in Sinsheim.

Ingrid Noll (* 29. September 1935, Shanghai, China), verheiratete Ingrid Gullatz, lebt in Weinheim, Schriftstellerin, gehört zu den er-folgreichsten deutschen Krimiautoren. Viele ihrer Romane spielen in Mannheim und Umgebung. Ich verschlinge jedes ihrer Bücher, ich liebe die Beiläufigkeit, mit der bei ihren Krimis die Opfer über die Klinge springen.

Ulla Norden (* 4. Dezember 1940, Mannheim), bürgerlich Ulla Kleiner, Schlagersängerin und Moderatorin.

Sir Roger Norrington CBE (* 16. März 1934, Oxford, Großbritannien), Dirigent, seit 1998 und noch bis 2011 Chefdirigent des Radio-Sinfonieorchesters Stuttgart, erarbeitete mit diesem Klangkörper eine Mischung aus historischer und moderner Aufführungspraxis, den »Stuttgart Sound«.

Christiane Nüsslein-Volhard (* 20. Oktober 1942, Magdeburg), lebt in Tübingen, Biologin, seit 1985 Direktorin der Abteilung Genetik des Max-Planck-Instituts für Entwicklungsbiologie in Tübingen. Für ihre grundlegenden Erkenntnisse über die genetische Kontrolle der frühen Embryoentwicklung wurde sie 1995 mit dem Nobelpreis für Physiologie oder Medizin ausgezeichnet.

Karl Ulrich Nuss (* Januar 1943, Stuttgart), Bildhauer. Freunde dürfen ihn »Uller« nennen. Legendär seine Liebe zur Mama, die er bis zu ihrem Tod mustergültig bei sich behalten und gepflegt hat. Und legendär seine schwäbischen Kochkünste. Uller, ich komm bald wieder mal vorbei!

Uwe Ochsenknecht (* 7. Januar 1956, Biblis), aufgewachsen in Mannheim, Film- und Fernsehschauspieler, Sänger.

Günther Oettinger (* 15. Oktober 1953, Stuttgart), Politiker der CDU, seit 2010 EU-Kommissar für Energie, war 2005 bis 2010 Ministerpräsident von Baden-Württemberg. Schirmherr meiner Rettungsaktion am Max-Eyth-See; das hätte ich ihm nicht zugetraut, dass er seinen schlimmsten Spötter so unterstützt. Chapeau im Nachhinein und danke nochmal!

Cem Özdemir (* 21. Dezember 1965, Bad Urach), Politiker und Bundesvorsitzender der Partei Bündnis 90/Die Grünen.

Thomas Oppermann (* 15. Februar 1931, Heidelberg), Staatsrechtler.

Hanns-Josef Ortheil (* 5. November 1951, Köln), lebt in Stuttgart, Schriftsteller.

Frei Otto (* 31. Mai 1925, Siegmar, heute ein Stadtteil von Chemnitz, Sachsen), lebt im Leonberger Stadtteil Warmbronn, als Vertreter der Organischen Architektur einer der bedeutendsten Architekten des 20. Jahrhunderts, gründete 1964 das Institut für Leichte Flächentragwerke der Universität Stuttgart.

Despina Pajanou (* 9. Dezember 1958, Thessaloniki, Griechenland), aufgewachsen in Stuttgart, Schauspielerin.

Ernst Pernicka (* 5. Februar 1950, Wien), Chemiker, seit 2004 Professor für Archäometrie an der Uni Tübingen sowie Leiter des Curt-Engelhorn-Zentrums Archäometrie in Mannheim, war an der Erforschung der Himmelsscheibe von Nebra beteiligt, seit 2006 Leiter der archäologischen Ausgrabungen in Troja und in Udabno (Kachetien/Ostgeorgien).

Hasso Plattner (* 21. Januar 1944, Berlin), wuchs in Konstanz auf, wohnt in Schriesheim (Rhein-Neckar-Kreis), Unternehmer und Mäzen. Gemeinsam mit Dietmar Hopp, Claus Wellenreuther, Hans-Werner Hector und Klaus Tschira gründete er 1972 den heute größten europäischen Softwarehersteller SAP in Walldorf, dessen Vorstandsvorsitzender er lange Jahre war und dessen Aufsichtsrat er seit 2003 präsidiert. Mit einem geschätzten Vermögen von fünf Milliarden Euro gilt er als einer der reichsten Deutschen.

Werner Pokorny (* 1949, Mosbach), Bildhauer.

Ferdinand Alexander Porsche (* 11. Dezember 1935, Stuttgart), genannt »Butzi«, Designer und Gründer der Porsche Design GmbH.

Wolfgang Porsche (* 10. Mai 1943, Stuttgart), Manager, seit Januar 2007 Aufsichtsratsvorsitzender der Porsche AG und seit Juli 2007 der Porsche Automobil Holding SE.

Peter Prange (* 22. September 1955, Altena), lebt in Tübingen, Schriftsteller, Autor vor allem von historischen Romanen.

Pur (gegründet 1975 unter dem Namen »Crusade«, Bietigheim-Bissingen), Softpopband mit Sänger und Texter Hartmut Engler (* 24. November 1961, Großingersheim, heute ein Ortsteil von Ingersheim, Kreis Ludwigsburg), Bassist Joe Crawford, geb. Weber (* 28. März 1963, Ludwigsburg), Gitarrist Rudi Buttas (* 6. April 1955, Bečej, Jugoslawien, heute Serbien) und Keyboarder Ingo Reidl (* 10. Juni 1961, Bietigheim, heute ein Stadtteil von Bietigheim-Bissingen).

Wolfram Pyta (* 27. Oktober 1960, Dortmund), Historiker, Lehrstuhlinhaber für Neuere Geschichte an der Uni Stuttgart, seit 2001 zusätzlich Direktor der Forschungsstelle Ludwigsburg, die sich der Erforschung der NS-Verbrechensgeschichte widmet.

Gerhard Raff (* 13. August 1946, Stuttgart-Degerloch), Historiker, Publizist und Mäzen.

Jórunn Ragnarsdóttir (* 28. Juni 1957, Akureyri, Island), lebt in Stuttgart, Architektin.

Uwe Rahn (* 21. Mai 1962, Mannheim), ehemaliger Fußballspieler, 1984 bis 1987 Nationalspieler.

Karolina Raskina (* 28. Februar 1992, Krementschug, Ukraine), lebt in Stuttgart, Turnerin, mehrfache Deutsche Meisterin in der Rhythmischen Sportgymnastik.

Hans-Ulrich Rauchfuß (* 1. März 1950, Stuttgart), Apotheker, seit 2001 Vorsitzender des Schwäbischen Albvereins, des mit 120 000 Mitgliedern größten europäischen Wandervereins, seit 2007 auch Präsident des Deutschen Wanderverbands.

Joerg Reiter (* 22. November 1958, Waiblingen), Pianist des Modern Jazz.

Andreas Renz (* 12. Juni 1977, Villingen-Schwenningen), Eishockey-Rekordspieler, seit 2010 bei den Kassel Huskies.

Hans-Peter Repnik (* 27. Mai 1947, Konstanz), Politiker der CDU, 1989 bis 1994 Parlamentarischer Staatssekretär beim Bundesminister für wirtschaftliche Zusammenarbeit und Entwicklung, 2002 bis 2005 Vorstandsvorsitzender der Duales System Deutschland AG, seit 2010 Vorsitzender des Rates für Nachhaltige Entwicklung.

Mathias Richling (* 24. März 1953, Waiblingen), aufgewachsen in Endersbach (heute ein Stadtteil von Weinstadt, Rems-Murr-Kreis), Schauspieler, Kabarettist, Parodist, Autor.

Walter Riester (* 27. September 1943, Kaufbeuren), lebt in Göppingen, Politiker der SPD, 1998 bis 2002 Bundesminister für Arbeit und Sozialordnung, Namensgeber der Riester-Rente.

Wolfgang Rihm (* 13. März 1952, Karlsruhe), Komponist und Essayist, gilt als einer der bekanntesten und vielseitigsten deutschen Komponisten der Gegenwart.

Helmuth Rilling (* 29. Mai 1933, Stuttgart), Dirigent, gehörte zu den Gründern der Gächinger Kantorei (1954), des Bach-Collegiums Stuttgart (1965), des Oregon Bach Festival (1970) und der Internationalen Bachakademie Stuttgart (1979), deren künstlerischer Leiter er bis heute ist. Er war 1985 bis 1996 überdies Künstlerischer Leiter des Landesjugendchores Baden-Württemberg.

Fanny Rinne (* 15. April 1980, Mannheim), Feldhockeyspielerin, Nationalspielerin, Halleneuropameisterin, Europameisterin, Hallenweltmeisterin, Goldmedaillengewinnerin bei den Olympischen Spielen 2004 in Athen.

Volker Rittberger (* 4. Mai 1941, Karlsruhe) Friedensforscher.

Michael Rogowski (* 13. März 1939, Stuttgart) war Vorsitzender des Konzernvorstands und 2000 bis 2010 Aufsichtsratsvorsitzender des

Heidenheimer Maschinenbauunternehmens Voith (39 000 Mitarbeiter), 2001 bis 2004 Präsident des Bundesverband der Deutschen Industrie (BDI).

Manfred Rommel (* 24. Dezember 1928, Stuttgart), Politiker der CDU, 1974 bis 1996 Oberbürgermeister von Stuttgart. Hat mir ein schönes Vorwort für mein Buch »Wenn der Mostmann zweimal tingelt« geschrieben, das hat mich sehr gefreut. Danke nochmal!

Albrecht Roser (* 21. Mai 1922, Friedrichshafen), Puppenspieler.

Thomas Roth (* 21. November 1951, Heilbronn), TV-Journalist, -Moderator, -Redakteur.

Rüdiger Safranski (* 1. Januar 1945, Rottweil) Philosoph und Schriftsteller, lebt in Badenweiler.

Bert Sakmann (* 12. Juni 1942, Stuttgart), Mediziner, 1988 bis 2007 Direktor der Abteilung Zellphysiologie am Max-Planck-Institut für medizinische Forschung in Heidelberg, erforschte die Funktion einzelner zellulärer Ionenkanäle und entwickelte für die entsprechenden Messungen die Patch-Clamp-Technik, welche die elektrophysiologische Forschung revolutionierte. Dafür wurde ihm 1991 der Nobelpreis für Physiologie oder Medizin verliehen.

Barbara Salesch (* 5. Mai 1950, Ettlingen), Juristin, bekannt durch die pseudo-dokumentarische Gerichtsshow »Richterin Barbara Salesch« in Sat.1.

Martin Sander (* 1963, Berlin), lebt in Schriesheim, Konzertorganist.

Michael Saup (* 1961, Hechingen), bildender Künstler, der vor allem mit Werken der Digitalen Kunst bekannt wurde, Filmemacher und Musiker.

Thomas Schaaf (* 30. April 1961, Mannheim), 1978 bis 1995 Fußballspieler bei Werder Bremen, Fußballtrainer bei Werder Bremen seit 1999.

Winfried »Winnie« Schäfer (* 10. Januar 1950, Mayen), lebt in Ettlingen, ehemaliger Fußballspieler, ab 1968 bei Borussia Mönchengladbach, ab 1970 bei Kickers Offenbach, ab 1975 beim Karlsruher SC, 1977 bis 1985 wieder bei Borussia Mönchengladbach, und Fußballtrainer, unter anderem 1986 bis 1998 beim Karlsruher SC und 1998 beim VfB Stuttgart, derzeit beim FK Baku.

Wolfgang Schäuble (* 18. September 1942, Freiburg im Breisgau), Politiker der CDU, 1981 bis 1984 als Parlamentarischer Geschäftsführer der CDU/CSU-Bundestagsfraktion, 1984 bis 1989 Bundesminister für besondere Aufgaben sowie Chef des Bundeskanzleramtes, 1989 bis 1991 Bundesinnenminister, 1991 bis 2000 Vorsitzender der CDU/CSU-Bundestagsfraktion, 1998 bis 2000 Bundesvorsitzender der CDU, 2005 bis 2009 Bundesinnenminister, seit 2009 Bundesfinanzminister. Seit 1972 vertritt Schäuble den Wahlkreis Offenburg im Bundestag.

Peter Schaufler (* 1940, Stuttgart), Unternehmer, Kunstsammler und Mäzen, seit 1979 geschäftsführender Gesellschafter des Unternehmens Bitzer Kühlmaschinenbau mit

Hauptsitz in Sindelfingen. Heute ist die Bitzer SE mit 32 Tochterunternehmen und 2500 Mitarbeitern in über 90 Ländern Weltmarktführer für Kälte- und Klimaanlagen und Kältemittelverdichter.

Annette Schavan (* 10. Juni 1955, Jüchen, Nordrhein-Westfalen), Politikerin der CDU, 1995 bis 2005 Ministerin für Kultus, Jugend und Sport Baden-Württemberg, seit 2005 Bundesministerin für Bildung und Forschung, vertritt Ulm und den Alb-Donau-Kreis im Bundestag.

Denis Scheck (* 15. Dezember 1964, Stuttgart), Literaturkritiker und Kulturjournalist in Hörfunk und Fernsehen.

Hans-Georg Schellinger (*1964), lebt in Reutlingen, Deutscher Monopoly-Meister 2009.

Peter Schilling (* 28. Januar 1956, Stuttgart), Popsänger der Neuen Deutschen Welle.

Jörg Schlaich (* 17. Oktober 1934, Stetten im Remstal, heute ein Ortsteil von Kernen im Remstal), Bauingenieur, Mitinhaber des Ingenieurbüros Schlaich Bergermann und Partner, weltweit gefragter Entwerfer filigraner Fußgängerbrücken, hoher Stahltürme und aufwändiger Seilnetzkonstruktionen.

Rezzo Schlauch (* 4. Oktober 1947, Gerabronn), Politiker der Grünen, 2002 bis 2005 Parlamentarischer Staatssekretär im Bundeswirtschaftsministerium.

Karl Schlecht (* 28. Oktober 1932, Bernhausen, heute ein Stadtteil von Filderstadt), Unternehmer, gründete 1958 die Firma KS-Maschinenbau, die später in Putzmeister umbenannt

wurde und 1965 die erste automatische Gips-Verputzmaschine der Welt auf den Markt brachte. Heute ist Putzmeister mit 4000 Mitarbeitern der weltgrößte Hersteller von Betonpumpen. Schlecht ist seit 1998 Aufsichtsratsvorsitzender seines Unternehmens.

Anton Schlecker (* 28. Oktober 1944, Ehingen), Gründer und Inhaber der größten Drogeriemarktkette Europas mit 14 155 Märkten in 13 Ländern und rund 52 000 Beschäftigten.

Dirk Schlemmer (* 2. September 1984, Neuenbürg), lebt in Leingarten, Landkreis Heilbronn, Jurist, war Mister Stuttgart, Mister Baden-Württemberg und 2008/2009 Mister Germany.

Harald Schmidt (* 18. August 1957, Neu-Ulm, Schwaben, Bayern), aufgewachsen in Nürtingen, Schauspieler, Kabarettist, Kolumnist, Fernseh-Entertainer, Talkmaster, Schriftsteller, Moderator, seit 2008 Ensemblemitglied am Staatstheater Stuttgart.

Doris Schmidts (* 10. Oktober 1988, Kronstadt, rum. Brașov, Siebenbürgen, Rumänien), lebt in Karlsruhe, Studentin der Betriebswirtschaft, war Miss Baden-Württemberg und 2009 Miss Germany.

Martin Schmitt (* 29. Januar 1978, Villingen-Schwenningen), Skispringer, 28 Weltcupsiege, zweimal Gewinn des Gesamtweltcups, vierfacher Weltmeister.

Florian Schneider-Esleben (* 7. April 1947, Öhningen, Landkreis Konstanz), Musiker, 1968 Mitgründer der Musikgruppe »Organisation«, aus der 1970 die Band »Kraftwerk« hervorging, deren Mitglied er bis 2009 war. Seit 1998 ist er Professor für Medienkunst und Performance an der Staatlichen Hochschule für Gestaltung Karlsruhe.

Martin Gotthard Schneider (* 26. April 1930, Konstanz), Komponist und Landeskantor.

Wolfgang Schneiderhan (* 26. Juli 1946, Riedlingen), Bundeswehr-General a. D. des Heeres, 2002 bis 2009 Generalinspekteur und damit ranghöchster Offizier der Bundeswehr.

Eberhard Schoener (* 13. Mai 1938, Stuttgart), Dirigent und Komponist.

Wolfgang Schorlau (* 1951, Idar-Oberstein), lebt in Stuttgart, Schriftsteller und Autor von politischen Kriminalromanen.

Jürgen Schrempp (* 15. September 1944, Freiburg im Breisgau), Manager, 1995 bis 2005 Vorstandsvorsitzender der Daimler-Benz AG und der DaimlerChrysler AG, der heutigen Daimler AG.

Werner Schretzmeier (* 21. Januar 1944, Schorndorf), Regisseur, Autor, Dokumentarist, Leiter des Theaterhauses Stuttgart.

Jan Schütte (* 26. Juni 1957, Mannheim), Filmregisseur.

Daniel Schuhmacher (* 19. April 1987, Pfullendorf), Sänger, 2009 Gewinner der Castingshow »Deutschland sucht den Superstar«.

Morten Schuldt-Jensen (* 1958, Skærbæk, Dänemark), lebt in Freiburg im Breisgau, Dirigent und Professor für Chor- und Orchesterdirigieren an der Musikhochschule Freiburg.

Walter Schultheiß (* 25. Mai 1924, Tübingen),

Theater- und Filmschauspieler, wurde vor allem mit dialektbetonten Rollen berühmt.

Katja Schumacher (* 9. April 1968, Heidelberg), Triathletin, Deutsche Meisterin, Gewinnerin deutscher und internationaler Ironman-Wettbewerbe für Frauen.

Dieter Schwarz (* 24. September 1939, Heilbronn), Unternehmer und Mäzen, Gründer und Eigentümer der Schwarz-Gruppe, zu der rund 7270 Lidl-Discountmärkte und etwa 750 SB-Verbrauchermärkte unter den Namen Kaufland, Handelshof und KaufMarkt in 20 europäischen Ländern gehören. Die Gruppe beschäftigt 280 000 Mitarbeiter. Im Alter von 29 Jahren eröffnete Schwarz seinen ersten Supermarkt – den »Handelshof« in Backnang.

Hans-Peter Schwarz (* 13. Mai 1934, Lörrach), Publizist und Historiker.

Cornelius Schwehr (* 1953, Freiburg im Breisgau), Komponist.

Til Schweiger (* 19. Dezember 1963, Freiburg im Breisgau), Filmschauspieler, Filmregisseur, Drehbuchautor und Filmproduzent, einer der wenigen deutschen Kinostars.

Rolf Schweizer (* 14. März 1936, Emmendingen), Komponist.

Karl-Henning Seemann (* 13. März 1934, Wismar, Mecklenburg-Vorpommern), lebt in Löchgau, Kreis Ludwigsburg, Bildhauer, 1974 bis 1999 Professor an der Stuttgarter Kunstakademie.

Eugen Seibold (* 11. Mai 1918, Stuttgart), Meeresgeologe, 1980 bis 1985 Präsident der Deutschen Forschungsgemeinschaft, 1985 bis 1990

Präsident der European Science Foundation in Straßburg, 1980 bis 1984 Präsident der International Union of Geological Sciences.

Martin Semmelrogge (* 8. Dezember 1955, Boll, heute Bad Boll), Schauspieler.

Silvia, Königin von Schweden, geb. Silvia Sommerlath (* 23. Dezember 1943, Heidelberg), seit 1976 mit dem schwedischen König Carl XVI. Gustaf verheiratet.

Walter Sittler (* 5. Dezember 1952, Chicago, USA), wohnt in Stuttgart, Schauspieler.

Peter Sloterdijk (* 26. Juni 1947, Karlsruhe), auch als Fernsehmoderator bekannt gewordener Philosoph, Kulturwissenschaftler und Essayist.

Werner Sobek (* 16. Mai 1953, Aalen), Bauingenieur und Architekt., Leiter des Instituts für Leichtbau Entwerfen und Konstruieren der Uni Stuttgart, Mies van der Rohe Professor am Illinois Institute of Technology in Chicago, Inhaber der Firmengruppe Werner Sobek mit Niederlassungen in Stuttgart, Frankfurt am Main, New York, Moskau, Dubai und Kairo, gilt als einer der wichtigsten Ingenieure der Gegenwart.

Söhne Mannheims (gegründet 1995, Mannheim), christlich orientierte Pop-, Soul- und Rap-Musikgruppe mit großer Besetzung, derzeit 14 Musiker.

Lothar Späth (* 16. November 1937, Sigmaringen), Politiker der CDU, Manager und Fernsehtalkmaster, 1978 bis 1991 Ministerpräsident von Baden-Württemberg, 1991 bis 2003 Geschäftsführer der Jenopotik GmbH bezie-

hungsweise Vorstandsvorsitzender der Jenoptik AG, seit 2005 Vorsitzender der Geschäftsführung der Investmentbank Merrill Lynch für Deutschland und Österreich, Aufsichtsratsvorsitzender der Verlagsgruppe Georg von Holtzbrinck, seit 2007 auch der J&M Management Consulting AG mit Sitz in Mannheim und des Tunnelvortriebsmaschinenbauers Herrenknecht AG mit Sitz in Schwanau (Ortenaukreis).

Werner Spies (* 1. April 1937, Tübingen), Kunsthistoriker, Publizist, Kunstvermittler, 1997 bis 2000 Direktor des Centre Georges Pompidou in Paris.

Arnold Stadler (* 9. April 1954, Meßkirch), Schriftsteller, Essayist, Übersetzer, Büchnerpreisträger.

Normann Stadler (* 25. Februar 1973, Wertheim), Duathlet und Triathlet, mehrfacher Deutscher Meister, Weltmeister im Duathlon, zweifacher Ironman-Hawaii-Sieger.

Dietz-Werner Steck (* 30. Juli 1936, Waiblingen), Theater- und Fernsehschauspieler, bekannt geworden als Kommissar Ernst Bienzle im Fernseh-»Tatort«.

Heinrich Steinfest (* 10. April 1961, Albury, Australien), lebt in Stuttgart, Schriftsteller, vor allem Krimi-Autor, und bildender Künstler.

Hans Peter Stihl (* 18. April 1932, Stuttgart), Unternehmer, ab 1973 Alleininhaber und Geschäftsführer beziehungsweise Vorstandsvorsitzender des Stihl-Konzerns mit Hauptsitz in Waiblingen, der mit heute 10 900 Mitarbeitern motorbetriebene Geräte für die Forstwirtschaft, Landschaftspflege und die Bauwirtschaft herstellt und weltweit Marktführer bei Motorsägen ist. Seit 2002 ist Stihl nur noch Vorsitzender des Beirats und Aufsichtsrats; beide Ämter will er 2012 abgeben. Als Vertreter von Gesamtmetall führte Stihl viele Jahre Tarifverhandlungen, 1989 bis 2001 war er Präsident des Deutschen Industrie- und Handelstags. Und er war mit meinem Papa zusammen in der Klasse.

Ulf Stolterfoht (* 8. Juni 1963, Stuttgart), Schriftsteller.

Oliver Storz (* 30. April 1929, Mannheim), Drehbuchautor, Regisseur und Produzent.

Tibor Szász (* 1948, Siebenbürgen), lebt in Freiburg im Breisgau, Pianist.

Zsigmond Szathmáry (* 28. April 1939, Hódmezõvásárhely, Ungarn), lebt in Ehrenkirchen, Kreis Breisgau-Hochschwarzwald, Organist, Pianist, Komponist und Dirigent.

Edward H. Tarr (* 15. Juni 1936, Norwich, Connecticut, USA), lebt in Rheinfelden (Baden), Trompetenvirtuose.

Serdar Taţçý (* 24. April 1987, Esslingen am Neckar), Fußballspieler, seit 2006 beim VfB Stuttgart, seit 2008 Nationalspieler.

Jörg Teichgraeber (* 1974, Stuttgart), Puppenspieler, Figurenbauer, Schauspieler, Synchronsprecher, spielt und spricht die depressive Phantasiefigur »Bernd das Brot« im Kinderfernsehkanal KI.KA.

Rainer Tempel (* 1971, Tübingen), Jazz-Pianist, Bandleader und Komponist.

Erwin Teufel (* 4. September 1939, Zimmern ob Rottweil), Politiker der CDU, 1991 bis 2005 Ministerpräsident von Baden-Württemberg und CDU-Landesvorsitzender.

Klaus Theweleit (* 7. Februar 1942, Ebenrode, Ostpreußen, heute Nesterow, Russland), lebt in Freiburg im Breisgau, Literaturwissenschaftler, Kulturtheoretiker und Philosoph, bekannt geworden mit seinem Buch »Männerphantasien« (1977/78).

Gerhard Thiele (* 2. September 1953, Heidenheim an der Brenz), Physiker und Astronaut, begleitete im Jahr 2000 den Space-Shuttle-Flug STS-99 mit der »Shuttle Radar Topography Mission«, leitet seit 2004 die Ausbildung der europäischen Raumfahrer.

Dieter Thoma (* 19. Oktober 1969, Hinterzarten) ehemaliger Skispringer, Deutscher Meister, Skiflug-Weltmeister, Olympiamedaillengewinner 1994 in Lillehammer, Gewinner der Vierschanzentournee.

Georg Thoma (* 20. August 1937, Hinterzarten), ehemaliger Skispringer und Nordischer Kombinierer, mehrfacher Deutscher Meister im Skispringen, Olympiasieger 1960 in Squaw Valley, Weltmeister in der Nordischen Kombination.

Gloria Prinzessin von Thurn und Taxis, geb. Gräfin von Schönburg-Glauchau (* 23. Februar 1960, Stuttgart), Managerin, leitet die Unternehmen in ihrem Familienbesitz, die aus mehreren Privatbanken, zahllosen Immobilien, Industriebeteiligungen und einer Brauerei bestehen.

Imre Török (* 3. Februar 1949, Eger, Ungarn), lebt in Leutkirch im Allgäu, Schriftsteller, Journalist und Ghostwriter, seit 2005 Bundesvorsitzender des Verbands Deutscher Schriftsteller.

Klaus Tolksdorf (* 14. November 1948, Gelsenkirchen), Jurist, Präsident des Bundesgerichtshofs in Karlsruhe.

Topas (* 20. Juli 1972, Stuttgart), bürgerlich Thomas Fröschle, Zauberkünstler, zweifacher Weltmeister der Manipulation.

Franziska Traub (* 3. August 1962, Stuttgart), Schauspielerin und Kabarettistin.

Klaus Tschira (* 7. Dezember 1940, Freiburg im Breisgau), Unternehmer. Zusammen mit Hans-Werner Hector, Dietmar Hopp, Hasso Plattner und Claus Wellenreuther ist er einer der Gründer des Softwareunternehmens SAP AG in Walldorf. Von 1998 bis 2007 war er Mitglied des SAP-Aufsichtsrats.

Tua (* 1986, Reutlingen), bürgerlich Johannes Bruhns, Rapper und Musikproduzent.

Ernst Tugendhat (* 8. März 1930, Brünn, Mähren, tschechisch Brno, Tschechien), lebt in Tübingen, Philosoph.

Andrei Ujica (* 1951, Timişoara, Rumänien), lebt in Karlsruhe, Autor, Filmregisseur und Drehbuchautor, seit 2001 Professor für Film an der Staatlichen Hochschule für Gestaltung Karlsruhe und seit 2002 Gründungsdirektor des ZKM-Filminstituts.

Tobias Unger (* 10. Juli 1979, München), aufgewachsen in Wendlingen am Neckar, lebt in Kirchheim unter Teck, Leichtathlet, Olym-

piateilnehmer, Sprinter über 100 und 200 Meter, 2005 als bester weißer Läufer auf Platz 10 der 200-Meter-Weltrangliste, Deutscher Rekord über 200 Meter, Deutscher Meister, Europameister in der Halle.

Andreas Voßkuhle (* 21. Dezember 1963, Detmold), Rechtswissenschaftler, Präsident des Bundesverfassungsgerichts in Karlsruhe und ehemaliger Rektor der Albert-Ludwigs-Universität Freiburg.

Stephan Vuckovic (* 22. Juni 1972, Reutlingen), Triathlet, Silbermedaille im Triathlon bei den Olympischen Spielen in Sydney.

Emil Wachter (* 29. April 1921, Neuburgweier, heute ein Stadtteil von Rheinstetten), Bildender Künstler.

Georg Fürst von Waldburg zu Zeil und Trauchburg (* 5. Juni 1928, Würzburg), Chef der Linie Zeil des ehemaligen Fürstenhauses Waldburg, Manager, leitet seine Familienunternehmen, zu denen 10 000 Hektar landwirtschaftlich genutzter Grund, Beteiligungen an der Schwäbischen Zeitung, der Allgäuer Zeitung, der Memminger Zeitung, an Radio 7, Radio Seefunk und drei regionalen Fernsehsendern, am Verkehrslandeplatz Leutkirch-Unterzeil, einem Holzhof, an mehreren Spielcasinos sowie den Waldburg-Zeil Kliniken mit allein über 3000 Mitarbeitern gehören.

Martin Walser (* 24. März 1927, Wasserburg am Bodensee), Schriftsteller.

Sasha Waltz (* 8. März 1963, Karlsruhe), Tänzerin, Choreografin, Leiterin des Tanzensembles Sasha Waltz & Guests.

Kurt Weidemann (* 15. Dezember 1922, Eichmedien, Ostpreußen, heute Nakomiady, Polen), Grafiker, hatte Lehrstühle an der Kunstakademie Stuttgart und der Hochschule für Gestaltung Karlsruhe, war Präsident des International Center for the Typographic Arts, New York, entwarf die nach ihm benannte Schrift ITC Weidemann und die Logos und Erscheinungsbilder der Deutschen Bahn, von Porsche, Daimler, Mercedes-Benz, coop, Zeiss und etlichen anderen Unternehmen.

Siegfried Weishaupt (* 1939), Unternehmer, Kunstsammler und Mäzen, seit 1982 geschäftsführender Gesellschafter der Max Weishaupt GmbH mit Hauptsitz in Schwendi (Landkreis Biberach), die zu den Weltmarktführern in der Feuerungstechnik gehört.

Ernst Ulrich von Weizsäcker (* 25. Juni 1939, Zürich), lebt in Emmendingen, Physiker und Politiker der SPD. 1975 bis 1980 Präsident der Universität Kassel, 1981 bis 1984 Direktor des UNO-Zentrums für Wissenschaft und Technologie in New York, 1984 bis 1991 Direktor des Instituts für Europäische Umweltpolitik Bonn, Paris, London, 1991 bis 2000 Präsident des Wuppertal Institut für Klima, Umwelt, Energie. Von Januar 2006 bis Dezember 2008 war er Dekan der Bren School of Environmental Science and Management der University of California in Santa Barbara, USA.

Richard von Weizsäcker (* 15. April 1920, Stuttgart), Politiker der CDU, 1981 bis 1984 Regierender Bürgermeister von Berlin, 1984 bis 1994 Bundespräsident.

Götz Werner (* 5. Februar 1944, Heidelberg), Gründer, Gesellschafter und Aufsichtsratmitglied der Handelskette »dm-drogerie markt«, dessen Geschäftsführer er 35 Jahre lang war. »dm« betreibt 221 Filialen in elf europäischen Ländern mit 33 584 Mitarbeitern. Seit 2003 leitet Götz Werner das Interfakultative Institut für Entrepreneurship an der Universität Karlsruhe.

Jörg Widmann (* 19. Juni 1973, München), lebt in Freiburg im Breisgau, Komponist und Klarinettist.

Annette Widmann-Mauz, geb. Widmann (* 13. Juni 1966 in Tübingen), Politikerin der CDU, seit 2009 parlamentarische Staatssekretärin im Bundesgesundheitsministerium.

Wendelin Wiedeking (* 28. August 1952, Ahlen, Westfalen), lebt in Bietigheim-Bissingen, Manager. Wiedeking war seit 1991 Mitglied des Vorstandes, seit 1992 Vorstandssprecher und seit 1993 Vorstandsvorsitzender der Dr. Ing. h. c. F. Porsche AG, 2006 wurde er Mitglied im Aufsichtsrat der Volkswagen AG, 2007 Vorstandsvorsitzender der Porsche Automobil Holding SE. Nach der gescheiterten Übernahme von VW durch Porsche 2009 trat er von seinen Posten zurück.

Claudia Wieland (* 8. April 1984, Stuttgart), lebt in aus Pfedelbach (Hohenlohekreis), Kunstradfahrerin, zweimalige Weltmeisterin im Einer-Kunstradfahren der Frauen, 2006 WM-Zweite.

Heinrich August Winkler (* 19. Dezember 1938, Königsberg, heute Kaliningrad, Russ-

282

land), ist in Ulm aufgewachsen, Historiker, 1972 bis 1991 Professor für Neuere und Neueste Geschichte an der Universität Freiburg.

Conny J. Winter (* 1941, Aurach, Bayern), lebt in Stuttgart, international gefragter Werbefotograf und Regisseur.

Martin Winterkorn (* 24. Mai 1947, Leonberg), Manager, seit 2007 Vorstandsvorsitzender der Volkswagen AG und seit 2009 Vorstandsvorsitzender der Porsche Automobil Holding SE.

Matthias Wissmann (* 15. April 1949, Ludwigsburg), Präsident des Verbandes der Automobilindustrie, war 1993 Bundesminister für Forschung und Technologie und 1993 bis 1998 Bundesverkehrsminister.

Natalia Wörner (7. September 1967, Stuttgart), Schauspielerin.

Harald Wohlfahrt (* 7. November 1955, Loffenau, damals Landkreis Calw, heute Landkreis Rastatt), Meisterkoch, seit 1980 Küchenchef im Restaurant »Schwarzwaldstube« im Hotel Traube Tonbach in Baiersbronn, das vom Guide Michelin seit 1992 ununterbrochen mit drei Sternen ausgezeichnet wird.

Johanna Wokalek (* 3. März 1975, Freiburg im Breisgau), Schauspielerin.

Hubert Wolf (* 26. November 1959, Wört, Ostalbkreis), Kirchenhistoriker, Leibniz-Preisträger 2003.

Reinhold Würth (* 20. April 1935, Öhringen), Unternehmer, baute das Schrauben-Handelsunternehmen Würth mit heute rund 60 000 Mitarbeitern zum internationalen Marktführer in der Befestigungs- und Montagetechnik auf. Würth war von 1999 bis 2003 Professor am Interfakultativen Institut für Entrepreneurship an der Universität Karlsruhe.

Carl Herzog von Württemberg (* 1. August 1936, Friedrichshafen), lebt in Altshausen (Kreis Ravensburg), Chef des Hauses Württemberg, Manager, leitet seine Familienunternehmen, die 5500 Hektar Wald, 2000 Hektar Acker- und Weidefläche, 50 Hektar Weinberge, eine Weinkellerei, etwa 700 Grundstücke im In- und Ausland einschließlich der 70 Bau- und Kulturdenkmale des Hauses Württemberg sowie diverse Firmenbeteiligungen umfassen.

Susanne Zeller, geb. Hirzel (* 7. August 1921, Untersteinbach, heute ein Ortsteil von Pfedelbach, Hohenlohekreis), Mitglied der NS-Widerstandsgruppe »Weiße Rose«.

Dieter Zetsche (* 5. Mai 1953, Istanbul, Türkei), seit 2006 Vorstandsvorsitzender der Daimler AG in Stuttgart.

Heinz Werner Zimmermann (* 11. August 1930, Freiburg im Breisgau), Komponist.

Jörg Zink (* 22. November 1922, Schlüchtern, Hessen), evangelischer Pfarrer, Publizist, Exponent der Friedens- und Ökologiebewegung, verfasste fast 200 religiöse Sachbücher, darunter 1965 eine Übersetzung des Neuen Testaments.

Annett Zinsmeister (* 1967, Stuttgart), bildende Künstlerin, seit 2007 Professorin an der Staatlichen Akademie der Bildenden Künste in Stuttgart.